# MANUAL / 2009-2013
## IGLESIA DEL NAZARENO

•

**HISTORIA**
**CONSTITUCIÓN**
**GOBIERNO**
**RITUAL**

•

CASA NAZARENA DE PUBLICACIONES

Publicado por
Casa Nazarena de Publicaciones
Lenexa, KS 66220 USA
Copyright © 2010

Publicado por autorización de la
Vigésimo Séptima Asamblea General,
reunida en Orlando, Florida, E.U.A.,
del 28 de junio al 2 de julio de 2009

Miembros del Comité de Redacción de la versión original en inglés:
DEAN G. BLEVINS, CHARLES D. CROW, DAVID E. DOWNS, PAUL
W. THORNHILL, DAVID P. WILSON

Miembros del Comité de Redacción de la versión en español:
MARCOS CISNEROS, JORGE L. JULCA, HILDA NAVARRO,
SAMUEL OVANDO P. CHRISTIAN SARMIENTO

Publicado originalmente en inglés
**Manual: Church of the Nazarene 2009-2013**
Copyright © 2009
Published by Nazarene Publishing House
Kansas City, Missouri 64109 USA

ISBN 978-1-56344-574-3

Para buscar una sección específica hojee con su mano
derecha hasta que aparezca la marca frente a la sección
correspondiente

# INTRODUCCIÓN

"La misión de la Iglesia del Nazareno consiste en responder a la Gran Comisión de Cristo de 'haced discípulos a todas las naciones'" (Mateo 28:19). "El objetivo primordial de la Iglesia del Nazareno consiste en llevar adelante el Reino de Dios por medio de la preservación y propagación de la santidad cristiana como lo establecen las Escrituras".

"Los objetivos críticos de la Iglesia del Nazareno son 'la comunión cristiana, la conversión de los pecadores, la entera santificación de los creyentes, su edificación en la santidad y la simplicidad y poder espiritual manifestados en la iglesia primitiva del Nuevo Testamento, junto con la predicación del evangelio a toda criatura'" (25).

La Iglesia del Nazareno existe con el propósito de servir como instrumento para el avance del reino de Dios mediante la predicación y la enseñanza del evangelio en todo el mundo. Nuestra comisión bien definida consiste en preservar y propagar la santidad cristiana como la establecen las Escrituras, por medio de la conversión de los pecadores, la restauración de los apóstatas y la entera santificación de los creyentes.

Nuestro objetivo es espiritual, es decir, evangelizar como respuesta a la Gran Comisión de nuestro Señor de "id y haced discípulos a todas las naciones" (Mateo 28:19; cf. Juan 20:21; Marcos 16:15). Creemos que esta meta puede alcanzarse mediante reglas y procedimientos de acuerdo común, incluyendo postulados de fe doctrinales, así como también normas morales y estilos de vida probados por el tiempo.

Esta edición 2009-2013 del *Manual* incluye una breve declaración histórica de la iglesia; su Constitución, la cual define nuestros Artículos de Fe, nuestra comprensión de la iglesia, el Pacto de Carácter Cristiano para la vida santa y los principios de organización y gobierno; el Pacto de Conducta Cristiana, el cual toca asuntos de la sociedad contemporánea; y las reglas de gobierno de la iglesia respecto a la organización de la iglesia local, distrital y general.

La Asamblea General es el cuerpo supremo que formula doctrinas y legislación de la Iglesia del Nazareno. Este Manual incluye las decisiones y los juicios de los delegados ministeriales y laicos a la Vigésimo Séptima Asamblea General que se celebró en Orlando, Florida, Estados Unidos, del 28 de junio al 2 de julio de 2009, por lo cual tiene autoridad como guía para la acción. Debido a que es la declaración oficial de fe y práctica de la iglesia y es consistente con las enseñanzas de las Escrituras, esperamos que nuestra feligresía acepte los postulados doctrinales, así como las guías y las ayudas para la vida santa que contiene. El no hacerlo, después de haber sido recibido públicamente como miembro de la Iglesia del Nazareno, daña el testimonio de la iglesia, viola su conciencia y disipa el compañerismo del pueblo llamado nazareno.

El gobierno de la Iglesia del Nazareno es distintivo. En cuanto a organización, es representativo —ni puramente episcopal ni totalmente congregacional. Gracias a que tanto los laicos como los ministros tienen igual autoridad en las unidades deliberadoras y legislativas de la iglesia existe un equilibrio de poder deseable y efectivo. Consideramos éste no sólo como una oportunidad de participación y servicio en la iglesia, sino también como una obligación tanto para los laicos como para los ministros.

La dedicación y un propósito claro son importantes. Pero un pueblo inteligente e informado que se apega a prácticas y procedimientos de común acuerdo lleva adelante el reino de Dios más rápidamente y mejora su testimonio de Cristo. Por tanto, es importante que nuestros miembros se familiaricen bien con este Manual —la historia de la iglesia, las doctrinas y las prácticas éticas del ideal nazareno. El apego a las instrucciones contenidas en estas páginas producirá lealtad y fidelidad tanto a Dios como a la iglesia y aumentará la efectividad y la eficiencia de nuestros esfuerzos espirituales.

Con la Biblia como nuestra guía suprema, iluminada por el Espíritu Santo, y el *Manual* como nuestra declaración de fe, práctica y regla oficial y de común acuerdo, anticipamos el nuevo cuatrienio con gozo y fe inquebrantable en Jesucristo.

*La Junta de Superintendentes Generales*

JERRY D. PORTER            EUGENIO R. DUARTE
JESSE C. MIDDENDORF        DAVID W. GRAVES
J.K. WARRICK               STAN A. TOLER

# CONTENIDO

# PARTE V
# MINISTERIO Y SERVICIO CRISTIANO

# PARTE VI
# ADMINISTRACIÓN JUDICIAL

# PARTE VII
# RITUAL

# PARTE VIII
## CONSTITUCIONES AUXILIARES

# PARTE IX
## FORMULARIOS

# PARTE X
## APÉNDICE

# PARTE I

# Declaración Histórica

# DECLARACIÓN HISTÓRICA

## La cristiandad histórica y la herencia wesleyana de santidad

*Una fe santa.* Desde sus inicios, la Iglesia del Nazareno ha confesado que es una rama de la iglesia "santa, universal y apostólica" y ha procurado ser fiel a ella. La iglesia ha considerado como si fuera suya la historia del pueblo de Dios preservada en el Antiguo y Nuevo Testamentos y ha asumido esa misma historia tal como se ha extendido desde los días de los apóstoles hasta los nuestros. Considerándolo como su propio pueblo la iglesia ha abrazado al pueblo de Dios a través de las edades, los redimidos por medio de Jesucristo, cualquiera que sea la expresión de la iglesia a que hayan pertenecido. Nuestra iglesia recibió los credos ecuménicos de los primeros cinco siglos cristianos como expresiones de su propia fe. Si bien la Iglesia del Nazareno ha respondido a su llamamiento especial de proclamar la doctrina y experiencia de la entera santificación, ha tenido el cuidado de retener y de nutrir su identidad con la iglesia histórica mediante la predicación de la Palabra, la administración de los sacramentos, su insistencia en desarrollar y en mantener un ministerio verdaderamente apostólico en fe y práctica, y su compromiso de inculcar disciplinas para que sus miembros tengan un estilo de vida y de servicio a otros como el de Cristo.

*El avivamiento wesleyano.* Esta fe cristiana ha sido transmitida a los nazarenos a través de corrientes religiosas históricas, en particular por el avivamiento wesleyano del siglo XVIII. A principios de la década de 1730, surgió en Inglaterra el avivamiento evangélico más amplio, dirigido principalmente por Juan Wesley, su hermano Carlos y Jorge Whitefield, ministros de la Iglesia Anglicana. A través de sus vidas, muchos hombres y mujeres se alejaron del pecado y recibieron el poder para servir a Dios. Este movimiento se caracterizó por la predicación de laicos, el testimonio, la disciplina y la creación de círculos de discípulos vehementes; los grupos fueron llamados "sociedades", "clases" y "bandas". Visto como un movimiento espiritual, los antecedentes de ese avivamiento incluyeron el pietismo alemán tipificado por Philip Jacob Spener, el puritanismo inglés del siglo XVII y un despertamiento espiritual en la Nueva Inglaterra (Estados Unidos) descrito por el pastor-teólogo Jonathan Edwards.

La fase wesleyana del gran avivamiento se caracterizó por tres hitos teológicos: la regeneración por la gracia a través de la fe, la perfección cristiana o santificación por la gracia a través de la fe y el testimonio del Espíritu de la seguridad de la gracia. Una de las contribuciones distintivas de Juan Wesley fue su enseñanza sobre la entera santificación en esta vida, como provisión de la gracia de Dios para el cristiano. Los primeros esfuerzos misioneros del Metodismo Británico principiaron diseminando ese énfasis teológico por todo el mundo. En Estados Unidos, la Iglesia Metodista Episcopal fue organizada en 1784 y la declaración de su propósito fue "reformar el continente y diseminar la santidad bíblica por todas estas tierras".

*El movimiento de santidad del siglo XIX.* En el siglo XIX, en el este de los Estados Unidos, hubo un despertamiento y renovado interés por la santidad bíblica, que se extendió por toda la nación. Timothy Merritt, ministro metodista y director fundador de la revista *Guide to Christian Perfection*, fue uno de los dirigentes del avivamiento de santidad. El personaje central del movimiento fue la señora Phoebe Palmer, de Nueva York, quien dirigía la Reunión de los Martes para la promoción de la santidad, en la cual obispos, educadores metodistas y otros ministros se unieron al grupo original de mujeres en la búsqueda de la santidad. Durante cuatro décadas, la señora Palmer promovió la fase metodista del movimiento de santidad hablando en público, escribiendo y como directora del influyente periódico *Guide to Holiness*.

El avivamiento de santidad trascendió los linderos del metodismo, Charles G. Finney y Asa Mahan, ambos de la Universidad de Oberlin, le dieron dirección al interés renovado en la santidad en círculos presbiterianos y congregacionales, y el predicador de avivamientos William Boardman hizo lo mismo. El evangelista bautista A. B. Earle se contó entre los líderes del movimiento de santidad dentro de su denominación. Hannah Whitall Smith, una popular evangelista de santidad de la iglesia cuáquera, publicó su libro *El secreto de la vida cristiana feliz* (1875), un texto clásico sobre la espiritualidad cristiana.

En 1867, los ministros metodistas John A. Wood, John Inskip y otros, empezaron en Vineland, New Jersey, el primero de una larga serie de cultos campestres nacionales. También organizaron "The National Camp Meeting Association for the Promotion of Holiness" (Asociación nacional de cultos campestres para promover la santidad), que llegó a ser conocida como "National Holiness Association" (que ahora es la Asociación Cristiana de Santidad). Hasta los primeros años del siglo XX esa organización auspició reuniones campestres de santidad por todos los Estados Unidos. También se organizaron asociaciones de santidad locales y regionales, así como un grupo vigoroso de casas publicadoras que produjeron muchas revistas y libros.

El testimonio de la santidad cristiana desempeñó funciones de diversas magnitudes en la fundación de la Iglesia Metodista Wesleyana (1843), la Iglesia Metodista Libre (1860), y en Inglaterra, el Ejército de Salvación (1865). En la década de 1880 nacieron varias iglesias nuevas de santidad entre las que se cuentan la Iglesia de Dios (Anderson, Indiana) y la Iglesia de Dios (de Santidad). Otras tradiciones religiosas ya existentes también recibieron la influencia del movimiento de santidad incluyendo a ciertos grupos de Menonitas, Hermanos y Amigos, que aceptaron la posición wesleyana de santidad sobre la entera santificación. La Iglesia de los Hermanos en Cristo y la Alianza Evangélica de los Amigos son ejemplos de esta amalgama de tradiciones espirituales.

## Se unen grupos de santidad

La década de 1890 vio la aparición de una nueva ola de grupos de santidad independientes. Estos incluyeron iglesias independientes, misiones urbanas, hogares de rescate y asociaciones evangelísticas y misioneras. Algunos de los miembros de estas organizaciones anhelaban que cierta clase de unión resultara en una iglesia nacional de santidad. La Iglesia del Nazareno nació como resultado de esa clase de impulso.

*La asociación de iglesias pentecostales de Estados Unidos.* El 21 de julio de 1887, la Iglesia Evangélica del Pueblo fue organizada con 51 miembros en Providence, Rhode Island, con Fred A. Hillery como pastor. El año siguiente, la Iglesia Misionera fue organizada en Lynn, Massachusetts, bajo la dirección de C. Howard Davis como pastor. El 13 y 14 de marzo de 1890 se reunieron en Rock, Massachusetts, los representantes de éstas y de otras congregaciones de santidad independientes y organizaron la Asociación Central Evangélica de Santidad con iglesias en los estados de Rhode Island, New Hampshire y Massachusetts. En 1892, la Asociación Central Evangélica de Santidad ordenó a Anna S. Hanscombe; de hecho, se cree que ella fue la primera mujer ordenada al ministerio cristiano de las congregaciones que más tarde llegarían a formar parte de la Iglesia del Nazareno.

En enero de 1894, el señor William Howard Hoople, comerciante de la ciudad de Nueva York, fundó una misión en Brooklyn que se reorganizó el siguiente mes de mayo como Tabernáculo Pentecostal de la Avenida Utica. Para el final del siguiente año se habían organizado también la Iglesia Pentecostal de la Avenida Bedford y el Tabernáculo Pentecostal Emmanuel. En diciembre de 1895, delegados de estas tres iglesias adoptaron una constitución, un resumen de doctrinas y estatutos, y formaron la Asociación de Iglesias Pentecostales de América.

El 12 de noviembre de 1896, un comité conjunto de la Asociación Central Evangélica de Santidad y de la Asociación de Iglesias Pentecostales de América se reunió en Brooklyn y formuló un plan de unión que retuvo el nombre de la segunda para el cuerpo unido. Las personas prominentes en esta denominación fueron Hiram H. Reynolds, H. B. Hosley, C. Howard Davis, William Howard Hoople, y después, E. E. Angell. Algunos de ellos originalmente haían sido predicadores laicos que después fueron ordenados como ministros por sus congregaciones. Esta iglesia era sumamente misionera y bajo la dirección de Hiram F. Reynolds, secretario de misiones, se lanzó a un programa ambicioso de testimonio cristiano a las Islas de Cabo Verde, la India y otros lugares. Su publicación oficial era *The Beulah Christian.*

*La Iglesia de Cristo de la Santidad.* En julio de 1894, el reverendo R. L. Harris organizó la Iglesia Neotestamentaria de Cristo, en Milán, Tennessee, poco tiempo antes de su muerte. Mary Lee Cagle, su viuda, continuó la obra y llegó a ser su principal dirigente de los primeros años. Esta iglesia, de gobierno estrictamente congregacional, se extendió por el estado de Arkansas y en el oeste de Texas con otras congregaciones dispersas en Alabama y Missouri. La señora Mary Cagle y una colega, la señora Mary E. J. Sheeks, fueron ordenadas en 1899 llegando a ser las primeras de muchas mujeres que fueron ordenadas posteriormente al ministerio.

Principiando en 1888, los pastores Thomas y Dennis Rogers, de California, organizaron varias congregaciones en Texas bajo el nombre de La Iglesia de Santidad.

En 1901, Charles B. Jernigan organizó la primera congregación de la Iglesia Independiente de Santidad en Van Alstyne, Texas. James B. Chapman se afilió en su juventud a esa denominación, la cual creció y prosperó rápidamente. Con el tiempo, las congregaciones dirigidas por Dennis Rogers se afiliaron a la Iglesia Independiente de Santidad.

En noviembre de 1904, los representantes de la Iglesia Neotestamentaria de Cristo y los de la Iglesia Independiente de Santidad se reunieron en Rising Star, Texas, donde establecieron los principios de unión, adoptaron un Manual y escogieron el nombre de Iglesia de Cristo de la Santidad. La unión se consumó al año siguiente en un concilio general de delegados que sesionó en Pilot Point, Texas. La publicación oficial de la iglesia era *The Holiness Evangel.* Sus otros ministros sobresalientes fueron William E. Fisher, J. D. Scott y J. T. Upchurch. Entre sus dirigentes laicos se contaba a Edwin H. Sheeks, R. B. Mitchum y la señora Donie Mitchum.

Varios de los dirigentes de esa iglesia eran miembros activos de la Asociación de Santidad de Texas, cuerpo interdenominacional de gran vitalidad, que auspiciaba una universidad en Peniel cerca de Greenville, Texas. La asociación también auspiciaba el *Pentecostal Advocate*, la principal publicación de santidad del suroeste del país, que llegó a ser una publicación nazarena en 1910. El reverendo E. C. DeJernett y el laico C. A. McConnell, eran obreros prominentes de esta organización.

*La Iglesia del Nazareno.* En octubre de 1895, el reverendo Phineas F. Bresee, D.D., el Dr. Joseph P. Widney y otras 100 personas aproximadamente, entre quienes estaban Alice P. Baldwin, Leslie F. Gay, W. S. Knott y su esposa Lucy P. Knott, C. E. McKee y miembros de las familias Bresee y Widney, organizaron la Iglesia del Nazareno en Los Ángeles, California. Desde el principio vieron a esta iglesia como la primera de una denominación que predicaba la realidad de la entera santificación recibida mediante la fe en Jesucristo. Ellos sostuvieron que los cristianos santificados por fe deberían seguir el ejemplo de Cristo y predicar el evangelio a los pobres. Consideraron haber sido llamados especialmente para este trabajo. Ellos creyeron que la elegancia y ornamentación innecesarias en las casas de adoración no representaban el espíritu de Cristo sino el espíritu del mundo y que su inversión de tiempo y dinero debería darse a ministerios a la semejanza de Cristo para la salvación de almas y la ayuda para los necesitados. Organizaron la iglesia acorde con estos propósitos. Adoptaron reglas generales, una declaración de fe, una estructura basada en una superintendencia limitada, procedimientos para la consagración de diaconisas y la ordenación de presbíteros, y un ritual. Todo ello fue publicado como un Manual a partir de 1898. Se publicaba una revista que se llamaba *The Nazarene*, y después *The Nazarene Messenger*. La Iglesia del Nazareno se extendió principalmente a lo largo de la costa occidental del país y se formaron algunas congregaciones al este de las Montañas Rocallosas, hasta el estado de Illinois.

Entre los ministros que unieron sus destinos a la nueva iglesia estaban H. D. Brown, W. E. Shepard, C. W. Ruth, L. B. Kent, Isaiah Reid, J. B. Creighton, C. E. Cornell, Robert Pierce y W. C. Wilson. Entre los primeros que fueron ordenados por la nueva iglesia estuvieron el mismo Joseph P. Widney, Elsie y DeLance Wallace, Lucy P. Knott y E. A. Girvin.

Los 38 años de experiencia de Phineas F. Bresee como pastor, superintendente, editor, miembro de junta de regentes de una universidad y predicador de cultos campestres en el metodismo, así como su magnetismo personal peculiar, se aunaron en el desarrollo de la estrategia eclesiástica que llevó consigo a la unión de las iglesias de santidad en un cuerpo nacional.

*El año de unión: 1907-1908.* La Asociación de Iglesias Pentecostales de América, la Iglesia del Nazareno y la Iglesia de Cristo de la Santidad llegaron a asociarse gracias a C. W. Ruth, quien fungía como superintendente general asistente de la Iglesia del Nazareno, y quien había establecido amplias amistades en todo el movimiento wesleyano de santidad. Los delegados de la Asociación de Iglesias Pentecostales de América y de la Iglesia del Nazareno sesionaron en una asamblea general en Chicago del 10 al 17 de octubre de 1907. Los grupos que se estaban uniendo quedaron de acuerdo en un tipo de gobierno de la iglesia que equilibrara la necesidad de una superintendencia con la independencia de las congregaciones locales. Los superintendentes auspiciarían y atenderían a las iglesias ya establecidas. Se encargarían de organizar y estimular la organización de iglesias en todo lugar, pero su autoridad no debía interferir con las acciones independientes de una iglesia plenamente organizada. Además, la Asamblea General adoptó el nombre de Iglesia del Nazareno Pentecostal para el cuerpo unido formado de ambas organizaciones. Phineas F. Bresee e Hiram F. Reynolds fueron elegidos superintendentes generales. En las sesiones de la asamblea estuvo presente una delegación de observadores de la Iglesia de Cristo de la Santidad y participó en ella.

Durante el siguiente año ocurrieron otras dos adiciones. En abril de 1908 P. F. Bresee organizó una congregación de la Iglesia del Nazareno Pentecostal en Peniel, Texas. Algunos de los miembros de esa iglesia eran dirigentes principales de la Asociación de Santidad de Texas, lo cual preparó el camino para que otros miembros se unieran. En septiembre, la Conferencia de Pennsylvania de la Iglesia Cristiana de la Santidad, después de recibir el permiso de su Conferencia General, decidió disolverse y, bajo la dirección de H. G. Trumbaur, se unió a la Iglesia del Nazareno Pentecostal.

La segunda Asamblea General de la Iglesia del Nazareno Pentecostal se reunió en sesión combinada con el Concilio General de la Iglesia de Cristo de la Santidad, del 8 al 14 de octubre de 1908, en Pilot Point, Texas. El año de unión terminó el martes 13 de octubre por la mañana cuando el señor R. B. Mitchum propuso y C. W. Ruth secundó esta moción: "Que la unión de las dos iglesias sea consumada ahora". Varios hablaron a favor de la moción. Phineas Bresee había estado tratando de lograr ese propósito. A las 10:40 a.m., en medio de gran entusiasmo, la asamblea poniéndose de pie aprobó la unión por voto unánime.

La denominación cambia de nombre. La Asamblea General de 1919, atendiendo a la petición de 35 asambleas de distrito, cambió oficialmente el nombre a Iglesia del Nazareno debido al nuevo significado que se le daba a la palabra "pentecostal".

## Adiciones posteriores

Después de 1908 otros grupos se unieron a la Iglesia del Nazareno:

*La Misión Pentecostal.* En 1898 el reverendo J. O. McClurkan, evangelista de la iglesia Presbiteriana Cumberland, encabezó la formación de la Alianza Pentecostal en Nashville, en la cual se asociaron creyentes de santidad de Tennessee y de otros estados circunvecinos. Este cuerpo era muy misionero en espíritu y envió misioneros a Cuba,

Guatemala, México e India. Su fundador murió en 1914. Al año siguiente, su grupo, que era conocido como la Misión Pentecostal, se unió a la Iglesia del Nazareno Pentecostal.

*Iglesia Pentecostal de Escocia.* En 1906 el pastor George Sharpe, de la Iglesia Congregacional de Parkhead, Glasgow, fue expulsado de su púlpito por predicar la doctrina wesleyana de santidad cristiana. Los ochenta miembros que salieron con él inmediatamente formaron la Iglesia Pentecostal de Parkhead. Otras congregaciones fueron organizadas y, en 1909, se formó la Iglesia Pentecostal de Escocia. Ese cuerpo se unió a la Iglesia del Nazareno Pentecostal en noviembre de 1915.

*Asociación Laica de Santidad.* La Asociación Laica de Santidad se formó bajo la dirección de S.A. Danford en 1917, en Jamestown, North Dakota, para impulsar la causa del avivamiento wesleyano de santidad en los Estados Dakota, Minnesota y Montana. Este grupo publicó un periódico llamado *The Holiness Layman.* J. G. Morrison fue elegido presidente en 1919 y dirigió una organización con más de 25 evangelistas y obreros. En 1922 Morrison, junto a la mayoría de esos obreros y más de mil de sus miembros, se unió a la Iglesia del Nazareno.

*Asociación Hephzibah Misionera de Fe.* Este grupo misionero, cuyo centro estaba en Tabor, Iowa, fue organizado en 1893 por el presbítero George Weavers y después envió a más de 80 obreros a más de media docena de países. Alrededor de 1950 las iglesias de Tabor, la misión en África del Sur y otras partes de la organización se unieron a la Iglesia del Nazareno.

*Misión Internacional de Santidad.* El señor David Thomas, hombre de negocios y predicador laico, fundó la Misión de Santidad en Londres en 1907. Bajo su liderazgo se desarrolló un trabajo misionero muy extenso en el sur de África por lo cual la iglesia cambió su nombre a Misión Internacional de Santidad en 1917. Esta se unió a la Iglesia del Nazareno el 29 de octubre de 1952, con 28 iglesias y más de 1,000 feligreses en Inglaterra, bajo la superintendencia de J. B. Maclagan y con una obra misionera dirigida por 36 misioneros en África.

*Iglesia de Santidad El Calvario.* En 1934 los reverendos Maynard James y Jaco Ford, que habían sido evangelistas itinerantes en la Misión Internacional de Santidad, fundaron la Iglesia de Santidad El Calvario. El 11 de junio de 1955 esa iglesia, con sus 22 congregaciones y más de 600 miembros, se unió a la Iglesia del Nazareno. La unión de la Misión Internacional de Santidad y de la Iglesia de Santidad El Calvario fue resultado primordialmente de la visión y de los esfuerzos del superintendente nazareno de distrito George Frame.

*La Iglesia de Obreros del Evangelio de Canadá.* Esta iglesia, que fue organizada por Frank Goff en Ontario, Canadá, en 1918, surgió de un grupo anterior llamado los Obreros de Santidad. Se unió a la Iglesia del Nazareno el 7 de septiembre de 1958 añadiendo cinco iglesias y aproximadamente 200 miembros al Distrito Central de Canadá.

*Iglesia del Nazareno (Nigeria).* En la década de 1940 en Nigeria se organizó una iglesia wesleyana de santidad, bajo dirección autóctona. Adoptó el nombre de Iglesia del Nazareno y derivó sus creencias doctrinales y nombre en parte del *Manual* de la Iglesia del Nazareno Internacional. Bajo la dirección de Jeremiah U. Ekaidem se unió a ésta el 3 de abril de 1988, lo cual dio lugar a la creación de un nuevo distrito con 39 iglesias y 6,500 miembros.

## Hacia una Iglesia mundial

La Iglesia del Nazareno tuvo dimensiones internacionales desde su nacimiento. Para el tiempo de la asamblea de unión de 1908, los nazarenos estaban sirviendo y dando testimonio no sólo en los Estados Unidos, sino también en México, las islas de Cabo Verde, India, Japón y África del Sur, países a los que ya habían enviado misioneros — como testimonio viviente del impacto del movimiento misionero del siglo XIX en los grupos religiosos que formaron lo que ahora es la Iglesia del Nazareno.

La Asociación de Iglesias Pentecostales de América inició la expansión a nuevas áreas del mundo, comenzando en Asia en 1898. La Misión Pentecostal estaba trabajando en América Central para el año 1900, en el Caribe en 1902 y en América del Sur en 1909. En África, los nazarenos que estaban activos allí en 1907 fueron reconocidos más tarde como misioneros denominacionales.

La expansión subsecuente en la región Australia-Pacífico del Sur empezó en 1945, y en el continente europeo en 1948. En estos casos, la Iglesia del Nazareno entró al identificarse con ministros de esos países que ya predicaban y enseñaban el mensaje wesleyano de santidad: A. A. E. Berg en Australia y Alfredo del Rosso en Italia.

En el desarrollo de un ministerio mundial, la Iglesia del Nazareno ha dependido históricamente de la energía de obreros nacionales de los respectivos países, los cuales han compartido con los misioneros las tareas de predicar y enseñar el mensaje de la gracia. En 1918 un misionero en la India hizo la observación de que sus asociados nacionales incluían tres predicadores, cuatro maestros, tres colportores y cinco colportoras. Para 1936 la proporción de obreros del país en relación a misioneros de la Iglesia del Nazareno alrededor del mundo era mayor que cinco a uno.

Los países a los que la iglesia ha llegado sumaron un total de 155 en 2009. Miles de ministros y obreros laicos han contextualizado a la

Iglesia del Nazareno en sus respectivas culturas, contribuyendo así al mosaico de identidades nacionales que forman nuestra comunión internacional.

*Características de ministerio internacional.* Históricamente, el ministerio nazareno mundial se ha concentrado en evangelismo, ministerios de compasión y educación. El impulso evangelístico fue ejemplificado en las vidas de H. F. Schmelzenbach, L. S. Tracy, Esther Carson Winans, Samuel Krikorian y otros cuyos nombres simbolizan esta dimensión de ministerio. Nuestras iglesias y distritos continúan reflejando alrededor del mundo un carácter de avivamiento y evangelismo.

Las raíces internacionales del ministerio de compasión nazareno descansan en el apoyo dado en los primeros años para mitigar el hambre, así como en el trabajo de orfanatorios en la India. Esa labor recibió un gran impulso de la Unión Nazarena Médica Misionera, organizada a principios de la década de 1920 para edificar el Hospital Memorial Bresee en Tamingfú, China. En Suazilandia, África, se ha desarrollado un extenso trabajo médico y otros ministerios de compasión han tomado forma alrededor del mundo.

La educación es un aspecto de ministerio mundial ejemplificado en los primeros años de la iglesia por la Escuela "Hope" para Niñas, fundada en Calcuta por la señora Sukhoda Banarji en 1905, y adoptada al año siguiente por la Iglesia del Nazareno. Fuera de los Estados Unidos y Canadá, los nazarenos hemos establecido escuelas de educación primaria y de preparación de ministros. Contamos con seminarios de posgrado e instituciones teológicas a nivel universitario en Australia, Costa Rica, Inglaterra, Filipinas y en los Estados Unidos; universidades en África, Brasil, Canadá, Corea, Trinidad y Estados Unidos; tres escuelas de enfermería en África, la India y Papúa Nueva Guinea; y treinta y dos instituciones bíblico/teológicas de educación superior en todo el mundo.

La iglesia ha avanzado conforme se han ido desarrollando estos componentes de su misión. En 2009 la Iglesia del Nazareno tenía una feligresía internacional de 1,837,393 distribuida en más de 22,807 congregaciones (que incluyen iglesias organizadas y otros grupos en proceso de organización).

Como resultado de este desarrollo histórico, la denominación está hoy en la posibilidad, con una agenda inconclusa, de pasar de "una presencia internacional" a "una comunidad internacional" de fe. El reconocimiento de ello llevó a la Asamblea General de 1976 a autorizar la creación de una Comisión de Internacionalización, cuyo informe a la Asamblea General de 1980 llevó a la creación de un sistema de áreas de regiones mundiales. El número y los límites de las regiones mundiales originales han cambiado desde entonces. Las que tenemos al presente son: la Región de África, la Región de Asia-Pacífico, la Región de Canadá, la Región del Caribe, la Región de Eurasia, la Región de México y América Central, la Región de Sudamérica, y ocho regiones en los Estados Unidos.

# ORGANIGRAMA DE GOBIERNO DE LA IGLESIA
## (con detalles)

• Iglesia del Nazareno Internacional • Constitución y Artículos de Gobierno –Manual Párrafos 28-32 •

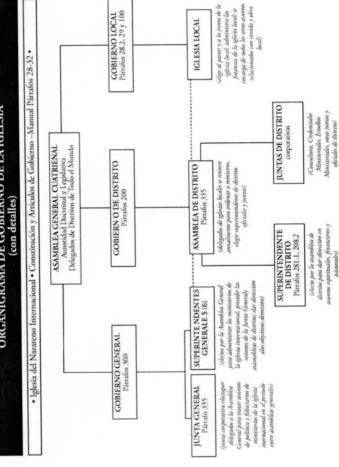

**ASAMBLEA GENERAL CUATRIENAL**
Autoridad Doctrinal y Legislativa
Delegados de Distritos de Todo el Mundo

**GOBIERNO LOCAL**
Párrafos 28.2, 29 y 100

**IGLESIA LOCAL**

*(elige al pastor y a la junta de la iglesia local; administra las finanzas de la iglesia local; se encarga de todos los otros asuntos relacionados con vida y obra local)*

**GOBIERNO O DE DISTRITO**
Párrafos 200

**ASAMBLEA DE DISTRITO**
Párrafos 335

*(delegados de iglesias locales se reúnen anualmente para ordenar a ministros, elegir superintendente de distrito, oficiales y juntas)*

**JUNTAS DE DISTRITO**
corporativas

*(Consultiva, Credenciales Ministeriales, Estudios Ministeriales, otras juntas y oficiales de distrito)*

**SUPERINTENDENTE DE DISTRITO**
Párrafos 281.1, 208.2

*(electo por la asamblea de distrito para dar dirección en asuntos espirituales, financieros y pastorales)*

**GOBIERNO GENERAL**
Párrafos 300

**SUPERINTENDENTES GENERALES (6)**

*(electos por la Asamblea General para administrar los ministerios de la iglesia internacional; presidir las sesiones de la Junta General y asambleas de distritos; dar dirección; dar objeción/demisión)*

**JUNTA GENERAL**
Párrafo 335

*(junta corporativa elige/aprueba delegados a la Asamblea General para tratar asuntos de política y fiduciarios de ministerios de la iglesia internacional en el período entre asambleas generales)*

# PREÁMBULO

A fin de que mantengamos nuestra herencia dada por Dios, la fe una vez dada a los santos, especialmente la doctrina y experiencia de la entera santificación como segunda obra de gracia, y también para que cooperemos eficazmente con otras ramas de la iglesia de Jesucristo en expandir el reino de Dios, nosotros, los ministros y los miembros laicos de la Iglesia del Nazareno en conformidad con los principios de la legislación constitucional establecida entre nosotros, por la presente ordenamos, adoptamos y publicamos como la ley fundamental o Constitución de la Iglesia del Nazareno, los Artículos de Fe, El Pacto de Conducta Cristiana y los Artículos de Organización y Gobierno que aquí siguen, a saber:

# ARTÍCULOS DE FE

Las citas bíblicas apoyan los Artículos de Fe y se insertan aquí por decisión de la Asamblea General de 1976, pero no se consideran parte del texto de la Constitución.

## I. El Dios trino[1]

**1.** Creemos en un solo Dios eternamente existente e infinito, *Creador y Sustentador* Soberano del universo; que sólo Él es Dios, [creador y administrador] santo en naturaleza, atributos y propósito[;]. *El Dios, quien es amor santo y luz,* [que Él como Dios] es trino en su ser esencial, revelado como Padre, Hijo y Espíritu Santo.

(Génesis 1; Levítico 19:2; Deuteronomio 6:4-5; Isaías 5:16; 6:1-7; 40:18-31; Mateo 3:16-17; 28:19-20; Juan 14:6-27; 1 Corintios 8:6; 2 Corintios 13:14; Gálatas 4:4-6; Efesios 2:13-18, 1 Juan 1:5; 4:8)

## II. Jesucristo

**2.** Creemos en Jesucristo, la Segunda Persona de la Divina Trinidad; que Él eternamente es uno con el Padre; que se encarnó por obra del Espíritu Santo y que nació de la virgen María, de manera que dos naturalezas enteras y perfectas, es decir, la deidad y la humanidad, fueron unidas en una persona, verdadero Dios y verdadero hombre, el Dios-hombre.

Creemos que Jesucristo murió por nuestros pecados, y que ciertamente se levantó de entre los muertos y tomó otra vez su cuerpo, junto con todo lo perteneciente a la perfección de la naturaleza

---

[1] Los cambios constitucionales aprobados por la Asamblea General de 2009 están en proceso de ratificación por las asambleas de distrito al momento de la impresión. Los cambios a realizarse aparecen en cursiva si son nuevas palabras y entre corchetes si son palabras que se eliminarán.

humana, con el cual ascendió al cielo y está allí intercediendo por nosotros.

(Mateo 1:20-25; 16:15-16; Lucas 1:26-35; Juan 1:1-18; Hechos 2:22-36; Romanos 8:3, 32-34; Gálatas 4:4-5; Filipenses 2:5-11; Colosenses 1:12-22; 1 Timoteo 6:14-16; Hebreos 1:1-5; 7:22-28; 9:24-28; 1 Juan 1:1-3; 4:2-3, 15)

## III. El Espíritu Santo

**3.** Creemos en el Espíritu Santo, la Tercera Persona de la Divina Trinidad, que está siempre presente y eficazmente activo en la Iglesia de Cristo y juntamente con ella, convenciendo al mundo de pecado, regenerando a los que se arrepienten y creen, santificando a los creyentes y guiando a toda verdad la cual está en Jesucristo.

(Juan 7:39; 14:15-18, 26; 16:7-15; Hechos 2:33; 15:8-9; Romanos 8:1-27; Gálatas 3:1-14; 4:6; Efesios 3:14-21; 1 Tesalonicenses 4:7-8; 2 Tesalonicenses 2:13; 1 Pedro 1:2; 1 Juan 3:24; 4:13)

## IV. Las Sagradas Escrituras

**4.** Creemos en la inspiración plenaria de las Sagradas Escrituras, por las cuales aceptamos los 66 libros del Antiguo y Nuevo Testamentos dados por inspiración divina, revelando infaliblemente la voluntad de Dios respecto a nosotros en todo lo necesario para nuestra salvación, de manera que no se debe imponer como Artículo de Fe ninguna enseñanza que no esté en ellas.

(Lucas 24:44-47; Juan 10:35; 1 Corintios 15:3-4; 2 Timoteo 3:15-17; 1 Pedro 1:10-12; 2 Pedro 1:20-21)

## V. El pecado, original y personal

**5.** Creemos que el pecado entró en el mundo por la desobediencia de nuestros primeros padres, y la muerte por el pecado. Creemos que el pecado es de dos clases: pecado original o depravación y pecado actual o personal.

**5.1.** Creemos que el pecado original, o depravación, es aquella corrupción de la naturaleza de toda la descendencia de Adán, razón por la cual todo ser humano está muy apartado de la justicia original o estado de pureza de nuestros primeros padres al tiempo de su creación, es adverso a Dios, no tiene vida espiritual, está inclinado al mal y esto de continuo. Además, creemos que el pecado original continúa existiendo en la nueva vida del regenerado hasta [ser desarraigado] que el corazón es totalmente limpiado por el bautismo con el Espíritu Santo.

**5.2.** Creemos que el pecado original difiere del pecado actual, por cuanto constituye una propensión heredada al pecado actual de la que nadie es responsable, sino hasta que el remedio divinamente provisto haya sido menospreciado o rechazado.

**5.3.** Creemos que el pecado actual o personal es la violación voluntaria de una ley conocida de Dios cometida por una persona moralmente responsable. Por tanto, no debe ser confundido con fallas involuntarias o inevitables, debilidades, faltas, errores, fracasos u otras desviaciones de una norma de conducta perfecta, los cuales son residuos de la caída. Sin embargo, tales efectos inocentes no incluyen actitudes o respuestas contrarias al Espíritu de Cristo, las que pueden llamarse propiamente pecados del espíritu. Creemos que el pecado personal es primordial y esencialmente una violación de la ley del amor y que, en relación con Cristo, el pecado puede definirse como incredulidad.

(Pecado original: Génesis 3; 6:5; Job 15:14; Salmos 51:5; Jeremías 17:9-10; Marcos 7:21-23; Romanos 1:18-25; 5:12-14; 7:1—8:9; 1 Corintios 3:1-4; Gálatas 5:16-25; 1 Juan 1:7-8 Pecado personal: Mateo 22:36-40 [con 1 Juan 3:4]; Juan 8:34-36; 16:8-9; Romanos 3:23; 6:15-23; 8:18-24; 14:23; 1 Juan 1:9—2:4; 3:7-10)

## VI. La expiación[2]

**6.** Creemos que Jesucristo por sus sufrimientos, por el derramamiento de su preciosa sangre y por su muerte [meritoria] en la cruz hizo una expiación plena por todo el pecado de la humanidad, y que esta expiación es la única base de la salvación y que es suficiente para todo individuo de la raza de Adán. La expiación es misericordiosamente eficaz para la salvación de [los irresponsables] *aquellos incapaces de responsabilidad moral* y para los niños en su inocencia, pero para los que llegan a la edad de responsabilidad es eficaz para su salvación solamente cuando se arrepienten y creen.

(Isaías 53:5-6, 11; Marcos 10:45; Lucas 24:46-48; Juan 1:29; 3:14-17; Hechos 4:10-12; Romanos 3:21-26; 4:17-25; 5:6-21; 1 Corintios 6:20; 2 Corintios 5:14-21; Gálatas 1:3-4; 3:13-14; Colosenses 1:19-23; 1 Timoteo 2:3-6; Tito 2:1114; Hebreos 2:9; 9:11-14; 13:12; 1 Pedro 1:18-21; 2:19-25; 1 Juan 2:1-2)

## VII. La gracia preveniente

**7.** Creemos que la creación de la raza humana a la imagen de Dios incluyó la capacidad de decidir entre el bien y el mal y que, por tanto, los seres humanos fueron hechos moralmente responsables; que a

---

[2] Los cambios constitucionales aprobados por la Asamblea General de 2009 están en proceso de ratificación por las asambleas de distrito al momento de la impresión. Los cambios a realizarse aparecen en cursiva si son nuevas palabras y entre corchetes si son palabras que se eliminarán.

través de la caída de Adán ellos se tornaron depravados, de tal modo que ahora no pueden, por sí mismos y por sus capacidades y obras, volver a la fe e invocar a Dios. Pero también creemos que la gracia de Dios, por medio de Jesucristo, se concede gratuitamente a todas las personas, capacitando a todos los que quieran, para volverse del pecado a la justicia, para creer en Jesucristo y recibir perdón y limpieza del pecado, y para seguir las buenas obras agradables y aceptables ante Él. Creemos que todas las personas, aunque posean la experiencia de la regeneración y de la entera santificación, pueden caer de la gracia y apostatar y, a menos que se arrepientan de sus pecados, se perderán eternamente y sin esperanza.

(Semejanza divina y responsabilidad moral: Génesis 1:26-27; 2:16-17; Deuteronomio 28:1-2; 30:19; Josué 24:15; Salmos 8:3-5; Isaías 1:8-10; Jeremías 31:29-30; Ezequiel 18:1-4; Miqueas 6:8; Romanos 1:19-20; 2:1-16; 14:7-12; Gálatas 6:7-8

Incapacidad natural: Job 14:4; 15:14; Salmos 14:1-4; 51:5; Juan 3:6a; Romanos 3:10-12; 5:12-14, 20a; 7:14-25

Don de gracia y obras de fe: Ezequiel 18:25-26; Juan 1:12-13; 3:6b; Hechos 5:31; Romanos 5:6-8, 18; 6:15-16, 23; 10:6-8; 11:22; 1 Corintios 2:9-14; 10:112; 2 Corintios 5:18-19; Gálatas 5:6; Efesios 2:8-10; Filipenses 2:12-13; Colosenses 1:21-23; 2 Timoteo 4:10a; Tito 2:11-14; Hebreos 2:1-3; 3:12-15; 6:4-6; 10:26-31; Santiago 2:18-22; 2 Pedro 1:10-11; 2:20-22)

## VIII. El arrepentimiento

8. Creemos que el arrepentimiento, que es un cambio sincero y completo de la mente respecto al pecado, con el reconocimiento de culpa personal y la separación voluntaria del pecado, se exige de todos los que por acción o propósito han llegado a ser pecadores contra Dios. El Espíritu de Dios da a todos los que quieran arrepentirse la ayuda benigna de la contrición de corazón y la esperanza de misericordia para que puedan creer a fin de recibir perdón y vida espiritual.

(2 Crónicas 7:14; Salmos 32:5-6; 51:1-17; Isaías 55:6-7; Jeremías 3:12-14; Ezequiel 18:30-32; 33:14-16; Marcos 1:14-15; Lucas 3:1-14; 13:1-5; 18:9-14; Hechos 2:38; 3:19; 5:31; 17:30-31; 26:16-18; Romanos 2:4; 2 Corintios 7:8-11; 1 Tesalonicenses 1:9; 2 Pedro 3:9)

## IX. La justificación, la regeneración y la adopción

9. Creemos que la justificación es aquel acto benigno y judicial de Dios, por el cual Él concede pleno perdón de toda culpa, la remisión completa de la pena por los pecados cometidos y la aceptación como justos de los que creen en Jesucristo y lo reciben como Salvador y Señor.

**10.** Creemos que la regeneración, o nuevo nacimiento, es aquella obra de gracia de Dios, por la cual la naturaleza moral del creyente arrepentido es vivificada espiritualmente y recibe una vida distintivamente espiritual, capaz de experimentar fe, amor y obediencia.

**11.** Creemos que la adopción es aquel acto benigno de Dios, por el cual el creyente justificado y regenerado se constituye en hijo de Dios.

**12.** Creemos que la justificación, la regeneración y la adopción son simultáneas en la experiencia de los que buscan a Dios y se obtienen por el requisito de la fe, precedida por el arrepentimiento y que el Espíritu Santo da testimonio de esta obra y estado de gracia.

(Lucas 18:14; Juan 1:12-13; 3:3-8; 5:24; Hechos 13:39; Romanos 1:17; 3:2126, 28; 4:5-9, 17-25; 5:1, 16-19; 6:4; 7:6; 8:1, 15-17; 1 Corintios 1:30; 6:11; 2 Corintios 5:17-21; Gálatas 2:16-21; 3:1-14, 26; 4:4-7; Efesios 1:6-7; 2:1, 4-5; Filipenses 3:3-9; Colosenses 2:13; Tito 3:4-7; 1 Pedro 1:23; 1 Juan 1:9; 3:1-2, 9; 4:7; 5:1, 9-13, 18)

## X. *La santidad cristiana* y **la entera santificación**[3]

**13.** Creemos que la [entera] santificación es *la obra* [aquel acto] de Dios [subsecuente a la regeneración, por el] por medio *de la cual transforma a los creyentes a la semejanza de Cristo. Ésta es efectuada mediante la gracia de Dios por el Espíritu Santo en la santificación inicial, o regeneración (simultánea a la justificación), la entera santificación y la obra continua de perfeccionamiento del creyente por el Espíritu Santo, culminando en la glorificación, en la cual somos completamente conformados a la imagen del Hijo.*

*Creemos que la entera santificación es el acto de Dios, subsecuente a la regeneración, por el cual los creyentes* son hechos libres del pecado original o depravación, y son llevados a un estado de entera devoción a Dios y a la santa obediencia de amor hecho perfecto.

Es efectuada por *la llenura o* el bautismo con el Espíritu Santo; y en una sola experiencia incluye la limpieza de pecado del corazón y la morada permanente y continua del Espíritu Santo, capacitando al creyente para la vida y el servicio.

La entera santificación es provista por la sangre de Jesús, efectuada instantáneamente por *la gracia mediante* la fe y precedida por la entera consagración. El Espíritu Santo da testimonio de esta obra y estado de gracia.

---

[3] Los cambios constitucionales aprobados por la Asamblea General de 2009 están en proceso de ratificación por las asambleas de distrito al momento de la impresión. Los cambios a realizarse aparecen en cursiva si son nuevas palabras y entre corchetes si son palabras que se eliminarán.

Esta experiencia se conoce también con varios nombres que representan sus diferentes fases, tales como "la perfección cristiana", "el amor perfecto", "la pureza de corazón", *la llenura o* el bautismo con el Espíritu Santo", "la plenitud de la bendición" y "la santidad cristiana".

**14.** Creemos que hay una clara distinción entre el corazón puro y el carácter maduro. El primero se obtiene instantáneamente como resultado de la entera santificación; el segundo es resultado del crecimiento en la gracia.

Creemos que la gracia de la entera santificación incluye el impulso *divino* para crecer en gracia *como discípulo semejante a Cristo.* Sin embargo, este impulso se debe cultivar conscientemente, y se debe dar atención cuidadosa a los requisitos y procesos del desarrollo espiritual y mejoramiento de carácter y personalidad en semejanza a Cristo. Sin ese esfuerzo con tal propósito, el testimonio de uno puede debilitarse, y la gracia puede entorpecerse y finalmente perderse.

*Al participar en los medios de gracia, especialmente en la comunión cristiana, en las disciplinas espirituales y en los sacramentos de la iglesia, los creyentes crecen en gracia y en amor sincero para con Dios y con el prójimo.*

(Jeremías 31:31-34; Ezequiel 36:25-27; Malaquías 3:2-3; Mateo 3:11-12; Lucas 3:16-17; Juan 7:37-39; 14:15-23; 17:6-20; Hechos 1:5; 2:1-4; 15:8-9; Romanos 6:11-13, 19; 8:1-4, 8-14; 12:1-2; 2 Corintios 6:14— 7:1; Gálatas 2:20; 5:16-25; Efesios 3:14-21; 5:17-18, 25-27; Filipenses 3:10-15; Colosenses 3:1-17; 1 Tesalonicenses 5:23-24; Hebreos 4:9-11; 10:10-17; 12:1-2; 13:12; 1 Juan 1:7, 9)

("Perfección cristiana", "amor perfecto": Deuteronomio 30:6; Mateo 5:43-48; 22:37-40; Romanos 12:9-21; 13:8-10; 1 Corintios 13; Filipenses 3:10-15; Hebreos 6:1; 1 Juan 4:17-18

"Pureza de corazón": Mateo 5:8; Hechos 15:8-9; 1 Pedro 1:22; 1 Juan 3:3

"La llenura o el bautismo con el Espíritu Santo": Jeremías 31:31-34; Ezequiel 36:25-27; Malaquías 3:2-3; Mateo 3:11-12; Lucas 3:16-17; Hechos 1:5; 2:1-4; 15:8-9

"Plenitud de la bendición": Romanos 15:29

"Santidad cristiana": Mateo 5:1—7:29; Juan 15:1-11; Romanos 12:1— 15:3; 2 Corintios 7:1; Efesios 4:17—5:20; Filipenses 1:9-11; 3:12-15; Colosenses 2:20—3:17; 1 Tesalonicenses 3:13; 4:7-8; 5:23; 2 Timoteo 2:19-22; Hebreos 10:19-25; 12:14; 13:20-21; 1 Pedro 1:15-16; 2 Pedro 1:1-11; 3:18; Judas 20-21)

## XI. La Iglesia[4]

**15.** Creemos en la Iglesia, la comunidad que confiesa a Jesucristo como Señor, el pueblo del pacto de Dios renovado en Cristo, el Cuerpo de Cristo llamado a ser uno por el Espíritu Santo mediante la Palabra.

Dios llama a la Iglesia a expresar su vida en la unidad y la comunión del Espíritu; en adoración por medio de la predicación de la Palabra de Dios, en la observancia de los sacramentos y el ministerio en su nombre; en la obediencia a Cristo, *la vida santa* y la mutua rendición de cuentas.

La misión de la Iglesia en el mundo es [continuar] *compartir* la obra redentora *y el ministerio reconciliador de Cristo en el poder del Espíritu,* [mediante una vida santa, la evangelización, el discipulado y el servicio]. *La Iglesia cumple su misión haciendo discípulos mediante el evangelismo, la educación, mostrando compasión, trabajando por la justicia y dando testimonio al reino de Dios.*

La Iglesia es una realidad histórica que se organiza en formas culturalmente adaptadas; existe tanto como congregaciones locales y como cuerpo universal; aparta a personas llamadas por Dios para ministerios específicos. Dios llama a la iglesia a vivir bajo su gobierno en anticipación de la consumación en la venida de nuestro Señor Jesucristo.

(Éxodo 19:3; Jeremías 31:33; Mateo 8:11; 10:7; 16:13-19, 24; 18:15-20; 28:1920; Juan 17:14-26; 20:21-23; Hechos 1:7-8; 2:32-47; 6:1-2; 13:1; 14:23; Romanos 2:28-29; 4:16; 10:9-15; 11:13-32; 12:1-8; 15:1-3; 1 Corintios 3:5-9; 7:17; 11:1, 17-33; 12:3, 12-31; 14:26-40; 2 Corintios 5:11—6:1; Gálatas 5:6, 13-14; 6:1-5, 15; Efesios 4:1-17; 5:25-27; Filipenses 2:1-16; 1 Tesalonicenses 4:1-12; 1 Timoteo 4:13; Hebreos 10:19-25; 1 Pedro 1:1-2, 13; 2:4-12, 21; 4:1-2, 10-11; 1 Juan 4:17; Judas 24; Apocalipsis 5:9-10)

## XII. El bautismo

**16.** Creemos que el bautismo cristiano, ordenado por nuestro Señor, es un sacramento que significa la aceptación de los beneficios de la expiación de Jesucristo, que debe administrarse a los creyentes, y que declara su fe en Jesucristo como su Salvador y su pleno propósito de obediencia en santidad y justicia. Siendo el bautismo un símbolo del nuevo pacto, se puede bautizar a niños pequeños, a petición de

---

[4] Los cambios constitucionales aprobados por la Asamblea General de 2009 están en proceso de ratificación por las asambleas de distrito al momento de la impresión. Los cambios a realizarse aparecen en cursiva si son nuevas palabras y entre corchetes si son palabras que se eliminarán.

sus padres o tutores, quienes prometerán la enseñanza cristiana necesaria.

El bautismo puede ser administrado por aspersión, afusión o inmersión, según la preferencia del candidato.

(Mateo 3:1-7; 28:16-20; Hechos 2:37-41; 8:35-39; 10:44-48; 16:29-34; 19:16; Romanos 6:3-4; Gálatas 3:26-28; Colosenses 2:12; 1 Pedro 3:18-22)

## XIII. La santa cena

**17.** Creemos que la cena conmemorativa y de comunión instituida por nuestro Señor y Salvador Jesucristo es esencialmente un sacramento del Nuevo Testamento, que declara su muerte expiatoria, por cuyos méritos los creyentes tienen vida y salvación, y la promesa de todas las bendiciones espirituales en Cristo. Es distintivamente para aquellos que están preparados para apreciar con reverencia su significado y por ella anuncian la muerte del Señor hasta que Él venga otra vez. Siendo la fiesta de comunión, sólo aquellos que tienen fe en Cristo y amor para los santos deben ser llamados a participar en ella.

(Éxodo 12:1-14; Mateo 26:26-29; Marcos 14:22-25; Lucas 22:17-20; Juan 6:28-58; 1 Corintios 10:14-21; 11:23-32)

## XIV. La sanidad divina

**18.** Creemos en la doctrina bíblica de la sanidad divina e instamos a nuestro pueblo a ofrecer la oportunidad de hacer la oración de fe para la sanidad de los enfermos. Creemos también que Dios sana a través de la ciencia médica.

(2 Reyes 5:1-19; Salmos 103:1-5; Mateo 4:23-24; 9:18-35; Juan 4:46-54; Hechos 5:12-16; 9:32-42; 14:8-15; 1 Corintios 12:4-11; 2 Corintios 12:7-10; Santiago 5:13-16)

## XV. La segunda venida de Cristo

**19.** Creemos que el Señor Jesucristo vendrá otra vez; que los que vivamos en el momento de su venida no precederemos a los que durmieron en Cristo Jesús; mas si hemos permanecido en Él, seremos arrebatados con los santos resucitados para reunirnos con el Señor en el aire, y estaremos siempre con Él.

(Mateo 25:31-46; Juan 14:1-3; Hechos 1:9-11; Filipenses 3:20-21; 1 Tesalonicenses 4:13-18; Tito 2:11-14; Hebreos 9:26-28; 2 Pedro 3:3-15; Apocalipsis 1:7-8; 22:7-20)

## XVI. La resurrección, el juicio y el destino

**20.** Creemos en la resurrección de los muertos, que los cuerpos tanto de los justos como de los injustos serán resucitados y unidos con sus espíritus —"los que hicieron lo bueno, saldrán a resurrección de vida mas los que hicieron lo malo, a resurrección de condenación".

**21.** Creemos en el juicio futuro en el cual toda persona comparecerá ante Dios para ser juzgada según sus hechos en esta vida.

**22.** Creemos que a los que son salvos por creer en Jesucristo nuestro Señor y le siguen en obediencia se les asegura la vida gloriosa y eterna; y que los que permanezcan impenitentes hasta el fin, sufrirán eternamente en el infierno.

(Génesis 18:25; 1 Samuel 2:10; Salmos 50:6; Isaías 26:19; Daniel 12:2-3; Mateo 25:31-46; Marcos 9:43-48; Lucas 16:19-31; 20:27-38; Juan 3:16-18; 5:25-29; 11:21-27; Hechos 17:30-31; Romanos 2:1-16; 14:7-12; 1 Corintios 15:12-58; 2 Corintios 5:10; 2 Tesalonicenses 1:5-10; Apocalipsis 20:11-15; 22:1-15)

# LA IGLESIA

## I. La Iglesia general

**23.** La iglesia de Dios se compone de todas las personas espiritualmente regeneradas, cuyos nombres están escritos en el cielo.

## II. Las iglesias particulares

**24.** Las iglesias particulares han de componerse de tales personas regeneradas que, por autorización providencial y por la dirección del Espíritu Santo, se asocian para tener comunión y ministerios santos.

## III. La Iglesia del Nazareno

**25.** La Iglesia del Nazareno se compone de aquellas personas que voluntariamente se han asociado de acuerdo con las doctrinas y gobierno de dicha iglesia, y que buscan la santa comunión cristiana, la conversión de los pecadores, la entera santificación de los creyentes, su edificación en la santidad y la simplicidad y poder espiritual manifestados en la iglesia primitiva del Nuevo Testamento, junto con la predicación del evangelio a toda criatura.

## IV. Declaración convenida de fe

**26.** Reconociendo que el derecho y el privilegio de las personas a la membresía de la iglesia se basan en que sean regeneradas, sólo requerimos las declaraciones de fe que son esenciales en la experiencia cristiana. Por lo tanto, consideramos que es suficiente creer en las siguientes declaraciones breves. Creemos:

**26.1.** En un solo Dios —el Padre, el Hijo y el Espíritu Santo.

**26.2.** Que las Escrituras del Antiguo y Nuevo Testamentos, dadas por inspiración plenaria, contienen toda la verdad necesaria para la fe y la vida cristiana.

**26.3.** Que el hombre nace con una naturaleza caída y, por tanto, está inclinado al mal y esto de continuo.

**26.4.** Que los que permanecen impenitentes hasta el fin, están perdidos eternamente y sin esperanza.

**26.5.** Que la expiación por medio de Jesucristo es para toda la raza humana; y que todo aquel que se arrepiente y cree en el Señor Jesucristo es justificado, regenerado y salvado del dominio del pecado.

**26.6.** Que los creyentes deberán ser enteramente santificados, subsecuentemente a la regeneración, mediante la fe en el Señor Jesucristo.

**26.7.** Que el Espíritu Santo da testimonio del nuevo nacimiento y también de la entera santificación de los creyentes.

**26.8.** Que nuestro Señor volverá, que los muertos resucitarán y que se llevará a cabo el juicio final.

## V. El pacto de carácter cristiano

**27.** Identificarse con la iglesia visible es el privilegio bendito y deber sagrado de todos los que son salvos de sus pecados y buscan la perfección en Cristo Jesús. Se requiere de todos los que quieran unirse a la Iglesia del Nazareno y así andar en comunión con nosotros, que muestren evidencia de salvación de sus pecados mediante una conducta santa y una piedad vital; y que sean limpios del pecado innato o que sinceramente deseen serlo. Ellos deben dar evidencia de su entrega a Dios:

**27.1.** PRIMERO. Haciendo lo que se ordena en la Palabra de Dios, la cual es la regla de fe y práctica de la iglesia, incluyendo:

(1) Amar a Dios con todo el corazón, alma, mente y fuerzas, y al prójimo como a sí mismo (Éxodo 20:3-6; Levítico 19:17-18; Deuteronomio 5:7-10; 6:4-5; Marcos 12:28-31; Romanos 13:8-10).

(2) Llamar la atención de los inconversos a las demandas del evangelio, invitarlos a la casa del Señor y procurar que reciban salvación (Mateo 28:19-20; Hechos 1:8; Romanos 1:14-16; 2 Corintios 5:18-20).

(3) Ser corteses con todas las personas (Efesios 4:32; Tito 3:2; 1 Pedro 2:17; 1 Juan 3:18).

(4) Ser de ayuda a los que también son hermanos en la fe, soportándose los unos a los otros en amor (Romanos 12:13; Gálatas 6:2, 10; Colosenses 3:12-14).

(5) Tratar de ayudar integralmente a las personas (cuerpo y alma); dar de comer al hambriento, vestir al desnudo, visitar a los enfermos y presos, y ministrar a los necesitados, cuando se tenga la oportunidad y la capacidad de hacerlo (Mateo 25:35-36; 2 Corintios 9:8-10; Gálatas 2:10; Santiago 2:15-16; 1 Juan 3:17-18).

(6) Contribuir al sostenimiento del ministerio, la iglesia y su obra con diezmos y ofrendas (Malaquías 3:10; Lucas 6:38; 1 Corintios 9:14; 16:2; 2 Corintios 9:6-10; Filipenses 4:15-19).

(7) Asistir fielmente a todas las ordenanzas de Dios y los medios de gracia, incluyendo el culto público a Dios (Hebreos 10:25), la ministración de la Palabra (Hechos 2:42), el sacramento de la Santa Cena (1 Corintios 11:23-30), el escudriñar y meditar en las Escrituras (Hechos 17:11; 2 Timoteo 2:15; 3:14-16), las devociones familiares y privadas (Deuteronomio 6:6-7; Mateo 6:6).

**27.2.** SEGUNDO. Evitando toda clase de mal, incluyendo:

(1) Tomar el nombre de Dios en vano (Éxodo 20:7; Levítico 19:12; Santiago 5:12).

(2) Profanar el Día del Señor al participar en actividades seculares innecesarias, dedicándose, por lo tanto, a prácticas que nieguen su santidad (Éxodo 20:8-11; Isaías 58:13-14; Marcos 2:27-28; Hechos 20:7; Apocalipsis 1:10).

(3) Inmoralidad sexual, como relaciones premaritales o extramaritales, perversión en cualquier forma, libertinaje sexual y conducta impropia (Éxodo 20:14; Mateo 5:27-32; 1 Corintios 6:9-11; Gálatas 5:19; 1 Tesalonicenses 4:3-7).

(4) Hábitos o prácticas que se sabe son nocivos al bienestar físico y mental. Los cristianos deben considerarse templos del Espíritu Santo (Proverbios 20:1; 23:1-3; 1 Corintios 6:17-20; 2 Corintios 7:1; Efesios 5:18).

(5) Reñir, devolver mal por mal, chismear, calumniar, diseminar conjeturas injuriosas al buen nombre de otros (2 Corintios 12:20; Gálatas 5:15; Efesios 4:30-32; Santiago 3:5-18; 1 Pedro 3:9-10).

(6) Defraudar, tomar ventaja al comprar y vender, dar falso testimonio, y semejantes obras de las tinieblas (Levítico 19:10-11; Romanos 12:17; 1 Corintios 6:7-10).

(7) Dejarse dominar por el orgullo en el vestir o en la conducta. Nuestra feligresía debe vestirse con la sencillez y modestia cristianas que convienen a la santidad (Proverbios 29:23; 1 Timoteo 2:8-10; Santiago 4:6; 1 Pedro 3:3-4; 1 Juan 2:15-17).

(8) Música, literatura y diversiones que deshonran a Dios (1 Corintios 10:31; 2 Corintios 6:14-17; Santiago 4:4).

**27.3.** TERCERO. Permaneciendo en comunión sincera con la iglesia, no hablando mal de ella, sino estando totalmente comprometidos con sus doctrinas y costumbres, e involucrados activamente en el testimonio y expansión continuos (Efesios 2:18-22; 4:1-3, 11-16; Filipenses 2:1-8; 1 Pedro 2:9-10).

* * *

# ARTÍCULOS DE ORGANIZACIÓN Y GOBIERNO

## Artículo I. Forma de gobierno

**28.** El gobierno de la Iglesia del Nazareno es representativo.

**28.1.** Estamos de acuerdo en que es necesaria una superintendencia que complemente y ayude a la iglesia local en la realización de su misión y objetivos. La superintendencia edificará la moral, proveerá motivación, proporcionará administración y asesoramiento de métodos, y organizará y estimulará la organización de iglesias y misiones nuevas en todas partes.

**28.2**. Estamos de acuerdo en que la autoridad otorgada a los superintendentes no interferirá en la acción independiente de una iglesia completamente organizada. Cada iglesia disfrutará del derecho de escoger a su pastor, sujetándose a las reglas de aprobación que la Asamblea General crea conveniente instituir. Cada iglesia también elegirá delegados a las diferentes asambleas, administrará sus propias finanzas y se encargará de todos los otros asuntos pertenecientes a su vida y labor local.

## Artículo II. Iglesias locales

**29**. La membresía de una iglesia local consistirá de todas las personas que fueron organizadas como iglesia por aquellos autorizados para hacerlo, y que fueron recibidas públicamente por quienes están debidamente autorizadas, después de haber declarado su experiencia de salvación, su creencia en nuestras doctrinas, y su buena voluntad para someterse a nuestro gobierno. (100-107)

## Artículo III. Asambleas de distrito

**30**. La Asamblea General organizará a la feligresía en asambleas de distrito, autorizándoles la representación laica y ministerial que la Asamblea General considere equitativa y justa, y determinará los requisitos de dichos representantes, siempre y cuando todos los presbíteros asignados sean miembros de su asamblea de distrito. La Asamblea General también fijará los linderos de los distritos y definirá las facultades y deberes de las asambleas de distrito. (200-205.6)

## Artículo IV. La asamblea general

**31.1. Quiénes la forman**. La Asamblea General estará formada por delegados ministeriales y laicos en números iguales, electos a ella por las asambleas de distrito de la Iglesia del Nazareno; por miembros ex officio que en ocasiones indique la Asamblea General; y por delegados de distritos bajo la administración del Comité de Misión Global de la Iglesia del Nazareno, según lo estipule la Asamblea General.

**31.2. Elección de los Delegados**. En la asamblea de distrito, dentro de los 16 meses anteriores a la Asamblea General, o dentro de 24 meses en áreas en las que se requieran visas u otros preparativos excepcionales, se elegirá un número igual de delegados ministeriales y laicos a la Asamblea General, [según haya sido estipulado por ésta] *electo por voto de pluralidad (mayoría relativa)* siempre y cuando los delegados ministeriales sean presbíteros asignados de la Iglesia del Nazareno. Cada distrito Fase 3 tendrá derecho, por lo menos, a un delegado ministerial y un delegado laico, y tantos delegados adicionales como su membresía lo justifique, de acuerdo con la representación fijada por la Asamblea General. Cada distrito elegirá delegados suplentes sin exceder el doble del número de los delegados titulares. *Cuando haya problemas para obtener la visa de viaje correspondiente, una asamblea de distrito pudiera autorizar a la Junta Consultora de Distrito seleccionar delegados sustitutos adicionales* (203.23; 301-301.1)

**31.3. Credenciales.** El secretario de cada asamblea de distrito proporcionará constancias de elección a los delegados titulares y suplentes electos respectivamente a la Asamblea General, y también enviará constancias de tales elecciones al secretario general de la Iglesia del Nazareno inmediatamente después de levantarse la sesión de la asamblea de distrito.

**31.4. Quórum.** Cuando la Asamblea General esté en sesión, una mayoría del número total de delegados electos a ella constituirá el quórum para tratar negocios. Una vez que haya habido quórum, un número menor puede aprobar las partes del acta que aún no se hayan aprobado y levantar la sesión.

**31.5. Superintendentes Generales.** La Asamblea General elegirá, por escrito, de entre los presbíteros de la Iglesia del Nazareno, tantos superintendentes generales como considere necesarios, quienes constituirán la Junta de Superintendentes Generales. Toda vacante en el cargo de superintendente general entre asambleas generales, será decidida por el voto de las dos terceras partes de la Junta General de la Iglesia del Nazareno. (305.2; 316)

**31.6. Oficiales que Presiden.** Un superintendente general nombrado por la Junta de Superintendentes Generales presidirá en las sesiones diarias de la Asamblea General. Pero si ningún superintendente general fuera nombrado, o estuviera presente, la Asamblea elegirá a uno de sus miembros como oficial interino para presidirla. (300.1)

**31.7. Reglas de Orden.** La Asamblea General adoptará reglas de orden que gobiernen su forma de organización, procedimientos, comités y todos los otros asuntos concernientes al proceso ordenado de sus negocios. La misma será juez de la elección y de los requisitos de sus propios miembros. (300.2-3)

**31.8. Corte General de Apelaciones.** La Asamblea General elegirá de entre los miembros de la Iglesia del Nazareno una Corte General de Apelaciones y definirá su jurisdicción y facultades. (305.7)

**31.9. Facultades y Restricciones.**

(1) La Asamblea General tendrá facultad de legislar sobre la Iglesia del Nazareno y de hacer reglas y reglamentos para todos los departamentos relacionados o asociados con ella en alguna manera, siempre que no esté en pugna con esta Constitución. (300; 305-305.9)

(2) Ninguna iglesia local será privada del derecho de llamar a su propio pastor, sujetándose a las reglas de aprobación que la Asamblea General crea conveniente instituir. (115)

(3) Todas las iglesias locales, los oficiales, los ministros y los laicos tendrán siempre el derecho a un juicio justo y ordenado y el derecho de apelar.

## ENMIENDAS

**32**. Las provisiones de esta Constitución pueden ser derogadas o enmendadas por el voto de las dos terceras partes de los miembros presentes y votantes de la Asamblea General, y por no menos de las dos terceras partes de todas las asambleas de los distritos de Fase 3 y Fase 2 de la Iglesia del Nazareno. La Asamblea General o cualquier asamblea de distrito de Fase 3 o Fase 2 pueden tomar la iniciativa para proponer tales enmiendas. Tan pronto como tales enmiendas hayan sido adoptadas de acuerdo con lo estipulado aquí, el resultado de la votación será anunciado por la Junta de Superintendentes Generales, después de lo cual tales enmiendas tendrán plena fuerza y efecto.

# El Pacto de Conducta Cristiana

# A. La vida cristiana

**33**. La iglesia proclama gozosamente las buenas nuevas de que podemos ser hechos libres de todo pecado para tener una nueva vida en Cristo. Por la gracia de Dios, los cristianos debemos despojarnos "del viejo hombre" —de las antiguas normas de conducta así como de la antigua mente carnal— y vestirnos "del nuevo hombre" —de una nueva y santa manera de vivir así como de la mente de Cristo.

(Efesios 4:17-24)

**33.1**. La Iglesia del Nazareno se propone relacionar los principios bíblicos imperecederos con la sociedad contemporánea, de tal modo que las doctrinas y pactos de la iglesia sean conocidos y comprendidos en muchos países y en una variedad de culturas. Sostenemos que los Diez Mandamientos, como fueron reafirmados en el Nuevo Testamento, constituyen la ética cristiana básica y deben ser obedecidos en todo.

**33.2**. Reconocemos, además, que tiene validez el concepto de la conciencia cristiana colectiva, iluminada y dirigida por el Espíritu Santo. La Iglesia del Nazareno, como expresión internacional del Cuerpo de Cristo, está consciente de su responsabilidad de buscar maneras de particularizar la vida cristiana a fin de conducir a la ética de santidad. Las normas éticas históricas de la iglesia son expresadas, en parte, en los siguientes asuntos. Éstas deben seguirse cuidadosa y conscientemente como guías y ayudas para la vida santa. Quienes violan la conciencia de la iglesia, lo hacen para su propia perdición y con ello manchan el testimonio de la iglesia. Las adaptaciones debido a condiciones culturales deberán ser referidas a la Junta de Superintendentes Generales y aprobadas por ella.

**33.3** La Iglesia del Nazareno cree que la vida cristiana, la nueva y santa manera de vivir, incluye actos de amor redentor que deben llevarse a cabo para el bien de las personas, su alma, mente y cuerpo, y además apartarse de prácticas nocivas. Un ejemplo de amor redentor que Jesús tuvo con los pobres del mundo, y que ordenó practicar a sus discípulos, es lo que la iglesia debe hacer primero guardándose sencilla y libre del énfasis en la riqueza y ostentación; y en segundo lugar, entregándose a sí misma al cuidado, alimentación, vestido y refugio de los pobres y marginados. En la Biblia, en la vida y el ejemplo de Jesús, Dios se identifica con los pobres, los oprimidos y aquellos de la sociedad que no pueden hablar por ellos mismos y los ayuda. Nosotros igualmente somos llamados a identificarnos con los pobres y a ser solidarios con ellos. Declaramos que el ministerio de compasión a los pobres incluye actos de caridad, así como el esfuerzo de ofrecer oportunidades, igualdad y justicia. También afirmamos que la responsabilidad cristiana para con los pobres es un aspecto esencial de la vida de cada creyente que anhela una fe que obra mediante el amor. Además creemos que la santidad cristiana es inseparable del ministerio a los pobres puesto que conduce al cristiano a algo más que su perfección individual a la transformación de una sociedad y un mundo más justo y equitativo. La santidad, lejos de distanciar a los creyentes de las desesperadas necesidades económicas de las personas en este mundo, nos motiva para poner al servicio nuestros recursos para aliviar la necesidad y ajustar nuestros deseos según las necesidades de los demás.

(Éxodo 23:11, Deuteronomio 15:7; Salmos 41:1, 82:3, Proverbios 19:17, 21:13, 22:9; Jeremías 22:16; Mateo 19:21; Lucas 12:33, Hechos 20: 35, 2 Corintios 9:6, Gálatas 2:10)"

**33.4.** Al enumerar las prácticas que deben evitarse, reconocemos que ninguna lista, por muy extensa que sea, podría incluir todas las formas de maldad en todo el mundo. Por lo tanto, es imperativo que nuestra feligresía busque fervientemente la ayuda del Espíritu para cultivar sensibilidad hacia el mal que trasciende la mera letra de la ley; recordemos la advertencia: "Examinadlo todo y retened lo bueno. Absteneos de toda especie de mal".

(1 Tesalonicenses 5:21-22)

**33.5.** Se espera que nuestros dirigentes y pastores, en nuestras publicaciones periódicas y desde nuestros púlpitos, enseñen y recalquen las verdades bíblicas fundamentales que desarrollan la facultad de discernimiento entre lo malo y lo bueno.

**33.6.** La educación es de importancia capital para el bienestar social y espiritual de la sociedad. Las escuelas públicas tienen la responsabilidad de educar a todos. Sin embargo, están limitadas en su tarea; de hecho, en algunos casos la ley les prohíbe enseñar los principios básicos del cristianismo. Se espera que las organizaciones e instituciones educativas nazarenas como escuelas dominicales, escuelas (desde recién nacidos hasta secundaria), centros para el cuidado de niños, centros para el cuidado de adultos, universidades y seminarios, enseñen a niños, jóvenes y adultos los principios bíblicos y normas éticas en tal forma que nuestras doctrinas sean conocidas. Esta práctica puede tomar el lugar de las escuelas públicas o ser una adición a ellas, las que con frecuencia enseñan un humanismo secular, y no enseñan los principios de la vida santa. La educación en instituciones públicas debe complementarse con la enseñanza de santidad en el hogar. Además, los creyentes deben ser estimulados a trabajar en instituciones públicas y con ellas, a fin de dar testimonio a estas instituciones e influir sobre ellas en favor del reino de Dios.

(Mateo 5:13-14)

**34.** Sostenemos específicamente que deben evitarse las siguientes prácticas:

**34.1. Diversiones que se opongan a la ética cristiana.** Nuestra feligresía, tanto en forma individual como en unidades familiares, debe regirse por tres principios. El primero es la mayordomía cristiana del tiempo libre. El segundo principio es el reconocimiento de la obligación cristiana de aplicar las más altas normas morales de la vida cristiana. Puesto que vivimos en días de gran confusión moral, en los que nos enfrentamos a la posible intrusión de los males modernos en el seno sagrado de nuestros hogares por diferentes medios, tales como literatura actual, radio, televisión, computadoras personales y la Internet, es esencial proceder con las más rígidas precauciones para evitar que nuestros hogares sean secularizados y mundanalizados. Sin embargo, sostenemos que se debe apoyar y fomentar entretenimientos que respalden y promuevan la vida santa y afirmen los valores bíblicos. Especialmente animamos a nuestros jóvenes a usar sus talentos en los medios de comunicación y en las artes para influir positivamente en esta parte dominante de la cultura. El tercer principio es la obligación de testificar contra lo que trivialice a Dios o blasfeme contra Él, y también contra males sociales tales como la violencia, la sensualidad, la pornografía, el lenguaje blasfemo y el ocultismo, tal como son presentados por la industria comercial del entretenimiento en sus diversas formas, así como tratar de causar el fracaso de empresas conocidas como proveedoras de esta clase de entretenimiento. Esto incluirá evitar toda clase de entretenimientos y producciones de los medios de comunicación que producen, promueven o enfocan lo violento, lo sensual, lo pornográfico, lo profano o el ocultismo, o que presentan o idealizan la filosofía de secularismo, sensualismo y materialismo del mundo y menoscaban la norma divina de santidad de corazón y vida.

Esto amerita la enseñanza y la predicación de estas normas morales de vida cristiana, y que a nuestra feligresía se le enseñe a usar el discernimiento en oración, eligiendo continuamente la norma alta de la vida de santidad. Por tanto, hacemos un llamado a nuestros líderes y pastores a hacer un fuerte énfasis en nuestras publicaciones periódicas y desde nuestros púlpitos sobre tales verdades fundamentales, de modo que se desarrolle el principio de discernimiento entre lo malo y lo bueno que se encuentra en esos medios de comunicación.

Sugerimos que la siguiente norma dada a Juan Wesley por su madre constituya la base de esta enseñanza de discernimiento: "Todo lo que nuble tu razón, adormezca tu conciencia, oscurezca tu sentido de Dios, o elimine el sentir de las cosas espirituales, todo lo que incremente la autoridad de tu cuerpo sobre tu mente, todo ello para ti es pecado". (33.2- 4; 903.12-14)

(Romanos 14:7-13; 1 Corintios 10:31-33; Efesios 5:1-18; Filipenses 4:8-9; 1 Pedro 1:13-17; 2 Pedro 1:3-11)

**34.2.** Las loterías y otros juegos de azar, ya sean legales o ilegales. La iglesia sostiene que el resultado final de estas prácticas es nocivo tanto para el individuo como para la sociedad.

(Mateo 6:24-34; 2 Tesalonicenses 3:6-13; 1 Timoteo 6:6-11; Hebreos 13:5-6; 1 Juan 2:15-17)

**34.3.** La membresía en órdenes o sociedades secretas sujetas a juramento que incluye, pero no se limita a tales como la masonería. La naturaleza pseudo-religiosa de tales organizaciones diluye el compromiso del cristiano. El carácter secreto de éstas se contrapone al testimonio público del cristiano. Este asunto se trata conjuntamente con el párrafo 112.1 que se refiere a la membresía de la iglesia

(1 Corintios 1:26-31; 2 Corintios 6:14—7:1; Efesios 5:11-16; Santiago 4:4; 1 Juan 2:15-17)

**34.4.** Todas las formas de baile que desvían del crecimiento espiritual y destruyen las inhibiciones morales y la reserva apropiadas.

(Mateo 22:36-39; Romanos 12:1-2; 1 Corintios 10:31-33; Filipenses 1:9-11; Colosenses 3:1-17)

**34.5.** El uso de licores embriagantes como bebida o negociar con ellos; influir o votar para licenciar lugares para la venta de los mismos; el uso de drogas ilícitas o traficar con ellas; el uso de tabaco en cualquier forma o negociar con él.

Tomando en cuenta las Sagradas Escrituras y la experiencia humana en lo concerniente a las consecuencias destructivas del uso de alcohol como bebida, y considerando los hallazgos de la ciencia médica respecto al efecto dañino del alcohol y el tabaco para el cuerpo y la mente, como una comunidad de fe comprometida a llevar una vida santa, nuestra posición y práctica es la abstinencia en vez de la moderación. La Sagrada Escritura enseña que nuestro cuerpo es el templo del Espíritu Santo. Con amor y el deseo de cuidar de nosotros mismos y los demás, instamos a nuestra feligresía a abstenerse de toda bebida embriagante.

Además, nuestra responsabilidad social cristiana nos llama a utilizar todo medio legítimo y legal para minimizar la disponibilidad de bebidas alcohólicas y tabaco para otras personas. La extensa incidencia de alcoholismo en nuestro mundo demanda que sostengamos una posición que sirva como testimonio para los demás. (903.12-14)

(Proverbios 20:1; 23:29—24:2; Oseas 4:10-11; Habacuc 2:5; Romanos 13:8; 14:15-21; 15:1-2; 1 Corintios 3:16-17; 6:9-12, 19-20; 10:31-33; Gálatas 5:13-14, 21; Efesios 5:18)

(Sólo jugo de uva sin fermentar deberá usarse en el sacramento de la Santa Cena.) (413.11; 427.7; 428.2; 429.1; 802)

**34.6**. El uso no prescrito de drogas alucinógenas, estimulantes y tranquilizantes, y el uso indebido y abuso de medicinas obtenidas bajo prescripción facultativa. Tales drogas deben usarse sólo por instrucción y bajo la supervisión médica competente.

(Mateo 22:37-39; 27:34; Romanos 12:1-2; 1 Corintios 6:19-20; 9:24-27)

## B. Matrimonio, divorcio y/o disolución del matrimonio [5]

**35.** La familia cristiana, unida en lazo común por medio de Jesucristo es un círculo de amor, compañerismo y adoración que debe ser cultivado encarecidamente en esta sociedad en la que los lazos familiares fácilmente se disuelven. Encargamos a los ministros y a las congregaciones de nuestra iglesia las enseñanzas y prácticas que fortalezcan y desarrollen los lazos familiares. En particular, exhortamos a los ministros respecto a la importancia de enseñar y predicar claramente el plan bíblico de la permanencia del matrimonio.

La institución del matrimonio fue ordenada por Dios cuando el hombre era inocente, y es, según la autoridad apostólica, "honroso... en todos"; es la unión mutua de un varón y una mujer para compañerismo, ayuda mutua y propagación de la raza. Nuestra feligresía debe apreciar este estado sagrado como conviene a los cristianos y debe contraerlo sólo después de ferviente oración pidiendo la dirección divina y cuando estén seguros de que tal unión está de acuerdo con los requisitos bíblicos.

Los desposados deben buscar con vehemencia las bendiciones que Dios ha ordenado respecto al estado marital, es decir, el compañerismo santo, la paternidad y el amor mutuo —elementos con que se edifica el hogar. El pacto matrimonial es moralmente obligatorio mientras ambos cónyuges vivan y romperlo es una violación del plan divino de la perpetuidad del matrimonio.

(Génesis 1:26-28, 31; 2:21-24; Malaquías 2:13-16; Mateo 19:39; Juan 2:1-11; Efesios 5:21—6:4; 1 Tesalonicenses 4:3-8; Hebreos 13:4)

**35.1.** En la enseñanza bíblica, el matrimonio es el compromiso mutuo de por vida entre un hombre y una mujer, y refleja el amor sacrificial de Cristo por la iglesia. Como tal, el propósito es que el matrimonio sea permanente y el divorcio es una infracción a la clara enseñanza de Cristo. Tal infracción, sin embargo, no está fuera del alcance del perdón por la gracia de Dios, cuando ésta se busca en arrepentimiento, fe y humildad. Se reconoce que a algunos se les im-

---

[5] El significado de divorcio en esta regla deberá incluir la "disolución del matrimonio" cuando se use como sustituto legal para el divorcio.

pone el divorcio contra su voluntad o son compelidos a recurrir a él por razones de protección legal o física.

(Génesis 2:21-24; Marcos 10:2-12; Lucas 7:36-50; 16:18; Juan 7:53—8:11; 1 Corintios 6:9-11; 7:10-16; Efesios 5:25-33)

**35.2.** Se instruye a los ministros de la Iglesia del Nazareno que traten con la seriedad debida los asuntos relacionados con la celebración de matrimonios. Deben tratar, en toda manera posible, de comunicar a sus congregaciones el carácter sagrado del matrimonio cristiano. Antes de realizar el casamiento, proveerán consejería en todos los casos en que sea posible, incluyendo orientación espiritual apropiada para quienes hayan pasado por la experiencia del divorcio. Solamente solemnizarán el matrimonio de personas que tengan las bases bíblicas para el mismo. (107-107.1)

**35.3.** Los miembros de la Iglesia del Nazareno que se encuentren involucrados en una situación de infelicidad conyugal deben buscar, en oración, un curso redentor de acción, en plena armonía con sus votos y con las claras enseñanzas de las Escrituras, con el propósito de salvar su hogar y salvaguardar el buen nombre de Cristo y de su iglesia. Las parejas que estén experimentando problemas matrimoniales serios deben buscar el consejo y la guía de su pastor y/o cualquier otro líder espiritual apropiado. El no cumplir con estos pasos de buena fe y con el deseo sincero de buscar una solución cristiana, y obtener subsecuentemente el divorcio y contraer nuevas nupcias, podría resultar en que uno o ambos cónyuges queden sujetos a la disciplina prescrita en los párrafos 504-504.2 y 505-505.12.

**35.4.** Debido a la ignorancia, el pecado y las flaquezas humanas, muchas personas en nuestra sociedad no cumplen a cabalidad con el plan divino. Creemos que Cristo puede redimir a estas personas, tal como lo hizo con la mujer junto al pozo de Samaria, y que pecar contra el plan de Dios para el matrimonio, no sitúa a la persona fuera del alcance de la gracia perdonadora del evangelio. Cuando el matrimonio se haya disuelto y se hayan contraído nuevas nupcias, se exhorta a los cónyuges a que busquen la gracia de Dios y su ayuda redentora en la relación marital. Tales personas pueden ser recibidas en la membresía de la iglesia cuando hayan dado evidencia de regeneración y de que han entendido la santidad del matrimonio cristiano. (27; 107.1)

## C. Lo sagrado de la vida humana

**36.** La Iglesia del Nazareno cree que la vida humana es sagrada y se esfuerza por protegerla contra el aborto, la investigación de las células madre del embrión humano, la eutanasia y la negación de cuidado médico razonable a los incapacitados o a los ancianos.

**El aborto inducido.** La Iglesia del Nazareno afirma lo sagrado de la vida humana como lo ha establecido Dios el Creador y cree que se extiende al niño que aún no nació. La vida es un regalo de Dios. Toda vida humana, incluyendo el desarrollo de la vida en la matriz, es creada por Dios a Su imagen y, por lo tanto, debe ser nutrida, sostenida y protegida. Desde el momento de la concepción, un niño es un ser humano con todas las características de la vida humana en desarrollo y esta vida depende de la madre para su desarrollo continuo. Por tanto, creemos que la vida humana debe ser respetada y protegida desde el momento de la concepción. Nos oponemos al aborto inducido por todo medio, cuando sea utilizado ya sea por conveniencia personal o para el control de la población. Nos oponemos a las leyes que autorizan el aborto. Considerando que se dan raros casos pero reales de condiciones médicas en las que la madre o el niño aún no nacido, o ambos, corren peligro de no sobrevivir al parto, la terminación del embarazo deberá realizarse sólo después de asesoría médica competente y consejo espiritual.

La oposición responsable al aborto demanda nuestro compromiso de iniciar y apoyar programas designados para proveer cuidado para madres y niños. La crisis de un embarazo no deseado requiere que la comunidad de creyentes (representada sólo por aquellos que deban saber de la crisis) provea un ambiente de amor, oración y consejo. En tales casos, el apoyo puede tomar la forma de centros de orientación, casas de asilo para madres embarazadas y la creación o utilización de servicios de adopción cristianos.

La Iglesia del Nazareno reconoce que la consideración del aborto como medio para terminar un embarazo no deseado con frecuencia ocurre porque se han pasado por alto las normas cristianas de responsabilidad sexual. Por tanto, la iglesia hace un llamado a las personas a practicar la ética del Nuevo Testamento en lo relacionado con la sexualidad humana y a tratar el tema del aborto dentro del marco más amplio de los principios bíblicos que proporcionan dirección para tomar decisiones morales.

(Génesis 2:7; 9:6; Éxodo 20:13; 21:12-16, 22-25; Levítico 18:21; Job 31:15; Salmos 22:9; 139:3-16; Isaías 44:2, 24; 49:5; Jeremías 1:5; Lucas 1:15, 23-25, 36-45; Hechos 17:25; Romanos 12:1-2; 1 Corintios 6:16; 7:1ss.; 1 Tesalonicenses 4:3-6)

La Iglesia del Nazareno también reconoce que muchos han sido afectados por la tragedia del aborto. Se exhorta a cada congregación local y a cada miembro personalmente a ofrecer el mensaje del perdón de Dios para cada persona que ha experimentado un aborto. Nuestras congregaciones locales están para ser comunidades de redención y esperanza para todos los que sufren el dolor físico, emocional y espiritual como resultado de la interrupción voluntaria de un embarazo.

(Romanos 3:22-24; Gálatas 6:1)

**Ingeniería genética y terapia genética.** La Iglesia del Nazareno apoya el uso de la ingeniería genética para lograr una terapia genética. Reconocemos que la terapia genética puede conducir a la prevención y curación de enfermedades, y a la prevención y curación de males físicos y mentales. Nos oponemos a cualquier uso de una ingeniería genética que promueva la injusticia social, que ignore la dignidad de la persona, o que intente lograr la superioridad racial, intelectual o social sobre otros (eugenesia). Nos oponemos a que se inicien estudios de ADN cuyos resultados puedan fomentar o apoyar el uso del aborto humano en vez de permitir el término de la gestación. En todos los casos la ingeniería y terapia genéticas deben regirse por la humildad, el respeto por la dignidad inviolable de la vida humana, la igualdad de las personas delante de Dios y el compromiso de actuar con misericordia y justicia.

(Miqueas 6:8)

**La investigación de la célula madre en el embrión humano y otras intervenciones médicas/científicas que destruyen la vida humana después de la concepción.** La Iglesia del Nazareno recomienda firmemente a la comunidad científica a continuar agresivamente los avances en la tecnología de células madre obtenida de fuentes tales como tejidos humanos de adultos, de la placenta, de la sangre, del cordón umbilical, de animales y de otras fuentes embriónicas no humanas. Esto persigue la finalidad legítima de proporcionar salud a muchos, sin violar lo sagrado de la vida humana. Nuestra posición acerca de la investigación de la célula madre en el embrión humano se basa en nuestra afirmación que el embrión humano es una persona hecha a la imagen de Dios. Por lo tanto, nos oponemos al uso de células madre extraídas de embriones humanos para la investigación, las intervenciones terapéuticas o para cualquier otra finalidad.

A medida que los adelantos científicos futuros ponen a nuestra disposición nuevas tecnologías, apoyamos firmemente este tipo de investigación, siempre y cuando no viole lo sagrado de la vida humana u otras leyes morales y bíblicas. Sin embargo, nos oponemos a la destrucción de embriones humanos para cualquier propósito y cualquier tipo de investigación que toma la vida de un ser humano después de la concepción. Consistente con este punto de vista, nos oponemos al uso, para cualquier propósito, del tejido obtenido de fetos humanos abortados.

**Clonación humana.** Nos oponemos a la clonación de un ser humano. El género humano es valorado por Dios, quien nos creó a Su imagen. La clonación de un ser humano trata a esa persona como un objeto, denegando así la dignidad personal y el valor que nos concedió nuestro Creador.

(Génesis 1:27)

**Eutanasia (incluyendo asistencia médica para el suicidio).** Creemos que la eutanasia (terminar intencionalmente la vida de una persona que padezca de una enfermedad fatal o de una enfermedad debilitadora e incurable, pero que no constituya una amenaza inmediata para la vida, con el propósito de terminar con el sufrimiento) es incompatible con la fe cristiana. Esto se aplica a casos en los que la persona que padezca la enfermedad fatal solicite o consienta la eutanasia (eutanasia voluntaria) y cuando la persona que padezca la enfermedad fatal no tenga la capacidad mental para consentir (eutanasia involuntaria). Creemos que el rechazo histórico de la eutanasia por la iglesia cristiana lo confirman las convicciones cristianas que se derivan de la Biblia y que son céntricas en la confesión de la iglesia de su fe en Cristo Jesús como Señor. La eutanasia viola la confianza cristiana en Dios como Señor soberano de la vida, pues la persona asume la soberanía para sí misma; viola nuestro papel como mayordomos delante de Dios; contribuye a la erosión del valor que la Biblia atribuye a la vida humana y a la comunidad; le atribuye demasiada importancia a ponerle fin al sufrimiento; y refleja la arrogancia humana ante un Dios soberano generoso. Instamos al pueblo nazareno a oponerse a todos los esfuerzos por legalizar la eutanasia.

**Permitir la muerte.** Cuando la muerte humana es inminente, creemos que se puede permitir, dentro de la práctica y fe cristiana, retirar los sistemas de mantenimiento de vida artificial o no someter al enfermo a ellos. Esto se aplica a casos de personas que se encuentran en estado vegetativo persistente y de aquellas para quienes el prolongarles la vida por la aplicación de medios extraordinarios no les da ninguna esperanza razonable de volver a gozar de salud. Creemos que cuando la muerte sea inminente no hay en la fe cristiana requerimiento que obligue a posponer artificialmente el proceso de la muerte. Como cristianos confiamos en la fidelidad de Dios y tenemos la esperanza de la vida eterna. Esto hace posible que los cristianos aceptemos la muerte como expresión de fe en Cristo, quien venció la muerte por nosotros y le quitó la victoria.

## D. La sexualidad humana

**37.** La Iglesia del Nazareno considera la sexualidad humana como una expresión de la santidad y belleza que Dios el Creador deseó dar a su creación. Es una de las formas en que se sella y expresa el pacto entre el esposo y la esposa. Los cristianos deben comprender que en el matrimonio, la sexualidad humana puede y debe ser santificada por Dios. La sexualidad humana se realiza plenamente sólo como una señal de amor y lealtad totales.

Los cónyuges cristianos deben considerar la sexualidad como parte de un compromiso mucho más amplio, del uno con el otro y con Cristo, de quien aprendemos el significado de la vida. El hogar cristiano debe servir como el lugar para enseñar a los niños el carácter sagrado de la sexualidad humana y para enseñarles cómo se cumple su significado en el contexto de amor, fidelidad y paciencia.

Nuestros ministros y educadores cristianos deben declarar con claridad la comprensión cristiana de la sexualidad humana, instando a los creyentes a celebrar su excelencia legítima y a protegerla rigurosamente contra toda traición y distorsión de ella.

La sexualidad no cumple su propósito cuando se considera como fin en sí misma o cuando se degrada al usar a otra persona para satisfacer intereses sexuales pornográficos y pervertidos. Consideramos que todas las formas de intimidad sexual practicadas fuera del pacto del matrimonio heterosexual son distorsiones pecaminosas de la santidad y de la belleza que Dios se propuso darle.

La homosexualidad es un medio por el que se pervierte la sexualidad humana. Reconocemos la profundidad de la perversión que conduce a actos homosexuales, pero afirmamos la posición bíblica de que tales actos son pecaminosos y están sujetos a la ira de Dios. Creemos que la gracia de Dios es suficiente para poner fin a la práctica del homosexualismo (1 Corintios 6:9-11). Deploramos cualquier acción o declaración que pudiera implicar que la moralidad cristiana y la práctica de la homosexualidad son compatibles. Instamos a predicar y enseñar claramente las normas bíblicas de la moralidad sexual.

(Génesis 1:27; 19:1-25; Levítico 20:13; Romanos 1:26-27; 1 Corintios 6:9-11; 1 Timoteo 1:8-10)

## E. La mayordomía cristiana

**38. Significado de la mayordomía.** Las Escrituras enseñan que Dios es el dueño de todas las personas y de todas las cosas. Por lo tanto, somos sus mayordomos tanto de la vida como de las posesiones. Debemos reconocer que Dios es el dueño y que nosotros somos los mayordomos, porque daremos cuenta personalmente a Él por el desempeño de nuestra mayordomía. Dios, como un Dios de sistema y de orden en todas sus relaciones, ha establecido un sistema de contribución que lo reconoce como el dueño sobre todos los recursos y relaciones humanas. Con este propósito, todos sus hijos deben diezmar fielmente y dar ofrendas para el sostenimiento del evangelio. (140)

(Malaquías 3:8-12; Mateo 6:24-34; 25:31-46; Marcos 10:17-31; Lucas 12:13-24; 19:11-27; Juan 15:1-17; Romanos 12:1-13; 1 Corintios 9:7-14; 2 Corintios 8:115; 9:6-15; 1 Timoteo 6:6-19; Hebreos 7:8; Santiago 1:27; 1 Juan 3:16-18)

**38.1. Diezmos en el alfolí.** Traer los diezmos al alfolí es la costumbre bíblica y práctica de diezmar fiel y regularmente en la iglesia de la que es miembro la persona. Por tanto, el sostenimiento de la iglesia se basará en el plan de traer los diezmos al alfolí y la Iglesia del Nazareno local será considerada por todos sus feligreses como el alfolí. Exhortamos a todos los que sean parte de la Iglesia del Nazareno a contribuir fielmente una décima parte de todos sus ingresos como la obligación financiera mínima con el Señor y, además, a que den ofrendas voluntarias según Dios los prospere, para el sostenimiento de toda la iglesia, local, educacional, de distrito, regional y general. El diezmo, entregado a la Iglesia del Nazareno local, será considerado prioridad sobre cualquier otra oportunidad de dar que Dios ponga en los corazones de sus fieles mayordomos para el sostenimiento de toda la iglesia.

**38.2. Recaudación y distribución de fondos.** Dada la enseñanza bíblica en cuanto a la contribución de diezmos y ofrendas para el sostenimiento del evangelio y para la construcción de los edificios de la iglesia, ninguna congregación nazarena debe usar método alguno para recaudar fondos que desvíen de esos principios, que estorben el mensaje del evangelio, que manchen el nombre de la iglesia, que discriminen a los pobres o que desvíen las energías de las personas en la proclamación del evangelio. Respecto a los desembolsos para cubrir las necesidades de los programas locales, de distrito, educacionales y generales de la Iglesia del Nazareno, instamos a las iglesias locales a adoptar y practicar el plan de aporte financiero y a pagar mensualmente sus asignaciones generales, educacionales y de distrito. (130; 154; 155155.2; 413.21)

**38.3. Sostenimiento del ministerio.** "Así también ordenó el Señor a los que anuncian el evangelio, que vivan del evangelio" (1 Corintios 9:14). La iglesia está obligada a sostener a sus ministros, quienes han sido llamados por Dios y quienes, bajo la dirección de la iglesia, se han entregado enteramente al ministerio. Por tanto, exhortamos a los miembros de la iglesia para que se comprometan voluntariamente a la tarea de sostener el ministerio, reuniendo el dinero semanalmente para este santo negocio y que el salario del pastor sea pagado con regularidad cada semana. (115.4; 131.3)

**38.4. Donativos bajo herencias y donaciones planificadas y diferidas.** En el cumplimiento de la mayordomía cristiana es esencial considerar cuidadosamente lo que se hará con los ingresos y posesiones de las que el Señor ha hecho mayordomo al cristiano durante su vida. Al reconocer la necesidad de una mayordomía fiel en esta vida y la visión dada por Dios de dejar un legado para el futuro, la Iglesia del Nazareno ha establecido la Church of the Nazarene Foundation para ampliar la mayordomía cristiana a través de ofrendas/donativos planificados y diferidos. Frecuentemente las leyes civiles no incluyen estipulaciones para distribuir la herencia en forma tal que glorifique a Dios. Cada cristiano debe preocuparse de preparar su testamento en forma cuidadosa y legal; y recomendamos que al hacerlo, considere a la Iglesia del Nazareno y sus diversos ministerios de misiones, evangelismo, educación y benevolencia, en los niveles local, de distrito, educacional y general.

**38.5. Asignaciones.** El gobierno de la Iglesia del Nazareno es representativo. Cada congregación local apoya la misión global de la iglesia como fue definido por la Asamblea General e implementado por medio del liderazgo de la Junta de Superintendentes Generales en la evangelización mundial, la educación, el apoyo ministerial, y los ministerios del distrito.

La Junta de Superintendentes Generales, con la Junta General, está autorizada y facultada para asignar el Fondo de Evangelismo Mundial a los diversos distritos (317.12)

Supeditados al párrafo 337.1 del *Manual*, las juntas nacionales y / o los concilios consultivos regionales están autorizados y facultados para establecer planes de ahorro para la jubilación ministerial en su región. El reporte de dichos planes será presentado como está previsto en el párrafo 337.2. del *Manual*. Las disposiciones del párrafo 38.5 no se aplicarán a la Junta de Pensiones y Beneficios de EEUU.

Las juntas nacionales y / o los concilios consultivos regionales también están autorizados y facultados para establecer el apoyo a las instituciones de educación superior en su región. (344, 345.3)

Cada distrito está autorizado y facultado para establecer una asignación en el ministerio del distrito por medio del comité de finanzas de la asamblea de distrito. (235.1)"

## F. Oficiales de la Iglesia

**39.** Aconsejamos a nuestras iglesias locales que elijan como oficiales [sólo a personas] a miembros activos de la iglesia local quienes profesen la experiencia de la entera santificación y cuyas vidas den testimonio público de la gracia de Dios que nos llama a una vida santa; que estén en armonía con las doctrinas, el gobierno y las prácticas de la Iglesia del Nazareno; y que sostengan fielmente a la iglesia local con su asistencia y sus diezmos y ofrendas. (113.11; 127; 145-147)

## G. Reglas de orden

**40.** Sujetos a la ley aplicable, al estatuto de la personería jurídica y a los reglamentos de gobierno del Manual, las sesiones y los negocios de los miembros de la Iglesia del Nazareno a nivel local, de distrito y general, y los comités de la entidad jurídica serán regulados y controlados de acuerdo con las Reglas de Orden, de Robert (última edición) en lo relacionado con los procedimientos parlamentarios. (113; 203; 300.3)

## H. Enmiendas del pacto de conducta cristiana

**41**. Las estipulaciones del pacto de conducta cristiana podrán ser derogadas o enmendadas por el voto de las dos terceras partes de los miembros presentes y votantes de una Asamblea General.

# PREÁMBULO

La tarea de la Iglesia del Nazareno consiste en dar a conocer a todos los pueblos la gracia transformadora de Dios por medio del perdón de los pecados y la limpieza de corazón en Jesucristo. Nuestra primera y prioritaria misión es "hacer discípulos", incorporar a los creyentes al compañerismo y a la membresía de la iglesia (congregaciones) y capacitar (enseñar) para el ministerio a todos los que respondan en fe. La meta suprema de la "comunidad de fe" consiste en "presentar perfecto en Cristo Jesús a todo hombre" en el día final(Colosenses 1:28).

Es en la iglesia local donde se lleva a cabo la salvación, perfeccionamiento, enseñanza y comisión del creyente. La iglesia local, el Cuerpo de Cristo, es la representación de nuestra fe y misión. Estas iglesias están agrupadas administrativamente en distritos y regiones.

Las bases de unidad de la Iglesia del Nazareno son aquellas creencias, forma de gobierno, definiciones y procedimientos que se declaran en el *Manual* de la Iglesia del Nazareno.

La esencia de esta unidad está declarada en los Artículos de Fe del *Manual*. Animamos a la iglesia en todas las regiones e idiomas a traducir —para distribuir ampliamente— y enseñar estas creencias a nuestra feligresía. Este es el elemento distintivo de todo lo que somos y hacemos como nazarenos.

Un reflejo visible de esta unidad está representado por la Asamblea General, que es "la suprema autoridad de la Iglesia del Nazareno en lo que respecta a la expresión de doctrinas, legislación y elección". (300)

Un segundo reflejo lo constituye la Junta General internacional, que representa a toda la iglesia.

Un tercer reflejo es la Junta de Superintendentes Generales, que puede interpretar el Manual, aprobar adaptaciones culturales y ordenar para el ministerio.

El gobierno de la Iglesia del Nazareno es representativo, con lo cual evita los extremos del episcopalismo por una parte y del congregacionalismo ilimitado por la otra.

En regiones mundiales en las que ministra la iglesia y donde las diferencias culturales y políticas lo demanden, podrán hacerse adaptaciones a los procedimientos de gobierno de la iglesia a nivel local, distrital y regional contenidos en la Parte IV, capítulos I, II y III. Las solicitudes para tales adaptaciones deberán presentarse por escrito a la Junta de Superintendentes Generales y ser aprobadas por ésta.

# CAPÍTULO I

# LA IGLESIA LOCAL

## A. Organización, nombre, personería jurídica, propiedad, restricciones, fusiones, disolución

**100. Organización.** Las iglesias locales pueden ser organizadas por el superintendente de distrito, o por el superintendente general que tenga jurisdicción, o por un presbítero autorizado por cualquiera de ellos. Los informes oficiales de nuevas iglesias deben ser enviados a la oficina del Secretario General a través de la respectiva oficina jurisdiccional. (29; 107; 208.1; 435.12)

**100.1. La Iglesia multicongregacional.** Las iglesias locales organizadas pueden ampliar su ministerio organizando clases bíblicas en otros idiomas dentro de sus instalaciones. Estas clases podrán desarrollarse hasta llegar a ser misiones tipo iglesia o iglesias plenamente organizadas (100). Esto puede resultar en que más de una congregación exista con el mismo nombre de iglesia, con la aprobación del superintendente de distrito. En iglesias multicongregacionales en las que no todas las congregaciones sean iglesias plenamente organizadas, la Junta Consultora de Distrito, con la aprobación del superintendente de distrito y del superintendente general en jurisdicción, podrá conceder a tales congregaciones los derechos y privilegios de una iglesia local organizada sujetas a las siguientes condiciones:

1. Tales congregaciones no podrán obtener personería jurídica aparte de la iglesia local organizada.

2. Tales congregaciones no podrán tener título de propiedad aparte de la iglesia local organizada.

3. Tales congregaciones no contraerán deudas sin la aprobación del superintendente de distrito, la junta de la iglesia local organizada y la Junta Consultora de Distrito.

4. Ninguna de esas congregaciones podrá retirarse como cuerpo de la iglesia local organizada ni de ninguna manera romper su relación con ella, excepto por el permiso expreso del superintendente de distrito en consulta con el pastor de la iglesia local.

**101. Nombre.** El nombre para una nueva iglesia organizada lo determinará la iglesia local en consulta con el superintendente de distrito y con la aprobación de la Junta Consultora de Distrito. (102.4)

**101.1. Cambio de nombre.** Una Iglesia del Nazareno local puede cambiar su nombre por voto mayoritario por cédula, en la reunión anual o en reunión especial de la membresía de la iglesia. El procedimiento para tal cambio será como sigue: (a) La junta de la iglesia local somete el cambio propuesto al superintendente de distrito, quien a su vez obtendrá la aprobación escrita de la Junta Consultora de Distrito; (b) la iglesia local vota; (c) la Junta Consultora de Distrito informa el cambio a la asamblea de distrito, la cual vota sobre dicho cambio. (102.4)

**102. Personería jurídica.** Donde lo permita la ley, los ecónomos verán que la iglesia obtenga personería jurídica y los mencionados ecónomos y sus sucesores serán los síndicos de dicha entidad jurídica. Cuando no esté en pugna con la ley civil, el Estatuto de la Personería Jurídica declarará las facultades de la entidad jurídica e indicará que ella está sujeta al gobierno de la Iglesia del Nazareno, como la Asamblea General de dicha iglesia autoriza y declara ocasionalmente en su *Manual.* Todas las propiedades de esta entidad jurídica serán administradas y controladas por los ecónomos, sujetos a la aprobación de la iglesia local.

**102.1.** En casos en que la Junta Consultora de Distrito compre una propiedad y haga algún trabajo en ella para una iglesia local, o cuando se forme una iglesia nueva, cuando el dinero invertido por la Junta Consultora de Distrito sea pagado por la iglesia local, se juzga recomendable que la Junta Consultora de Distrito transfiera las escrituras a la iglesia local.

**102.2.** Cuando una iglesia local obtenga personería jurídica, todas las propiedades adquiridas estarán a nombre de la entidad jurídica de la iglesia si fuere posible. (102.6)

**102.3.** El pastor y el secretario de la junta de la iglesia serán el presidente y secretario de la iglesia, ya sea que ésta tenga personería jurídica o no, y ejecutarán y firmarán todo traspaso de bienes raíces, hipotecas y terminación de hipotecas, contratos y cualesquier otros documentos legales de la iglesia no mencionados en el *Manual* y sujetos a las restricciones de los párrafos 104-104.3.

**102.4.** El Estatuto de la Personería Jurídica de toda iglesia local deberá incluir las siguientes provisiones:

1. El nombre de la entidad jurídica deberá incluir las palabras "Iglesia del Nazareno". El nombre "Iglesia del Nazareno" aparecerá en los letreros o anuncios de la iglesia, papel membretado oficial, y publicaciones de la iglesia.

2. El reglamento de la entidad jurídica deberá ser el *Manual* de la Iglesia del Nazareno.

3. El Estatuto de la Personería Jurídica no contendrá cláusula alguna que impida que la iglesia local califique para cualquier exención de impuestos disponible para las iglesias en la misma comunidad.

4. Al disolverse, los bienes de la entidad jurídica serán entregados a la Junta Consultora de Distrito.

El Estatuto de la Personería Jurídica puede contener provisiones adicionales cuando estén de acuerdo con las leyes locales. Sin embargo, no deberá incluirse cláusula alguna que pueda causar que la propiedad de la iglesia local sea separada de la Iglesia del Nazareno. (101-101.1; 104.3; 106.1-3)

**102.5.** En iglesias multicongregacionales en las que más de una iglesia organizada comparta las mismas instalaciones, la personería jurídica puede obtenerse en sociedad donde las leyes locales lo permitan.

**102.6.** En aquellos lugares en los que no sea posible obtener personería jurídica, el nombre de la iglesia deberá incluir las palabras "Iglesia del Nazareno" en todos los documentos legales, lo cual incluye las escrituras de las propiedades y las escrituras de legados, aunque no se limita a éstas. (102.2)

**103. Propiedades.** La iglesia local que esté pensando en comprar o vender bienes raíces, construir un templo u otro edificio relacionado con la iglesia, remodelar extensamente cualquiera de éstos o rentar una propiedad por alguna razón, debe someter la proposición al superintendente de distrito y a la Junta de Propiedades de la Iglesia de Distrito para su consideración, consejo y aprobación. La iglesia local presentará informes y estados de cuentas trimestrales a esta junta durante el proceso de construcción." No se contraerá deuda alguna, sea que involucre hipoteca o no, en la compra de bienes raíces o en la construcción de edificios, o en un proyecto extenso de remodelación de cualquiera de los dos, sin las aprobaciones escritas del superintendente de distrito y de la Junta de Propiedades de la Iglesia de Distrito. (233-234.5)

**103.1.** En caso de que no pueda llegarse a un acuerdo entre la junta de la iglesia, el superintendente de distrito y la Junta de Propiedades de la Iglesia de Distrito puede someterse el asunto al superintendente general en jurisdicción para que él decida. Tanto la iglesia como el superintendente de distrito pueden apelar tal decisión ante la Junta de Superintendentes Generales para una decisión final. Todas las apelaciones, refutaciones de apelaciones o argumentos relacionados, presentados al superintendente general en jurisdicción o a la Junta de Superintendentes Generales, deberán hacerse por escrito. Una copia de la apelación, de las refutaciones de apelaciones o de los argumentos relacionados presentados por la junta de la iglesia o por el superintendente de distrito deberá enviársele a la otra parte involucrada. El acta de la apelación de una junta de la iglesia deberá incluir la resolución de apelación, los argumentos que la sostienen y el resultado de la votación.

**104. Restricciones.** La iglesia local no podrá comprar bienes raíces, vender, hipotecar, inclusive refinanciar, cambiar, disponer o gravar de alguna forma bienes inmuebles, a menos que sea aprobado por una votación de las dos terceras partes de los miembros presentes en una reunión anual, o en una reunión especial debidamente convocada para ese propósito, y excepto que la junta de la iglesia apruebe por el voto de las dos terceras partes de sus miembros presentes y votantes las propiedades donadas con el propósito específico de proveer fondos para la iglesia local. Ambas acciones requieren la aprobación escrita del superintendente de distrito y la aprobación escrita de la junta de propiedades de la iglesia de distrito. (113.3-4, 113.7-8; 234.3)

**104.1.** Los bienes raíces de la iglesia local no serán hipotecados para pagar los gastos corrientes.

**104.2.** La iglesia local que hipoteque o venda bienes raíces, o a la que se le paguen beneficios de seguros de bienes raíces, usará lo devengado sólo para la compra o mejoras de bienes raíces o para amortiguar la deuda de otros bienes raíces. Lo devengado se podrá usar para algún otro fin sólo con la aprobación del superintendente de distrito y de la junta consultora de distrito.

**104.3.** Los ecónomos y/o la iglesia local no podrán usar las propiedades para fines ajenos a la Iglesia del Nazareno. (113-113.1)

**104.4. Retiro de Iglesias.** Ninguna iglesia local puede retirarse como cuerpo de la Iglesia del Nazareno, o romper su relación con ella, sino por provisión de la asamblea general y de acuerdo con las condiciones y planes acordados. (106.2-3)

**105. Fusiones.** Dos o más iglesias locales se pueden unir por el voto favorable, por escrito, de las dos terceras partes de los miembros presentes y votantes en reuniones especialmente convocadas de las iglesias involucradas, de acuerdo con la provisión siguiente: La fusión será recomendada por voto mayoritario por escrito de todos los miembros de las juntas de las iglesias respectivas, y la unión deberá haber sido aprobada por escrito por el superintendente de distrito, la junta consultora de distrito y el superintendente general en jurisdicción.

La unión se finalizará en una reunión especial de la nueva congregación para elegir los oficiales y hacer los arreglos pastorales. Esta reunión estará presidida por el superintendente de distrito o por un presbítero designado por el superintendente.

La organización así creada combinará la membresía total de las iglesias fusionadas, la membresía de todos los departamentos de dichas iglesias, y puede combinar parte o todo el activo y pasivo de las mismas, sujetos a la aprobación del superintendente de distrito, la junta consultora de distrito y el superintendente general en jurisdicción. La unión también combinará las asignaciones de presupuesto general, de educación y de distrito.

Al ser notificado por el superintendente de distrito, el secretario general de la Iglesia del Nazareno está autorizado para borrar los nombres de las iglesias inactivas de la lista de iglesias.

**106. Declaración de iglesias inactivas/disueltas.** Las iglesias pueden ser declaradas inactivas durante un período de transición por decisión de la junta consultora de distrito.

**106.1.** Una iglesia local puede disolverse por la recomendación del superintendente de distrito y el voto de las dos terceras partes de la junta consultora de distrito. Tal acción podrá tomarse sólo después que el superintendente de distrito haya consultado al superintendente general en jurisdicción y recibido una respuesta afirmativa.

**106.2.** En caso de que una iglesia local se disuelva, se desafilie o intente desafiliarse de la Iglesia del Nazareno (tal como lo determine la Junta Consultora de Distrito), ninguna propiedad que pudiera haberle pertenecido se usará para otro propósito. Las escrituras de la propiedad se transferirán a la Junta Consultora de Distrito, que actúa como agente del distrito donde dicha iglesia obtuvo personería jurídica, u otros agentes autorizados para el uso de la Iglesia del Nazareno en general, en la forma en que la asamblea de distrito lo designe. Los ecónomos de la iglesia local que conserven los documentos de la propiedad de la iglesia disuelta tendrán facultad de vender o disponer de la misma en cualquier otra forma sólo bajo la orden y dirección de la Junta Consultora de Distrito u otro agente designado por la asamblea de Distrito, con la aprobación escrita del superintendente general en jurisdicción. Según las instrucciones de la asamblea de distrito o de su Junta Consultora de Distrito, se hará la transferencia o la entrega de los ingresos de la venta de dicha propiedad. (104.4; 222.18)

**106.3.** Ningún ecónomo o ecónomos de una iglesia disuelta, o de una iglesia que se retire o intente retirarse de la Iglesia del Nazareno, podrá usar la propiedad para fines ajenos a la Iglesia del Nazareno.(104.4; 141-144; 222.18)

**106.4.** Sólo las iglesias que hayan sido disueltas oficialmente podrán ser borradas de la lista del secretario general.

**106.5.** Cuando una iglesia local sea declarada inactiva, los firmantes de todas las cuentas monetarias y/o de inversiones transferirán a la Junta Consultora de Distrito todo lo devengado de las mismas para su depósito. La falta de cumplimiento de esta disposición autoriza a la Junta Consultora de Distrito a que mediante resolución cierre todas las cuentas y asuma jurisdicción sobre todos los activos según lo permita la ley.

## B. Membresía

**107.** Miembros en plena comunión. Todas las personas que han sido organizadas en una iglesia local por aquellos que han sido debidamente autorizados y todas las que han sido recibidas públicamente por el pastor o por el superintendente de distrito o por el superintendente general, después de haber declarado su experiencia de salvación, su creencia en las doctrinas de la Iglesia del Nazareno y la disposición de someterse a su gobierno formarán la lista de los miembros en plena comunión de la iglesia local. El liderazgo de la iglesia local buscará ubicar a cada miembro en un ministerio de servicio y en un grupo de cuidado y apoyo. (29; 35.4; 107.2, 111; 113.1; 414.1; 418; 429.8; 435.8-9)

**107.1.** Cuando haya personas que deseen unirse con la iglesia, el pastor les explicará los privilegios y responsabilidades como miembros de la misma, los Artículos de Fe, los requisitos de El Pacto de Conducta Cristiana, así como el propósito y misión de la Iglesia del Nazareno. Después de consultar con el comité de evangelismo y membresía de la iglesia, el ministro recibirá a los candidatos calificados a la membresía de la iglesia en un culto público usando el formulario aprobado para la recepción de miembros (801). (27; 33-39; 110-110.4; 225)

**107.2.** Miembros de una misión tipo Iglesia. Donde la organización de una iglesia local no se haya efectuado, una misión tipo iglesia recibirá e informará miembros de acuerdo con los párrafos 107 y 107.1 en las estadísticas anuales.

**107.3.** Votación y cargos oficiales. En los casos que la ley civil lo permita, sólo aquellos que sean miembros activos, en plena comunión de la iglesia local y hubieren cumplido 15 años de edad podrán ejercer funciones como oficiales de la iglesia, votar en las reuniones anuales o especiales o representar a la iglesia como delegados en la asamblea de distrito.

**108. Miembros asociados.** Si un distrito así lo estipula, una iglesia local puede tener miembros asociados, quienes gozarán de todos los privilegios de los miembros de la iglesia, excepto votar y ocupar un puesto oficial en la misma. (203.24)

**108.1.** Los miembros asociados pueden ser recibidos como miembros en plena comunión o ser borrados de la lista en cualquier momento, a discreción del pastor y del Comité de Evangelismo y Membresía de la Iglesia.

**109. Miembros inactivos.** Una iglesia local puede designar a personas como "miembros inactivos" por las razones declaradas en los párrafos 109.1 y 109.2. (112.3; 133)

**109.1.** Al miembro de una iglesia local que se haya mudado a otra comunidad y deje de estar activo en la iglesia de la cual es miembro se le deberá animar para que asista a la Iglesia del Nazareno de su nueva localidad y pida el traslado de su membresía a esa iglesia.

**109.2.** Cuando un miembro de una iglesia se haya ausentado de todos los servicios religiosos de la iglesia por seis meses consecutivos sin una razón que la junta de la iglesia considere justificada, y cuando se haya intentado animarlo a participar cuando le fuera posible, su membresía podrá ser declarada inactiva por recomendación del Comité de Evangelismo y Membresía de la Iglesia y por decisión de la junta local. Dentro de los siete días subsecuentes a la decisión de la junta de la iglesia, el pastor deberá notificar a esa persona de tal decisión por medio de una carta con espíritu redentor. Después de tal decisión de la junta de la iglesia, el pastor deberá escribir junto al nombre del feligrés: "Inscrito en la Lista de Membresía Inactiva por la junta de la iglesia (fecha)".

**109.3.** Los miembros inactivos deberán ser incluidos en la membresía en plena comunión de la iglesia local con los miembros activos. La membresía se informará a la asamblea de distrito en categorías separadas: (1) miembros activos y (2) miembros inactivos.

**109.4.** Los miembros inactivos no podrán votar en reuniones anuales o especiales de la iglesia ni tener cargos en la misma.

**109.5.** Un miembro inactivo podrá solicitar por escrito a la junta de la iglesia que reinscriba su nombre a la lista de los miembros activos de la iglesia. Dicha petición debe incluir una reafirmación de sus votos de membresía y la participación en las actividades de la vida de adoración de la iglesia local. La junta de la iglesia deberá responder a la solicitud en un periodo no mayor de 60 días. La membresía en plena comunión se podrá restaurar por recomendación del comité de evangelismo y membresía de la iglesia y por la acción de la junta de la iglesia.

## C. Comité de evangelismo y membresía de la iglesia

**110.** La junta de la iglesia creará un comité de evangelismo y membresía de la iglesia de no menos de tres personas que actuarán en capacidad consultiva para el pastor, quien será el presidente. Sus deberes serán:

**110.1.** Promover el evangelismo en la iglesia local y procurar la conservación de los frutos del evangelismo. (107-107.1; 129.24)

**110.2.** Estudiar y recomendar a la junta de la iglesia y sus departamentos modos de hacer hincapié en el evangelismo en la vida total de la iglesia.

**110.3.** Servir como comité local para llevar a la práctica los programas denominacionales de evangelismo tanto general como de distrito.

**110.4.** Instar a los nuevos convertidos a capacitarse para hacerse miembros de la iglesia, por medio de la práctica de una vida devocional continua, el estudio de la Biblia y del *Manual*, ya sea individualmente y/o en la clase de membresía del pastor, recordando que los miembros recibidos por profesión de fe ayudan a conservar los frutos del evangelismo. (26-27; 35.4)

**110.5.** Esforzarse por incorporar nuevos miembros a la comunión total y al servicio en la iglesia.

**110.6.** Trabajar con el pastor en el desarrollo de un programa continuo de guía espiritual para los nuevos miembros.

**110.7.** Recomendar a la junta de la iglesia, por nominación del pastor, los evangelistas para campañas locales. Se recomienda que por lo menos una campaña anual sea dirigida por un evangelista titulado, comisionado o registrado.

**110.8.** Ninguna persona será recibida como miembro en plena comunión en una iglesia local sino hasta que el pastor consulte primero con el Comité de Evangelismo y Membresía de la Iglesia respecto a la recepción de tal candidato. (107.1)

## D. Cambio de membresía

**111. Traslado.** Cuando un miembro lo solicite, el pastor puede extenderle una carta de traslado de su membresía (véase formulario en 813.5) a cualquier iglesia local de la Iglesia del Nazareno que él indique, siendo válida dicha carta de traslado solamente por tres meses. Cuando la iglesia local receptora acuse recibo de la carta de traslado cesará la membresía de dicha persona en la iglesia local anterior. (813.6)

**111.1. Recomendación.** Cuando un miembro lo solicite, el pastor puede extenderle un certificado de recomendación (véase formulario en 813.3) a cualquier iglesia evangélica que él indique, después de lo cual cesará de inmediato la membresía de dicha persona en la iglesia local. (112.2)

## E. Terminación de membresía

**112. Ministros.** Cuando un ministro licenciado o un presbítero se una a la membresía o ministerio de una iglesia que no sea la Iglesia del Nazareno, el pastor de la iglesia local de la que el ministro es miembro notificará inmediatamente el hecho a la Junta de Credenciales Ministeriales de Distrito. La Junta de Credenciales Ministeriales investigará y confirmará el estado de ese miembro del cuerpo ministerial. Si la Junta de Credenciales Ministeriales de Distrito determina que el miembro del cuerpo ministerial será retirado de la lista de ministros, el pastor de la iglesia local también retirará el nombre de la persona de la lista de membresía de la iglesia y escribirá frente al nombre: "Retirado por unirse con otra denominación". (429.9; 435.10-11)

**112.1. Laicos.** Cuando algún miembro laico de una iglesia local acepte la membresía, licencia para predicar u ordenación de otra organización religiosa, o esté participando en una iglesia u obra misionera independiente, su membresía en la iglesia local cesará inmediatamente por causa de esa acción, a menos que tal persona obtenga la aprobación anual escrita de la junta local de la iglesia de la que es miembro, así como la aprobación anual escrita de la Junta Consultora del Distrito a la que pertenece dicha iglesia.

**112.2. Descargo de membresía.** Cuando un miembro lo solicite, el pastor podrá otorgarle una carta de descargo (véase formulario en 813.4), con lo cual cesará inmediatamente su membresía. (111.1; 112)

**112.3.** Después de dos años de la fecha en que la membresía de una persona fue declarada inactiva, su nombre podrá ser borrado de la lista de la iglesia por votación de la junta de la iglesia. Después de tal votación de la junta de la iglesia, el pastor escribirá frente al nombre del feligrés: "Retirado por la junta de la iglesia (fecha)". (109; 133)

## F. Reuniones de la iglesia

**113.** Una reunión de los miembros de una iglesia local para consultar y tratar negocios será conocida como reunión de la iglesia. Sujetos a la ley aplicable, al Estatuto de la Personería Jurídica y a los Reglamentos de Gobierno del Manual, las sesiones y los negocios de los miembros de la Iglesia del Nazareno a nivel local, de distrito y general, y los comités de la entidad jurídica serán regulados y controlados de acuerdo con las Reglas de Orden, de Robert (última edición) en lo relacionado con los procedimientos parlamentarios. (40; 104; 113.7; 115; 416)

**113.1.** Sólo quienes sean miembros en plena comunión y activos y hayan cumplido 15 años de edad tendrán el derecho de votar en las reuniones de la iglesia. (107.3; 109-109.4)

**113.2.** No hay provisión para que los miembros ausentes puedan emitir su voto en las reuniones de la iglesia.

**113.3. Conducción de asuntos.** Cualquier negocio, incluso las elecciones, que esté en armonía con el espíritu y orden de la iglesia y para el cual no haya una estipulación especial diferente, puede ser tratado en cualquier reunión de la iglesia.

**113.4. Acatamiento de la ley civil.** En todos los casos en que la ley civil requiera un curso específico de procedimiento para convocar y dirigir las reuniones de la iglesia, tal curso se cumplirá estrictamente. (142)

**113.5. Presidente de la reunión.** El pastor, quien es presidente ex officio de la iglesia local, o el superintendente de distrito o el superintendente general que tenga jurisdicción o alguien nombrado por el superintendente de distrito o por el superintendente general presidirá las reuniones anuales o extraordinarias de la iglesia. (210.1; 307.10; 414.15)

**113.6. Secretario.** El secretario de la junta de la iglesia será el secretario de todas las reuniones de la iglesia y, en su ausencia, se elegirá un secretario interino. (135.4)

**113.7. Reunión anual.** La reunión anual de la iglesia se celebrará dentro de los 90 días antes de la reunión de la asamblea de distrito. Se hará un anuncio público desde el púlpito por lo menos dos domingos antes de la reunión. Dicha reunión anual podrá celebrarse en dos o más días o en varios servicios, siempre y cuando lo apruebe la junta de la iglesia.

**113.8. Reuniones especiales.** El pastor podrá convocar a reuniones especiales de la iglesia en cualquier momento, o la junta de la iglesia podrá convocar a reuniones especiales después de haber obtenido el consentimiento del pastor o del superintendente de distrito o del superintendente general en jurisdicción. El aviso público de las sesiones especiales siempre se hará desde el púlpito por lo menos dos servicios regulares previos o de tal manera que satisfaga los requisitos de la ley civil. (104, 113.1, 115-15.1, 123, 137, 139, 142.1, 144)

**113.9. Informes.** En la reunión anual de la iglesia presentarán sus informes el pastor (414.7), el superintendente de la escuela dominical (146.6), el presidente de la Juventud Nazarena Internacional (151.4), el presidente de Misiones Nazarenas Internacionales (153.2), las diaconisas (406), los ministros locales (428.1), el secretario (135.2) y el tesorero (136.5) de la junta de la iglesia.

**113.10. Comité nominativo.** Se usará un comité nominativo para proponer candidatos a oficiales, miembros de las juntas y delegados a la asamblea de distrito, para cuyas nominaciones no se haga provisión en ninguna otra parte. El comité nominativo consistirá de no menos de tres ni más de siete miembros de la iglesia, incluyendo al pastor.

El comité nominativo debe ser asignado por el pastor, y aprobado anualmente por la junta de la iglesia. El pastor será el presidente del comité. Todas las personas nominadas por este comité deberán llenar los requisitos para oficiales de la iglesia estipulados en el párrafo 39.

**113.11. Elecciones.** En la reunión anual de la iglesia se elegirá, por cédula, a los mayordomos (137), los ecónomos (141; 142.1), el superintendente de la escuela dominical (146) y los miembros de la Junta de Ministerios Internacionales de Escuela Dominical y Discipulado (145) para servir durante el siguiente año eclesiástico y hasta que sus sucesores sean electos y acreditados. Donde las leyes lo permitan y cuando sea aprobado por una mayoría absoluta de votos de los miembros presentes de la iglesia, todos los que han sido electos pueden servir por un término de dos años. Todos los electos como oficiales de la iglesia deberán ser miembros activos de esa misma Iglesia del Nazareno local.

Instamos a nuestras iglesias locales a que elijan como oficiales de la iglesia sólo a personas que sean miembros activos de la iglesia local que profesen la experiencia de la entera santificación, y cuyas vidas den testimonio público de la gracia de Dios que nos llama a una vida santa; que estén en armonía con las doctrinas, el gobierno y las prácticas de la Iglesia del Nazareno; y que sostengan fielmente a la iglesia local con su asistencia y sus diezmos y ofrendas. (39; 127; 145-147)

**113.12.** Donde las leyes lo permitan y en iglesias en las que tal procedimiento y el número de los que serán electos sean aprobados por voto mayoritario de los miembros presentes, podrán elegir la junta de la iglesia y después designar un número proporcional apropiado como mayordomos y ecónomos, en armonía con los párrafos 137 y 141. Cuando una junta de iglesia sea electa de esta forma, la junta se organizará en comités para llevar a cabo las responsabilidades asignadas. Si una iglesia ha elegido un comité de educación como parte de su junta en armonía con el párrafo 145, ese comité constituirá el Comité de Educación de la junta de la iglesia. (145145.10) Una iglesia local podría organizar su junta y comité con una estructura diferente para realizar su ministerio y acción misional, siempre y cuando esas alternativas sean aprobadas por escrito por el superintendente de distrito y la Junta Consultora de Distrito, y que tal estructura esté de acuerdo con las leyes civiles.

**113.13.** Donde las leyes lo permitan y en iglesias en las que tal procedimiento sea aprobado por voto mayoritario de los miembros presentes en una reunión anual debidamente convocada, después de recibir la aprobación escrita del superintendente de distrito, una iglesia podrá elegir a la mitad de los miembros de la junta de la iglesia para servir por períodos de dos años, o a un tercio de los miembros de la junta para períodos de tres años; en cualquier caso, deberán estipular el número para elegir un número igual cada año. Cuando la junta de la iglesia es electa de esta forma, el número de mayordomos y ecónomos debe apegarse a los párrafos 137 y 141.

**113.14.** En la reunión anual de la iglesia se elegirá, por cédula, a los delegados laicos a la asamblea de distrito, o si es aprobado por mayoría absoluta de votos de la membresía de la iglesia en su reunión anual, los delegados pueden ser recomendados por el pastor y aprobados por la junta de la iglesia local de acuerdo con la representación fijada por la Asamblea General, según los párrafos 201-201.2. Todos aquellos que sean electos como delegados deberán ser miembros activos de la misma Iglesia del Nazareno local. (107.3, 113.11)

## G. El año eclesiástico

**114**. El año administrativo correrá al mismo tiempo con el año estadístico de la iglesia local y será reconocido como el año eclesiástico.

**114.1**. El año estadístico terminará dentro de los 90 días anteriores a la apertura de la asamblea de distrito y el nuevo año estadístico principiará al día siguiente de su clausura. Las fechas exactas del principio y fin del año estadístico dentro de estos límites serán fijadas por la Junta Consultora de Distrito. (222.1)

## H. El llamamiento de un pastor

**115**. Un presbítero o un ministro licenciado (412) puede ser llamado a pastorear una iglesia por el voto favorable, por cédula, de las dos terceras partes de los miembros presentes que tengan edad para votar, en una reunión anual debidamente convocada o en reunión especial de la iglesia, siempre y cuando dicho presbítero o ministro licenciado haya sido nominado a la iglesia por la junta de la iglesia, la cual, después de haber consultado con el superintendente de distrito, hizo tal nominación por el voto de las dos terceras partes por cédula de todos sus miembros; y siempre y cuando la nominación haya sido aprobada por el superintendente de distrito. Ningún presbítero o ministro licenciado con membresía en una iglesia local puede ser considerado para ocupar la posición de pastor titular de esa iglesia sin la aprobación de la Junta Consultora de Distrito. Este llamamiento estará sujeto a revisión y a continuar de acuerdo con lo que aquí se estipula. (119; 122-124; 129.2; 160.8; 208.10, 222.12)

**115.1**. El pastor deberá presentar la aceptación del llamamiento a una relación pastoral en un plazo no mayor de 15 días de la fecha en que se reunió la iglesia para votar por el llamamiento.

**115.2**. La junta de la iglesia y el pastor deberán comunicarse mutuamente sus objetivos y expectativas, en forma clara y por escrito. (122; 129.3-4)

**115.3**. Tan pronto como sea factible después que el pastor comience a ministrar, él y la congregación podrán participar en un culto de instalación o presentación. El objetivo del culto debe ser el celebrar la unidad y la dirección respecto a la voluntad de Dios. Si es posible, el superintendente de distrito deberá presidir el culto.

**115.4**. Al hacer un llamamiento, la iglesia local especificará la remuneración propuesta. La cantidad de tal remuneración será determinada por la junta de la iglesia. Cuando se haya llegado a un acuerdo entre la iglesia, o la junta de la iglesia y el pastor, el pago del sueldo completo del pastor será considerado una obligación moral de la iglesia. Sin embargo, si la iglesia no pudiera seguir pagando el sueldo acordado, tal incapacidad e incumplimiento no serán considerados causa suficiente para que el pastor presente una demanda judicial contra la iglesia; y en ningún caso la iglesia será legalmente responsable de pagar una suma mayor que los fondos recaudados durante el período de servicio del pastor, y que no estén designados de otra manera.

La iglesia local también deberá proveer para los gastos de viaje y de traslado del pastor. (38- 38.3; 129.8-9)

**115.5.** La remuneración del pastor comenzará el lunes anterior al primer domingo en que inicie su ministerio oficial en la iglesia local.

**116.** Las iglesias locales deben considerar una licencia justificada por maternidad o paternidad para el pastor y pastores asociados. Los superintendentes de distrito deben animar a las iglesias locales a adoptar una política de licencia justificada por maternidad o paternidad.

**117.** El pastor de una iglesia que fue organizada hace menos de cinco años o que tuvo menos de 35 miembros votantes en la anterior reunión anual de la iglesia o que esté recibiendo ayuda financiera regular del distrito puede ser nombrado o reasignado por el superintendente de distrito, con el consentimiento de la Junta Consultora de Distrito. (208.17)

**117.1.** Cuando una iglesia tenga más de 35 miembros votantes o haya permanecido organizada por al menos cinco años y su pastor haya servido como pastor designado por al menos dos años se puede iniciar un proceso para cambiar la categoría de "designado". Este proceso debe incluir una revisión de la relación iglesia/ pastor, el voto de la mayoría absoluta de los miembros presentes de la junta de la iglesia, la aprobación del superintendente de distrito y la aprobación de la Junta Consultora de Distrito. La fecha de aniversario para la revisión regular de la relación iglesia-pastor de cuatro años será la fecha de su aprobación final.

**118.** En caso de desacuerdo entre la junta de la iglesia y el superintendente de distrito en cuanto a los arreglos pastorales, la junta de la iglesia o el superintendente de distrito podrán someter el asunto al superintendente general que tenga jurisdicción para que decida. De acuerdo con esa decisión, la junta de la iglesia o el superintendente de distrito podrán apelar ante la Junta de Superintendentes Generales. Todas las apelaciones, refutaciones de apelaciones o argumentos relacionados con el caso, ya sea que se dirijan al superintendente general en jurisdicción o a la Junta de Superintendentes Generales, deberán presentarse por escrito. Una copia de la apelación, de la refutación de la apelación o de argumentos relacionados con el caso, presentados por la junta de la iglesia o por el superintendente de distrito, deberá ser enviada a la otra parte involucrada. El acta de una apelación de la junta de la iglesia deberá incluir la resolución de apelación, los argumentos que la sustentan y el informe de la votación. Si un ministro bajo consideración retira su nombre o si se llega a saber que un candidato a pastor no está disponible para consideración, el proceso de apelación deberá terminar de inmediato y el superintendente de distrito y la junta de la iglesia continuarán los arreglos pastorales.

**119.** El llamamiento de un pastor que es ministro licenciado terminará al clausurarse la asamblea de distrito si su licencia de ministro no es renovada.

**120.** El pastor que desee renunciar a su cargo pastoral deberá consultar primero con el superintendente de distrito. Después de esta consulta, el pastor deberá presentar una renuncia por escrito a la junta de la iglesia al menos 30 días antes de la terminación de su pastorado con copia al superintendente del distrito. Cuando la junta de la iglesia reciba la renuncia y sea aprobada por escrito por el superintendente de distrito, la fecha de terminación será dentro de 30 días

**120.1.** El pastor que renuncie deberá preparar, junto con el secretario de la junta de la iglesia, una lista correcta y al día de los miembros de la iglesia con sus direcciones. Esta lista debe corresponder numéricamente con las últimas actas distritales publicadas, indicando las adiciones y disminuciones en el año en curso.

**121.** Por recomendación de los miembros de la Junta de la Iglesia y con la aprobación del superintendente del distrito, una congregación puede elegir pastores asistentes para ministrar. En este caso se aplicarán las siguientes estipulaciones:

1. Los pastores asistentes trabajarán con la Junta de la Iglesia, bajo la dirección del superintendente de distrito para elaborar un plan específico respecto a la división práctica de responsabilidad y autoridad.

2. Aunque los pastores asistentes son iguales en el oficio pastoral, la Junta de la Iglesia designará oficialmente a uno de ellos para que sea el presidente de la entidad jurídica y presida la junta de la iglesia.

3. El proceso de la revisión pastoral se realizará de acuerdo con el párrafo 123 del *Manual*.

**121.1.** Ante la renuncia o rescisión de un pastor asistente, uno de los pastores asistentes que queden puede ser nombrado por el superintendente de distrito para servir como pastor de la iglesia, con la condición que dentro de los 60 días se presente a la junta de la iglesia el asunto de la relación pastoral, cuando la iglesia seguirá el proceso especificado en el párrafo 115.

## I. La relación de la iglesia con el pastor

**122.** Cada año, el pastor y la junta local llevarán a cabo una sesión de planificación para renovar las expectativas y las metas de la iglesia y del pastor. Se actualizarán las metas, planes y objetivos entre la iglesia y el pastor. Dicho acuerdo escrito se entregará al superintendente de distrito. (115.2; 129.4)

**122.1.** Los pastores y las congregaciones deberán procurar una clara comprensión de sus expectativas mutuas y seguir sinceramente los principios bíblicos para resolver las diferencias con un espíritu de reconciliación dentro de la iglesia. Los principios bíblicos para resolver diferencias según Mateo 18:15-20 y Gálatas 6:1-5 incluyen:

1. Tratar de resolver las diferencias discutiéndolas frente a frente.

2. Si la discusión frente a frente no produce solución alguna, buscar la ayuda de una o dos personas para resolver las diferencias.

3. Presentar las diferencias a la junta de la iglesia sólo si fracasan las discusiones frente a frente y con el grupo pequeño.

4. Los cristianos tienen la obligación de esforzarse por resolver sus diferencias con espíritu de amor, aceptación y perdón.

## J. Revisión de la relación de la Iglesia con el pastor

**123.** La revisión regular de la relación de la Iglesia con el pastor. La relación entre la iglesia y el pastor será revisada por la junta de la iglesia, en reunión con el superintendente de distrito o con un ministro ordenado o con un laico nombrado por el superintendente de distrito, dentro de los 60 días anteriores o subsiguientes al segundo aniversario de servicio pastoral y cada cuatro años de ahí en adelante. El superintendente de distrito, o un ministro ordenado o laico nombrado por el superintendente de distrito, tendrán la responsabilidad de programar y llevar a cabo la(s) reunión(es) con la junta de la iglesia. Dicha(s) reunión(es) se programará(n) en consulta con el pastor. La(s) reunión(es) de revisión se llevará(n) a cabo en sesión ejecutiva. (Junta de la iglesia, incluyendo al pastor). A discreción del superintendente de Distrito, parte de la revisión puede realizarse en ausencia del pastor. En el caso que la esposa del pastor, o esposo de la pastora, sea miembro electo de la junta, él o ella, no participará en la revisión. Además, otros parientes inmediatos del pastor pueden ser excluidos de la revisión, a solicitud del superintendente de distrito o representante designado.

Un anuncio público y/o impreso, explicando el propósito de esta reunión de la junta de la iglesia, será comunicado a la congregación el domingo anterior al día en que la junta de la iglesia y el superintendente de distrito se reúnan para la revisión regular de la relación entre la iglesia y el pastor.

En esa reunión de revisión, se discutirá la continuación de la relación entre la iglesia y el pastor. El objetivo es descubrir el consenso sin necesidad de una votación formal de la junta de la iglesia. Si la junta de la iglesia no vota en favor de presentar a la feligresía el asunto de la continuación de la relación entre la iglesia y el pastor, ésta continuará.

La junta de la iglesia podrá decidir por votación si presentará a los miembros de la iglesia el asunto de la continuación del llamamiento pastoral. La votación de la junta será por escrito y requerirá un voto de mayoría de todos los miembros presentes de la junta de la iglesia para su aprobación.

Si la junta de la iglesia vota en favor de presentar el asunto de la continuación de la relación entre la iglesia y el pastor a los miembros de la iglesia, el asunto se presentará en una reunión de la iglesia debidamente convocada para este propósito, la cual deberá celebrarse dentro de los 30 días siguientes a tal votación. El asunto se deberá presentar de la siguiente manera: "¿Debe continuar la relación presente entre la iglesia y el pastor?" La votación se hará por escrito y su aprobación requerirá las dos terceras partes, a menos que la ley civil de un país dado lo requiera de otra manera.

Si los miembros de la iglesia votan a favor de continuar la relación entre la iglesia y el pastor, ésta seguirá como si nunca se hubiera votado por la misma; en caso contrario, la relación entre la iglesia y el pastor terminará en la fecha que fije el superintendente de distrito, no menos de 30 días ni más de 180 días después de dicha votación. Si el pastor escoge no proseguir con el voto de la congregación, o escoge no aceptar el voto, deberá presentar su renuncia. En tal caso, la relación entre la iglesia y el pastor terminará en la fecha fijada por el superintendente de distrito, no menos de 30 días ni más de 180 días después de la decisión del pastor de aceptar o no el voto congregacional. Una parte de la revisión regular será la preparación de un informe del pastor y la junta para el superintendente de distrito sobre el progreso hacia el logro de la misión, visión y valores esenciales de la congregación.

**123.1.** El presidente de la junta de escrutadores informará personalmente al pastor los resultados de la votación pastoral antes que se haga cualquier anuncio público de los mismos.

**124. Revisión especial de la relación de la iglesia con el pastor.** En el período entre las revisiones regulares, una reunión de la junta local de la iglesia podrá convertirse oficialmente en una revisión especial sólo por el voto mayoritario de la totalidad de la junta electa de la iglesia, estando presente el superintendente de distrito o un presbítero asignado por éste que sirva como presidente. Si el superintendente de distrito y la junta local de la iglesia consideran que el asunto de la continuación de la relación entre la iglesia y el pastor debe ser sometido a la iglesia, el superintendente de distrito y la junta local de la iglesia, por el voto por cédula de la mayoría absoluta de todos los miembros presentes, a menos que la ley civil de un país requiera lo contrario, pueden ordenar que el asunto se someta a voto en una reunión especial de la iglesia. El asunto se someterá de la siguiente manera: "¿Debe continuar la presente relación entre la iglesia y el pastor?" Esta reunión para la revisión especial de la relación entre la iglesia y el pastor deberá llevarse a cabo en sesión ejecutiva (junta de la iglesia, incluyendo al pastor). A discreción del superintendente de distrito, una parte de la revisión puede llevarse a cabo en ausencia del pastor. En el caso de que el cónyuge del pastor sea un miembro electo de la Junta, él o ella no participará en la revisión. (113.8).

Siempre que la ley civil de un país no requiera lo contrario, si por voto escrito de la mayoría absoluta de los miembros de la iglesia con edad para votar y presentes la iglesia decide continuar su presente relación con el pastor, el período de servicio del pastor continuará como si nunca se hubiera votado al respecto.

Sin embargo, si la iglesia decide en esa votación no continuar la relación presente con el pastor, el período de servicio del pastor terminará en una fecha establecida por el superintendente de distrito, que no exceda 180 días subsecuentes a la votación.

Si el pastor escoge no proceder con la votación de la congregación o decide no aceptar la votación, él o ella presentará su renuncia. En tal caso, la relación iglesia/pastor concluirá en la fecha fijada por el superintendente de distrito, no antes de 30 ni después de 180 días de la decisión del pastor de no seguir adelante con la votación de la congregación o aceptarla. (123-123.1)

**125. La Iglesia local en crisis.** Una vez se conozca que una iglesia local se aproxima a una crisis, el superintendente de distrito, con la aprobación de la Junta Consultora de Distrito tendrá la autoridad de constituir un comité que revise la situación y ponga en marcha los procedimientos que eviten la crisis. El comité consistirá de dos presbíteros y de dos miembros laicos de la Junta Consultora de Distrito, y del superintendente de distrito, el cual servirá como presidente. (208.3)

**125.1.** Cuando, según la opinión del superintendente de distrito y la Junta Consultora de Distrito, y con la aprobación del Superintendente General en jurisdicción, una iglesia local sea declarada en crisis —financiera, moral o de otra índole— y esta crisis afecte seriamente la estabilidad y el futuro de la iglesia,

*(a)* el superintendente de distrito, o un miembro de la Junta Consultora de Distrito nombrado por el superintendente de distrito, podrá presentar a la congregación local el asunto de la continuidad de la relación entre la iglesia y el pastor, como si la junta de la iglesia hubiera solicitado la votación como lo estipula el párrafo 123, o

*(b)* el período de servicio del pastor y/o de la junta de la iglesia podrá darse por terminado con la aprobación del Superintendente General en jurisdicción y por voto mayoritario de la Junta Consultora de Distrito. El superintendente de distrito, con la aprobación del Su-

perintendente General en jurisdicción y de la Junta Consultora de
Distrito, puede nombrar a los miembros de la junta de la iglesia en
una iglesia que ha sido declarada en crisis. (208.3)

**125.2.** Cuando en opinión del superintendente de distrito, una
iglesia local declarada en crisis, de conformidad con el párrafo 125.1
ha cumplido con los planes para salir de la crisis y está dispuesta a
reanudar su ministerio en circunstancias normales, la iglesia local
puede ser declarada sin crisis por el voto de la mayoría absoluta de la
Junta Consultora de Distrito, siempre y cuando cuente con la aprobación del Superintendente General en jurisdicción. (208.4)

## K. La junta de la Iglesia

**127. Membresía.** Cada iglesia local tendrá una junta, formada
por el pastor, el superintendente de la Ministerios Internacionales de
Escuela Dominical y Discipulado(MIEDD), el presidente de la Juventud Nazarena Internacional (JNI), el presidente de Misiones Nazarenas Internacionales (MNI) (o si el presidente es cónyuge del pastor o la pastora y decide no ser miembro de la junta, el vicepresidente
podrá tomar su lugar; sin embargo, si el presidente es cónyuge del
pastor o la pastora y escoge servir en la junta, no participará en el
proceso de la revisión pastoral), los mayordomos y ecónomos de la
iglesia, y los miembros de la Junta de Ministerios Internacionales de
Escuela Dominical y Discipulado, cuando hayan sido electos en la
reunión anual de la iglesia para servir como el Comité de Educación
de la junta. Los miembros regulares de la junta de la iglesia no podrán
ser más de 25. Los presbíteros y ministros licenciados sin asignación
por el distrito y los empleados bajo sueldo de la iglesia local no son
elegibles para servir en la junta de la iglesia local.

Instamos a nuestras iglesias locales a que elijan como oficiales de
la iglesia sólo a miembros activos de la iglesia local que profesen la
experiencia de la entera santificación y cuyas vidas den testimonio
público de la gracia de Dios que nos llama a una vida santa; que estén
en armonía con las doctrinas, el gobierno y las prácticas de la Iglesia
del Nazareno, y que sostengan fielmente a la iglesia local con su asistencia y sus diezmos y ofrendas. (39; 113.11; 137; 141; 145-147;
151; 153.2; 160.4)

**127.1.** Cuando la reunión anual de la iglesia local coincida con
una transición pastoral, el comité nominativo local presidido por el
superintendente de distrito puede, con la aprobación del superintendente de distrito, presentar a la congregación 30 días antes de la reunión anual una resolución de continuar con la junta de la iglesia actual para el año eclesiástico siguiente. Esta resolución deberá ser
aprobada por la mayoría absoluta por cédula de votación de los
miembros votantes de la iglesia que estén presentes y en una reunión

especial de la iglesia debidamente convocada. Si la resolución no es aprobada, la junta de la iglesia será electa en la reunión anual como de costumbre.

**128. Reuniones.** La junta de la iglesia asumirá su cargo al principio del año eclesiástico y celebrará reuniones regulares por lo menos bimestrales y tendrá reuniones cuando sean convocadas por el pastor o el superintendente de distrito. El secretario de la junta de la iglesia convocará a una reunión extraordinaria de la junta solamente con la aprobación del pastor, o del superintendente de distrito cuando carezca de pastor. En el intervalo entre la reunión anual de la iglesia y el comienzo del año eclesiástico, la recién elegida junta de la iglesia podrá reunirse con propósitos de organización y elegirá al secretario de la junta y al tesorero de la iglesia, conforme a lo estipulado, y a cualquier otro oficial que sea su deber elegir. (129.19-130)

**129. Negocios. Las responsabilidades de la junta de la iglesia** serán:

**129.1.** Cuidar de los intereses de la iglesia local y su obra, para lo cual no haya provisión específica, en armonía con el pastor. (156; 416)

**129.2.** Nominar a la iglesia, después de haber consultado con el superintendente de distrito, a un presbítero o ministro licenciado que considere apto para ser pastor, siempre y cuando dicha nominación haya sido aprobada por el superintendente de distrito y la Junta Consultora de distrito. (115; 160.8, 208.10, 222.12)

**129.3.** Cooperar con el nuevo pastor para formular una declaración escrita de objetivos y expectativas. (115.2)

**129.4.** Por lo menos cada año, llevar a cabo una sesión de planificación junto con el pastor con el propósito de actualizar una clara comprensión escrita de las expectativas, las metas, los planes y los objetivos. (122)

**129.5.** Con la aprobación del superintendente de distrito, hacer arreglos pastorales provisionales hasta que la iglesia elija a su pastor de la manera prescrita. (209; 422)

**129.6.** Hacer provisiones para la elaboración y aprobación de un presupuesto anual para la iglesia, para todos los departamentos auxiliares de la iglesia y para cualquier guardería/escuela nazarena (desde recién nacidos hasta secundaria) con sus respectivas proyecciones de ingresos y egresos.

**129.7.** Asignar a un comité de la junta cuyas responsabilidades incluirán: *(a)* Vigilar el presupuesto de la iglesia; *(b)* informar a la junta sobre la condición y asuntos financieros de la iglesia.

**129.8.** Determinar el salario que el pastor recibirá y revisarlo por lo menos una vez al año. (115.4; 123)

**129.9**. Proveer para el sostenimiento del pastor, del pastor interino y de cualquier otro obrero bajo sueldo de la iglesia; estimular y sostener el compromiso de aprendizaje de toda la vida del pastor y sus ayudantes planificando y proveyendo el presupuesto requerido. (115.4)

**129.10**. A fin de estimular un ministerio pastoral saludable y el aprendizaje de toda la vida del pastor en las dimensiones espiritual, emocional y educacional, la junta de la iglesia, en consulta con el superintendente de distrito, debe proveer una licencia sabática para el pastor después de cada séptimo año consecutivo de servicio en una congregación. El tiempo y duración de la licencia sabática se determinará en consulta con el pastor, la junta de la iglesia y el superintendente de distrito. Se recomienda firmemente que el pastor siga recibiendo el salario completo y que la junta de la iglesia provea predicadores durante ese período sabático. Este tema debe ser abordado por el superintendente de distrito como parte del proceso de revisión pastor/iglesia que se hace en el segundo año y de nuevo en el sexto año, una vez que la viabilidad de continuar la relación haya sido establecida. La oficina de Desarrollo Pastoral preparará y distribuirá materiales de información para guiar a las congregaciones locales en el establecimiento e implementación de una política y procedimiento para la licencia sabática. A discreción de la junta de la iglesia dicho programa también puede ser implementado por un miembro del cuerpo pastoral.

**129.11**. Determinar el sostenimiento económico y la partida para la casa que un evangelista debe recibir y notificarle de tal sostenimiento mínimo cuando sea invitado por la junta de la iglesia.129.12. Conceder licencia o renovarla, a su discreción, a cualquier persona que haya sido recomendada por el pastor para ser *(a)* ministro local o *(b)* ministro laico. (402.3; 428.1, 428.3813.1)

**129.13**. Recomendar, a su discreción, a la asamblea de distrito y previa nominación del pastor, a cualquier persona que desee recibir el certificado para alguna de las funciones de ministerio asignadas, incluyendo a todos los candidatos laicos y ministeriales que aspiren a ser reconocidos para ministerios fuera de la iglesia local, si tal recomendación es requerida por el *Manual*.

**129.14**. Recomendar, a su discreción, a la asamblea de distrito y previa nominación del pastor, a cualquier persona que desee las credenciales de ministro licenciado o la renovación de éstas. (428.5; 429.1)

**129.15**. Recomendar, a su discreción, a la asamblea de distrito y previa nominación del pastor, la renovación de la licencia de diaconisa de acuerdo con el párrafo 406.

**129.16.** Elegir, por nominación de la Junta de Ministerios de Escuela Dominical, con la aprobación del pastor, a un director de ministerios entre los niños y a un director de ministerios entre los adultos. (145.6)

**129.17.** Aprobar al presidente de la JNI electo por la JNI de la iglesia local de acuerdo con lo estipulado en el Estatuto de la JNI.

**129.18.** Aprobar la selección de los administradores de las guarderías/escuelas nazarenas (desde recién nacidos hasta secundaria). (152; 160.1; 208.13; 414.10)

**129.19.** En la primera reunión de la nueva junta elegir a un secretario de entre la membresía de la iglesia que llene los requisitos de los oficiales de la iglesia estipulados en el párrafo 39 del Manual, quien servirá hasta el final del año eclesiástico y hasta que su sucesor sea electo y acreditado. (39; 113.6; 128; 135.1-7)

**129.20.** Elegir a un tesorero en la primera reunión de la nueva junta, entre los miembros de la iglesia que llenen los requisitos para ser oficiales de la iglesia tal como se especifica en el párrafo 39, quien servirá hasta el final del año eclesiástico y hasta que su sucesor sea electo y acreditado. Ningún miembro de la familia inmediata del pastor (cónyuge, hijos, hermanos y padres) puede servir como tesorero de la iglesia local sin la aprobación del superintendente y la junta consultora del distrito. (128; 136.1-6)

**129.21.** Hacer que se guarde una contabilidad cuidadosa de todos los fondos recibidos y desembolsados por la iglesia, incluyendo las guarderías/escuelas nazarenas (desde recién nacido hasta secundaria), departamentos auxiliares de la iglesia (MNI, JNI, MIEDD), e informar al respecto en sus reuniones mensuales regulares y en la reunión anual de la iglesia. (136.3-5)

**129.22.** Establecer un comité del cual no menos de dos personas contarán y llevarán registro de todos los fondos recibidos por la iglesia.

**129.23.** Designar un comité auditor o a un comité de auditores externos u otro personal calificado que audite o examine, al menos al nivel mínimo exigido por las normas nacionales o estatales, si procede, o de otros estándares profesionales reconocidos, por lo menos una vez al año los registros financieros del tesorero de la iglesia, de la Juventud Nazarena Internacional, de la Junta de Ministerios Internacionales de Escuela Dominical y Discipulado, de las guarderías/escuelas nazarenas (desde recién nacidos hasta secundaria) y cualquier otro archivo financiero que posea la iglesia. El pastor tendrá acceso a todos los archivos de la iglesia local.

**129.24.** Proveer un Comité de Evangelismo y Membresía de la Iglesia de no menos de tres personas. (110)

**129.25.** Funcionar, si es aconsejable, como la Junta de MIEDD en iglesias que tengan 75 miembros o menos. (145)

**129.26.** Designar un comité de cinco personas en caso de que se presenten acusaciones escritas contra un miembro de la iglesia. (504)

**129.27.** Elegir, con la aprobación escrita del superintendente de distrito y por nominación del pastor, asociados bajo sueldo según lo designe la junta local. (152; 160-160.1; 208.13)

**129.28.** Elegir a un predicador local o ministro licenciado como pastor asociado sin salario, sólo si se obtiene anualmente la aprobación escrita del superintendente de distrito.

**129.29.** Establecer un comité que trace planes de largo alcance para la iglesia, con el pastor como presidente ex officio.

**129.30.** Adoptar y ejecutar un plan para reducir el riesgo de que individuos puestos en posiciones de autoridad dentro de la iglesia usen la posición de confianza o autoridad para incurrir en conducta impropia. El plan de cada iglesia local debe tomar en consideración sus circunstancias particulares.

**130.** La junta de la iglesia, juntamente con el pastor, y conforme a los planes adoptados por la Asamblea General y aprobados por la asamblea de distrito, recaudará y pagará regularmente la asignación correspondiente a la iglesia local en favor del Fondo para la Evangelización Mundial y del Fondo para los Ministerios del Distrito. (317.12; 335.8)

**131. Significado de la mayordomía.** Véanse los párrafos 38-38.5.

**132.** La junta de la iglesia desempeñará los deberes de una Junta de MIEDD en una iglesia recién organizada hasta que dicha junta sea elegida. (145)

**132.1.** La junta de la iglesia y el pastor de la iglesia recién organizada decidirán cuándo se elegirá a un superintendente de escuela dominical. (129.25; 145; 146)

**133.** La junta de la iglesia podrá borrar de la lista de miembros de la iglesia el nombre de un miembro inactivo después que haya pasado un período de dos años desde la fecha en que fue declarado inactivo. (109-109.4; 112.3)

**134.** La junta de la iglesia podrá suspender o revocar la licencia de cualquier persona a la que le haya extendido licencia local.

**135. Secretario de la Iglesia. Los deberes del secretario de la junta de la iglesia** serán:

**135.1.** Escribir correctamente y conservar fielmente las actas de todas las reuniones de la iglesia y las reuniones de la junta de la iglesia y llevar a cabo cualquier otra responsabilidad propia de su oficio. Las actas de la Junta deberán identificar a todos los miembros votantes como presentes o ausentes para documentar con claridad el quórum. (120.1, 129.19)

**135.2**. Presentar a la reunión anual de la iglesia un informe anual de las actividades principales de la iglesia local, incluyendo estadísticas de membresía. (113.9)

**135.3**. Encargarse de que los escritos oficiales, archivos y documentos legales de la iglesia local, incluyendo títulos, sumarios, pólizas de seguros, documentación de préstamos, listas de membresía de la iglesia, archivos históricos, actas de la junta de la iglesia y documentos de personería jurídica estén depositados ya sea en cajas fuertes o a prueba de fuego en las instalaciones de la iglesia local o cuando sea factible podrán guardarse en cajas de seguridad de bancos locales o de instituciones similares. El acceso a ellos siempre lo compartirá con el pastor y el tesorero de la iglesia, y la custodia será transferida de inmediato a su sucesor.

**135.4**. Servir como secretario en las reuniones de la iglesia, anuales y extraordinarias, y guardar las actas y otros documentos de dichas reuniones. (113.6)

**135.5**. Certificar por escrito al superintendente de distrito los resultados de la votación para el llamamiento de un pastor y la continuación de la relación entre la iglesia y el pastor. Tal certificación debe hacerse dentro de la semana después de tal votación.

**135.6**. Enviar al superintendente de distrito copia de las actas de todas las reuniones de la iglesia y de la junta de la iglesia dentro de los tres días siguientes a dichas reuniones, cuando la iglesia local esté sin pastor.

**135.7**. Firmar, con el pastor, todos los traspasos de bienes raíces, hipotecas, emisiones de hipotecas, contratos y otros documentos legales para los que el *Manual* no haga provisión. (102.3; 103-104.2)

**136. Tesorero de la Iglesia. Los deberes del tesorero de la junta de la iglesia** serán:

**136.1**. Recibir todos los fondos que no sean designados de otra manera y desembolsarlos solamente por orden de la junta de la iglesia. (129.21)

**136.2**. Remitir mensualmente al tesorero de distrito todos los fondos para el distrito y al tesorero general todos los fondos destinados a los intereses generales por medio de la oficina correspondiente, exceptuando lo prescrito de otro modo. (414.9)

**136.3**. Conservar correctamente un libro de cuentas de todos los ingresos y egresos. (129.21)

**136.4**. Presentar mensualmente un informe financiero detallado para que se distribuya a la junta de la iglesia. (129.21)

**136.5**. Presentar un informe financiero anual en la reunión anual de la iglesia. (113.9; 129.21)

**136.6.** Entregar a la junta de la iglesia los archivos completos de la tesorería cuando cese en su puesto como tesorero.

## L. Los mayordomos

**137.** Los mayordomos de la iglesia local no serán menos de tres ni más de trece. Serán electos por cédula de entre los miembros de la iglesia local, en su reunión anual o en una reunión extraordinaria, y servirán durante el siguiente año eclesiástico y hasta que sus sucesores sean electos y acreditados. (39; 113.7, 10; 127)

**138. Los deberes de los mayordomos** serán:

**138.1.** Servir como comité de crecimiento de la iglesia, a menos que se estipule de otra manera, con las responsabilidades de contacto con los inconversos, evangelismo y extensión, incluyendo la apertura de nuevas misiones tipo iglesia e iglesias, con el pastor como presidente ex officio.

**138.2.** Proveer ayuda y apoyo a los necesitados y afligidos. El papel de los líderes laicos según la Biblia consiste en ministrar en áreas de servicio práctico (Hechos 6:1-3; Romanos 12:6-8). Por tanto, los mayordomos han de ofrecer su tiempo y sus dones espirituales en obras de servicio, administración, estímulo, misericordia, visitación y otros ministerios.

**138.3.** Servir, a discreción de la junta de la iglesia, como el Comité de Evangelismo y Membresía de la iglesia como se especifica en los párrafos 110-110.8.

**138.4.** Ayudar al pastor en la organización de la iglesia local para que las oportunidades de servicio cristiano estén al alcance de todos los miembros. Se deberá dar atención especial al desarrollo de ministerios entre personas de otros antecedentes culturales y socioeconómicos en las comunidades inmediatas y cercanas.

**138.5.** Servir como coordinadores del ministerio de acción cristiana y de las organizaciones de servicio a la comunidad.

**138.6.** Ayudar al pastor en la adoración pública y en la edificación cristiana de la iglesia local.

**138.7.** Proveer los elementos para la Santa Cena y, cuando el pastor lo solicite, ayudar en la distribución de los mismos. (34.5; 413.9)

**139.** Una vacante en el cargo de mayordomo puede ser cubierta por la iglesia local en una reunión de la iglesia debidamente convocada. (113.8)

**140.** Los mayordomos formarán el Comité de Mayordomía, cuyo deber consistirá en fomentar la causa de la mayordomía cristiana integral en la iglesia local en cooperación con el pastor y la oficina de Ministerios de Mayordomía del tesorero general (OFOI). (38-38.5)

## M. Los ecónomos

**141**. Los ecónomos de la iglesia no serán menos de tres ni más de nueve. Serán electos de entre los miembros de la iglesia local para servir por un año eclesiástico y hasta que sus sucesores sean electos y acreditados. (39; 113.11; 127)

**142**. En todos los casos en que la ley civil requiera maneras específicas para la elección de los ecónomos de la iglesia éstas se cumplirán estrictamente. (113.4)

**142.1**. Si la ley civil no especifica la manera de elegirlos, los ecónomos serán electos por cédula en la reunión anual de la iglesia local o en una reunión extraordinaria debidamente convocada al efecto. (113.7, 113.11)

**143**. **Los deberes de los ecónomos** serán:

**143.1**. Conservar las escrituras de propiedad de la iglesia y administrarla como síndicos de la iglesia local cuando la iglesia local no tenga personería jurídica o cuando la ley civil lo requiera o cuando por otras razones el superintendente de distrito o la Junta Consultora de Distrito lo consideren conveniente, de acuerdo con las directrices y restricciones provistas en los párrafos 102-104.4.

**143.2**. Proporcionar dirección en la ampliación de las instalaciones así como en los planes financieros, a menos que la junta de la iglesia haya hecho provisiones de otra clase.

**144**. Si ocurriese una vacante entre los ecónomos esta podrá ser llenada por la iglesia local en una reunión debidamente convocada. (113.8)

## N. La junta de Ministerios Internacionales de Escuela Dominical y Discipulado

**145**. Cada iglesia local deberá establecer una **Junta de Ministerios Internacionales de Escuela Dominical y Discipulado** o un **Comité de Educación** como parte de la junta de la iglesia, en la reunión anual de la iglesia, la cual tendrá la responsabilidad de los ministerios de educación cristiana de la iglesia. En iglesias de 75 miembros o menos, la junta de la iglesia podrá cumplir esas responsabilidades. Los miembros son: el superintendente de MIEDD como miembro ex officio (146); el pastor; el presidente de MNI; el presidente de la JNI; el director de ministerios entre los niños; el director de ministerios entre los adultos; y de tres a nueve personas electas de entre la membresía de la iglesia en su reunión anual. Los miembros pueden ser elegidos para términos escalonados de dos años y hasta que sus sucesores sean electos y acreditados. En caso de haber una vacante de un miembro electo será cubierta en una reunión de la iglesia debidamente convocada. Si una iglesia elige un comité de educación como parte de la junta de la iglesia deberá cumplir lo estipulado en el *Manual* en relación con el número mínimo de mayordomos y ecónomos (137; 141). El personal ex officio será miembro del comité, aunque algunos quizá no sean miembros de la junta de la iglesia.

Instruimos a nuestras iglesias locales a que elijan como oficiales sólo a personas que sean miembros activos de la iglesia local y profesen la experiencia de la entera santificación y cuyas vidas den testimonio público de la gracia de Dios que nos llama a una vida santa; que estén en armonía con las doctrinas, el gobierno y las prácticas de la Iglesia del Nazareno; y que sostengan fielmente a la iglesia local con su asistencia y sus diezmos y ofrendas. (39)

**Los deberes y facultades de la Junta de Ministerios Internacionales de Escuela Dominical y Discipulado o Comité de Educación** son:

**145.1.** Planear, organizar, promover y llevar a cabo el ministerio de educación cristiana de la iglesia local. Éste deberá realizarse sujeto al cuidado directo del pastor, el liderazgo del superintendente de Ministerios Internacionales de Escuela Dominical y Discipulado y la dirección de la junta de la iglesia local, de acuerdo con los objetivos y normas denominacionales establecidos por la Junta General y promovidos por medio del comité de Ministerios de Escuela Dominical y Comité de la JNI y de las oficinas de ministerios entre los adultos, de la JNI y entre los niños. Estos incluyen tanto el currículo como el programa de los ministerios entre los adultos y niños. La escuela dominical, grupos pequeños/estudios junto con el ministerio de predicación, constituye el medio principal de estudio de las Escrituras y doctrinas para la iglesia local. Las guarderías/escuelas nazarenas (desde recién nacidos hasta secundaria), y ministerios y sesiones de capacitación anuales/especiales, tales como Caravanas, escuelas bíblicas vacacionales y ministerios entre solteros, proveen oportunidades para poner en práctica las doctrinas bíblicas e integrarlas en la vida de la congregación. (414.15)

**145.2.** Alcanzar al mayor número de inconversos para Cristo y la iglesia, integrarlos al compañerismo de ésta, enseñarles la Palabra de Dios con eficiencia y dirigirlos hacia la experiencia de salvación; enseñar las doctrinas de la fe cristiana y el desarrollo del carácter, actitudes y hábitos de semejanza a Cristo; ayudar a establecer hogares cristianos; preparar a los creyentes para la feligresía y capacitarlos para ministerios cristianos apropiados.

**145.3.** Determinar el currículo de los diversos ministerios, usando siempre los materiales de la Iglesia del Nazareno para formar la base del estudio bíblico y la interpretación doctrinal.

**145.4.** Planear y organizar el ministerio total de escuela dominical de la iglesia local de acuerdo con el Reglamento Interno de MIEDD. (812)

**145.5.** Nominar en la reunión anual de la iglesia a una o más personas aprobadas por el pastor para el oficio de superintendente de escuela dominical. Las nominaciones deberán presentarse en una reunión en la que no esté presente el superintendente en funciones.

**145.6.** Nominar ante la junta de la iglesia a personas aprobadas por el pastor, para los oficios de director de ministerios entre los niños y director de ministerios entre los adultos.

**145.7.** Elegir los concilios de los departamentos de niños y de adultos de entre las nominaciones presentadas por los directores de ministerios entre los niños y los adultos, con aprobación del pastor y del superintendente de escuela dominical.

**145.8.** Elegir a todos los supervisores de departamentos, maestros y oficiales de escuela dominical, quienes deberán ser creyentes de vida ejemplar y estar en armonía total con las doctrinas y reglas de la Iglesia del Nazareno, de entre las nominaciones presentadas por el presidente de la JNI y los directores de ministerios entre los niños y los adultos. Las nominaciones deberán ser aprobadas por el pastor y el superintendente de escuela dominical.

**145.9.** Elegir a un director local de Cursos de Discipulado Cristiano quien deberá organizar, promover y supervisar oportunidades de capacitación regulares para los obreros de ministerios de escuela dominical y para toda la feligresía local. La Junta de Ministerios Internacionales de Escuela Dominical y Discipulado tendrá la opción de nombrar al director de Cursos de Discipulado Cristiano como miembro ex officio de esta junta.

**145.10.** Celebrar reuniones regulares y organizarse eligiendo a un secretario y otros oficiales que consideren necesarios al principio del año de Ministerios Internacionales de Escuela Dominical y Discipulado, que concordará con el año eclesiástico (114). El pastor o el superintendente de MIEDD podrán convocar a reuniones especiales.

**146. El Superintendente de Ministerios Internacionales de Escuela Dominical y Discipulado.** La reunión anual de la iglesia deberá elegir de entre sus miembros en plena comunión, por cédula y por voto de mayoría de los presentes y votantes, a un superintendente de escuela dominical para servir por un año (39) o hasta que su sucesor sea electo. La Junta de MIEDD, con la aprobación del pastor, podrá proponer que el superintendente de escuela dominical en funciones sea electo por voto de "sí" o "no". Cualquier vacante será cubierta por la iglesia local en una reunión de la iglesia debidamente convocada (113.11; 145.5). El superintendente de MIEDD recién electo será miembro ex officio de la asamblea de distrito (201), de la junta de la iglesia local (127) y de la Junta de MIEDD (145).

Instruimos a nuestras iglesias locales a que elijan como oficiales sólo a personas que sean miembros activos de la iglesia local y que profesen la experiencia de la entera santificación y cuyas vidas den testimonio público de la gracia de Dios que nos llama a una vida santa; que estén en armonía con las doctrinas, el gobierno y las prácticas de la Iglesia del Nazareno; y que sostengan fielmente a la iglesia local con su asistencia y sus diezmos y ofrendas. (39)

**Los deberes y facultades del superintendente de Ministerios Internacionales de Escuela Dominical** y Discipulado son:

**146.1.** Ejercer supervisión ejecutiva de  los Ministerios Internacionales  de Escuela Dominical y Discipulado  (MIEDD)de la iglesia local.

**146.2.** Administrar los Ministerios Internacionales de Escuela Dominical y Discipulado bajo lo estipulado en el Reglamento Interno de la MIEDD. (812)

**146.3.** Promover programas de crecimiento en matrícula, asistencia y capacitación de líderes.

**146.4.** Presidir las reuniones regulares de la Junta de Ministerios Internacionales de Escuela Dominical y Discipulado (MIEDD), o del Comité de Educación de la junta de la iglesia, y dirigir la Junta de Ministerios de Escuela Dominical en el desempeño de sus responsabilidades.

**146.5.** Presentar un presupuesto anual de MIEDD a la junta de la iglesia.

**146.6.** Presentar un informe mensual a la junta de la iglesia y un informe escrito a la reunión anual de la iglesia.

**147. Concilios y directores de niños/adultos.** La obra de ministerios de escuela dominical se organiza mejor por departamentos: niños, jóvenes y adultos. Cada departamento debe contar con un concilio responsable de organizar y administrar la obra. El concilio se compone del director del departamento y representantes de la escuela dominical y otros ministerios que la iglesia provea para esa edad. La tarea del concilio consiste en trabajar junto con el director del departamento en la planificación de ministerios para el departamento y hacer provisiones para que se lleven a la práctica. Todo trabajo de los concilios de niños y adultos está sujeto a la aprobación de su director y de la Junta de Ministerios de Escuela Dominical.

**Los deberes de los directores de departamentos** son:

**147.1.** Presidir el concilio del departamento que dirigen y guiarlo en la organización, promoción y coordinación del ministerio total de la escuela dominical para las personas de ese departamento.

**147.2.** Dirigir el departamento de la escuela dominical que les corresponda, promoviendo programas de crecimiento en matrícula y asistencia para niños, jóvenes o adultos en la iglesia local, en cooperación con la Junta de Ministerios de Escuela Dominical.

**147.3.** Dirigir ministerios adicionales de domingo, guardería/escuelas nazarenas (desde recién nacidos hasta secundaria), anuales y especiales, así como actividades de evangelismo y compañerismo del departamento que representa.

**147.4.** Nominar ante la Junta de Ministerios de Escuela Dominical a los líderes para los diversos ministerios asignados a su departamento, incluyendo supervisores de escuela dominical, maestros y oficiales, con la excepción de la JNI que nominará supervisores, maestros y oficiales de la escuela dominical de jóvenes (39). Las personas nominadas deberán ser aprobadas por el pastor y el superintendente de escuela dominical.

**147.5.** Obtener la aprobación de la Junta de Ministerios Internacionales de Escuela Dominical y Discipulado (MIEDD) antes de usar materiales de currículo suplementarios.

**147.6.** Proveer capacitación para obreros de los departamentos en cooperación con la Junta de Ministerios Internacionales de Escuela Dominical y Discipulado (MIEDD)y el director de Cursos de Discipulado Cristiano.

**147.7.** Presentar una solicitud de presupuesto anual a la Junta de Ministerios Internacionales de Escuela Dominical y Discipulado (MIEDD) y/o a la junta de la iglesia, y administrar los fondos de acuerdo con la aprobación de ese presupuesto.

**147.8.** Recibir todos los informes de los diversos ministerios que funcionen dentro del departamento de la iglesia local bajo su dirección. Presentar al superintendente de Ministeros Internacionales de Escuela Dominical y Discipulado un informe mensual de todos los Ministerios de Discipulado (escuela dominical/responsabilidades de ministerios extendidos/discipulado/estudios bíblicos).

**147.9.** Presentar un calendario trimestral de las actividades de su departamento a la Junta de Ministerios Internacionales de Escuela Dominical y Discipulado para coordinarlas con el ministerio total de escuela dominical de la iglesia local.

**148. Concilio de ministerios entre los niños.** El Concilio de Ministerios entre los Niños será responsable de planear el ministerio total de la escuela dominical y discipulado para niños en la iglesia local, desde recién nacidos hasta los 12 años de edad. El concilio se compondrá por lo menos de un representante de la escuela dominical/estudios bíblicos/grupos pequeños, y de los directores de otros ministerios que se ofrezcan en la iglesia local, como: iglesia infantil, Caravanas, escuela bíblica vacacional, esgrima bíblico, misiones, niños de cuna, y otros que se consideren necesarios. El tamaño del concilio variará de acuerdo con el número de ministerios que se estén ofreciendo a los niños en la iglesia local, a medida que se identifiquen las necesidades y que haya líderes disponibles.

**Los deberes del director de ministerios entre los niños** son:

**148.1.** Llevar a cabo las responsabilidades asignadas a todos los directores de departamentos en los párrafos 147.1-9.

**148.2.** Colaborar con el Comité Ejecutivo de MNI de la iglesia local en el nombramiento de un director de misiones entre niños. La persona nombrada será miembro del Concilio de MNI y del Concilio de Ministerios entre los Niños. Las nominaciones para esa posición deberán ser aprobadas por el pastor y el superintendente de escuela dominical.

**149. Concilio de Ministerios entre los Adultos.** El Concilio de Ministerios entre los Adultos será responsable de planear el ministerio total de la escuela dominical y discipulado para adultos en la iglesia local. El Concilio de Ministerios entre los Adultos se compondrá por lo menos de un representante de la escuela dominical/estudios bíblicos/grupos pequeños, y de los directores de otros ministerios que se ofrezcan en la iglesia local, como: matrimonio y vida familiar, ministerios entre ancianos, ministerios entre solteros, , ministerios para laicos, ministerios entre mujeres, ministerios entre hombres, y otros que se consideren necesarios. El tamaño del concilio variará de acuerdo con el número de ministerios que se estén ofreciendo a los adultos en la iglesia local, a medida que se identifiquen las necesidades y que haya líderes disponibles.

**Los deberes del director de ministerios entre los adultos** son:

**149.1.** Llevar a cabo las responsabilidades asignadas a todos los directores de departamentos en los párrafos 147.1-9.

# O. Juventud Nazarena Internacional/ concilio de la JNI

**150.** El ministerio juvenil nazareno de una iglesia local se organiza bajo el auspicio de la Juventud Nazarena Internacional (JNI). Los grupos locales se organizan bajo el Estatuto de la JNI y la autoridad de la junta de la iglesia local.

**150.1.** La JNI local se organizará de acuerdo con el Plan Local de Ministerio de la JNI, el cual podrá ser adaptado según las necesidades de la juventud local en armonía con el Estatuto de la JNI y el *Manual* de la Iglesia del Nazareno.

**150.2.** La JNI local será coordinada por un concilio de la JNI, el cual será responsable de planificar y organizar el ministerio juvenil de 12 años en adelante, de los estudiantes universitarios y de los de otras instituciones de educación superior, y de los jóvenes adultos, y en conjunto forjará la visión del ministerio juvenil local. Toda la obra del concilio de la JNI relacionada a la escuela dominical estará sujeta a la aprobación del superintendente de la escuela dominical y de la Junta de Ministerios de Escuela Dominical.

**150.3.** El concilio de la JNI estará compuesto del presidente y otros oficiales que tengan responsabilidades asignadas de ministerio de acuerdo con las necesidades de la iglesia local, de los representantes juveniles y directores de ministerios que se estimen necesarios y del pastor y/o del pastor de jóvenes locales. Los oficiales del concilio de la JNI serán miembros de la Iglesia del Nazareno local en la que sirvan. El concilio responderá a la junta local.

**150.4.** Los oficiales y los miembros del concilio serán elegidos por la membresía de la JNI. Sólo los miembros de la JNI que también lo sean de la Iglesia del Nazareno local podrán votar por el presidente de la JNI.

**151. Presidente de la JNI.** El presidente del grupo de la Juventud Nazarena Internacional local (JNI) será elegido por los miembros presentes en la reunión anual de la JNI que también lo sean de la Iglesia del Nazareno y de acuerdo con el Plan Local de Ministerio de la JNI. Los candidatos deberán ser aprobados por el pastor y la junta local. El presidente de la JNI será miembro ex officio de la junta de la iglesia (127), de la Junta de Ministerios Internacionales de Escuela Dominical y Discipulado (145), y de la asamblea de distrito (201). En caso de que el término "presidente" no signifique lo que se quiere en alguna cultura en particular, el concilio de la JNI local adoptará por voto el uso de un título más adecuado.

**Los deberes del presidente de la JNI** son:

**151.1.** Presidir el concilio de la JNI en su función de facilitador del desarrollo del ministerio juvenil de la iglesia local.

**151.2.** Colaborar con el presidente de MNI en el desarrollo de un énfasis misionero para la juventud.

**151.3.** Llevar a cabo las responsabilidades para la escuela dominical de jóvenes que han sido asignadas a los directores de departamentos en los párrafos 147.1-9.

**151.4.** Presentar un informe mensual a la junta de la iglesia local y un informe en la reunión anual de la iglesia local. (113.9; 127)

**151.5.** En aquella iglesia en la que se emplee a un pastor de jóvenes, el pastor, en consulta con la junta local y el Concilio de la JNI, le asignará a aquél la responsabilidad de la JNI. En tal caso el pastor de jóvenes cumplirá con algunos de los deberes que de otra manera le hubieran sido designados al presidente de la JNI local. Sin embargo, el proveer liderazgo laico, apoyo y representación para el ministerio juvenil local hace que prevalezca la importancia del presidente de la JNI. El pastor, el pastor de jóvenes y el Concilio de la JNI colaborarán para definir las funciones y responsabilidades de los dos cargos y la manera en que juntos contribuirán al bienestar del ministerio juvenil de la iglesia. El pastor de jóvenes no podrá fungir como presidente de la JNI. (160.4)

## P. Guarderías/escuelas nazarenas
## (Desde recién nacidos hasta secundaria)

**152.** Las guarderías/escuela nazarenas (desde recién nacidos hasta secundaria) podrán ser organizadas por la(s) junta(s) de la(s) iglesia(s) local(es) después de recibir la aprobación del superintendente de distrito y la Junta Consultora de Distrito, y rendirá un informe anual a la junta de la iglesia local siguiendo los criterios estipulados por el Departamento de Ministerios infantiles/Ministerios Internacionales de Escuela Dominical y Discipulado. El director y la junta de la escuela responderán y presentarán un informe anual a la(s) junta(s) de la(s) iglesia(s) local(es). (129.18; 208.14-14; 222.11; 414.15; 415)

**152.1. Cierre de una escuela.** En caso de que una iglesia local considere necesario suspender las operaciones de su(s) guardería(s)/escuela(s) nazarena(s) (desde recién nacidos hasta secundaria) sólo lo hará después de consultar con el superintendente de distrito y la Junta Consultora de Distrito, y de presentar un informe financiero.

## Q. Misiones Nazarenas Internacionales local

**153.** Con la autorización de la junta de la iglesia, se pueden formar organizaciones locales de Misiones Nazarenas Internacionales en los departamentos por edades, de acuerdo con la Constitución de MNI aprobada por la Convención Global de Misiones Nazarenas Internacionales y el Comité Global de Servicios de Ministerio de la Junta General. (811)

**153.1.** Misiones Nazarenas Internacionales local será una parte constitutiva de la iglesia local y estará sujeta a la supervisión y dirección del pastor y de la junta de la iglesia. (415)

**153.2.** El presidente de MNI local será nominado por un comité nominativo de tres a siete miembros de la MNI nombrados por el pastor, quien será su presidente. Este comité presentará uno o más nombres para el oficio de presidente, sujeto a la aprobación de la junta local. El presidente será electo por cédula y por voto de mayoría de los miembros (excluyendo los asociados) presentes y votantes. El presidente debe ser miembro de la iglesia local en cuya MNI presta servicios, miembro ex officio de la junta de la iglesia (o en el caso de que la presidenta sea la esposa del pastor, el vicepresidente podrá tomar su lugar en la junta de la iglesia) y miembro de la asamblea de distrito anterior a su año de servicio. El presidente presentará un informe en la reunión anual de la iglesia local. (113.9; 114; 123; 127; 201)

**154.** Todos los fondos recaudados por MNI local para los intereses generales de la Iglesia del Nazareno se aplicarán al pago del Fondo para la Evangelización Mundial asignado a la iglesia local, exceptuando los proyectos especiales de misiones que han sido aprobados por el Comité de Diez por Ciento.

**154.1.** Después que se le haya dado consideración primaria al pago total del Fondo para la Evangelización Mundial, pueden darse oportunidades para ofrendar para el sostenimiento de la obra misionera mundial. A estas contribuciones se le denomina "aprobados especiales de misiones".

**155.** Los fondos para el sostenimiento de los intereses generales se colectarán de la siguiente manera:

**155.1.** De donativos y ofrendas designados para el Fondo para la Evangelización Mundial e intereses generales.

**155.2.** De ofrendas especiales como las de Resurrección y Acción de Gracias.**155.3.** Ninguna porción de los fondos mencionados se usará para gastos locales o de distrito o para fines caritativos.

## R. Prohibiciones de solicitudes financieras

**156.** No se permite a una iglesia local ni a sus oficiales o miembros solicitar de otras iglesias, ni de sus oficiales o miembros, ayuda financiera para sus necesidades e intereses locales. Sin embargo, tales solicitudes pueden hacerse a las iglesias locales o miembros de ellas dentro de los linderos del distrito de asamblea donde está ubicada la iglesia solicitante, pero sólo con la condición de que dicha solicitud sea aprobada por escrito por el superintendente de distrito y la Junta Consultora de Distrito.

**157.** Ningún miembro de la Iglesia del Nazareno que no esté autorizado por la Junta General o uno de sus comités solicitará fondos para actividades misioneras u otras semejantes, aparte del Fondo para la Evangelización Mundial, ni a las congregaciones de iglesias locales ni a los miembros de dichas iglesias.

## S. Uso del nombre de la iglesia

**158.** El nombre de la Iglesia del Nazareno, de una iglesia local o de una entidad jurídica o institución que esté afiliada de algún modo a la Iglesia del Nazareno, o parte de alguno de esos nombres, no podrá ser usado por uno o más de sus miembros ni ninguna entidad jurídica, sociedad, asociación, grupo u otra entidad en conexión con cualquier actividad (sea comercial, social, educativa, caritativa o de otra naturaleza) sin la previa aprobación por escrito de la Junta General de la Iglesia del Nazareno y de la Junta de Superintendentes Generales, teniendo en cuenta, sin embargo, que esta estipulación no se aplicará a las actividades de la Iglesia del Nazareno autorizadas por su *Manual* oficial.

## T. Entidades jurídicas auspiciadas por la iglesia

**159.** Ninguna iglesia local, junta de iglesia local, entidad jurídica de distrito, junta de distrito ni cualquiera de dos o más miembros de ellas, actuando individualmente o de otra manera, formarán, directa o indirectamente, o se harán miembros de una entidad jurídica, asociación, sociedad, grupo u otra entidad que auspicie, patrocine, propague, o en alguna forma participe en alguna actividad (sea comercial, social, educativa, caritativa o de otra naturaleza) en la que se presenten peticiones a los miembros de la Iglesia del Nazareno o sean abordados como posibles participantes, clientes, inquilinos, miembros o asociados en alguna actividad (sea comercial, social, educativa, caritativa o de otra naturaleza) que directa o indirectamente pretenda ser auspiciada u operada primordial o exclusivamente por miembros de la Iglesia del Nazareno o para su beneficio o servicio, sin el previo consentimiento expreso, por escrito, del superintendente de distrito y de la Junta Consultora de Distrito, y la Junta de Superintendentes Generales.

## U. Asociados en la iglesia local

**160.** Posiblemente haya algunas personas que se sientan llamadas a prepararse para ciertos servicios laicos de importancia vital en la iglesia, dedicando a ello una parte o todo su tiempo. La iglesia reconoce el lugar de estos obreros laicos; no obstante, está constituida básicamente como una institución voluntaria, en la cual el servicio a Dios y al prójimo es el deber y privilegio de todos sus miembros conforme a sus capacidades. Cuando para mayor eficiencia en la iglesia local, o en alguna organización subsidiaria y/o entidades jurídicas afiliadas de la congregación local sea necesario tener asociados bajo sueldo, ya sean ministros o laicos, dicha ayuda deberá ser tal que no mengüe el espíritu de servicio gratuito ofrecido por todos sus miembros, ni agote los recursos financieros de la iglesia incluyendo el pago de todas las asignaciones presupuestarias. Sin embargo, para pedir una excepción en casos especiales se puede presentar una solicitud por escrito para ser revisada por el superintendente de distrito y la Junta Consultora de Distrito. (129.27)

**160.1.** Todos los asociados locales, con o sin salario, que provean ministerios especializados dentro del contexto de la iglesia local y entren en una relación de ministerio vocacional dentro de la iglesia,

incluyendo a los directores de guarderías/escuelas (desde recién nacidos hasta secundaria) serán electos por la junta de la iglesia después de
haber sido nominados por el pastor. Todas las nominaciones deberán
ser aprobadas previamente, por escrito, por el superintendente de
distrito, quien contestará dentro de los 15 días después de recibir la
petición. (160.4; 208.13)

**160.2.** El empleo de tales asociados no será por más de un año y
podrá renovarse por recomendación del pastor, con la aprobación
escrita previa del superintendente de distrito y el voto favorable de la
junta de la iglesia. El pastor será responsable de conducir una evaluación anual de cada miembro de su personal. El pastor, en consulta
con la junta de la iglesia, puede hacer recomendaciones para el desarrollo de su personal o modificaciones en la descripción de trabajo
que se deriven de la evaluación. El despido de todos los asociados
locales antes de terminar su período de empleo (fin del año eclesiástico fiscal) se hará por recomendación del pastor, con la aprobación del
superintendente de distrito y el voto mayoritario de la junta de la
iglesia. La notificación de despido o no renovación del contrato se
hará por escrito, no menos de 30 días antes de que termine el período
de empleo. (129.27)

**160.3.** Los deberes y servicios de los ayudantes serán determinados y supervisados por el pastor. Se deberá entregar a tales ayudantes
una clara descripción escrita de responsabilidades (descripción de
trabajo) dentro de los 30 días después del comienzo de sus responsabilidades en la iglesia local.

**160.4.** Ningún empleado bajo sueldo de la iglesia podrá ser electo
como miembro de la junta de la iglesia. Si algún miembro de la junta
de la iglesia se convirtiera en empleado bajo sueldo de la iglesia dejará
de ser miembro de la junta de la iglesia.

**160.5.** La estabilidad, unidad y continuidad del ministerio de la
iglesia local es crucial durante el tiempo de una transición pastoral.
Por consiguiente, cuando un pastor renuncia o termina su servicio
cualquier personal asociado también deberá presentar su renuncia al
mismo tiempo que el pastor. La junta de la iglesia local puede solicitar
que el superintendente de distrito apruebe la continuidad del servicio
de alguno de los ayudantes o todos. Esta aprobación, de otorgarse,
podría continuar hasta 90 días después de que el nuevo pastor dé
principio a sus deberes o hasta que el pastor entrante nomine a sus
ayudantes para el nuevo año, de acuerdo con el párrafo 160. Los directores de escuelas diarias deberán presentar su renuncia efectiva al
final del año escolar en que el nuevo pastor asuma las responsabilidades de su cargo. El director ejecutivo de cualquier organización subsidiaria y/o entidad jurídica afiliada presentará su renuncia al final del
período contractual en que el nuevo pastor asuma sus responsabilida-

des. El nuevo pastor tendrá el derecho de recomendar que se emplee a miembros del personal previamente empleado.

**160.6**. El superintendente de distrito tendrá la responsabilidad de comunicarse con los miembros del personal, la junta de la iglesia y la congregación, respecto a la forma en que lo prescrito en el párrafo 160.5 afectará a los miembros del personal cuando ocurra un cambio pastoral. (208.13)

**160.7**. El pastor de una congregación que tenga la aprobación para fungir como iglesia local de acuerdo con el párrafo 100.1 no será considerado miembro del personal.

**160.8**. Ningún miembro del personal bajo sueldo de una iglesia local podrá ser llamado como pastor de la iglesia de la cual es miembro sin la aprobación de la Junta Consultora de Distrito. (115, 129.2, 208.10, 222.12)

# CAPÍTULO II

## LA ASAMBLEA DE DISTRITO

### A. Linderos y nombre

**200**. La Asamblea General organizará a los miembros de la iglesia en distritos.

Un distrito es una entidad formada por iglesias locales interdependientes organizadas para facilitar la misión de cada iglesia local a través del apoyo mutuo, el compartir recursos y la colaboración.

Los linderos y el nombre de un distrito serán los fijados por la Asamblea General, o por la asamblea del mismo distrito, con la aprobación final del (de los) superintendente(s) general(es) en jurisdicción. (30)

**200.1**. La Creación de Nuevos Distritos. En la Iglesia del Nazareno se pueden crear nuevos distritos por:

1. La división de un distrito en dos o más distritos (requiere el voto favorable de las dos terceras partes de la asamblea de distrito);

2. La combinación de dos o más distritos de la cual puede crearse una configuración distinta de distritos;

3. La formación de un nuevo distrito en un área que no esté incluida en un distrito existente;

4. La fusión de dos o más distritos; o

5. Una recomendación para establecer un nuevo distrito se presentará al (a los) superintendente(s) general(es) en jurisdicción. El (los) superintendente(s) de distrito y la(s) Junta(s) Consultora(s) de Distrito o junta(s) nacional(es) pueden aprobar el asunto y referirlo a la(s) asamblea(s) de distrito para someterlo a votación con la aprobación del (de los) superintendente(s) general(es) en jurisdicción y la Junta de Superintendentes Generales. (30; 200; 200.4)

**200.2**. La obra en la Iglesia del Nazareno puede empezar como área pionera y conducir al establecimiento de nuevos distritos y nuevos linderos de asambleas de distritos. Los distritos de Fase 3 pueden surgir tan pronto como sea posible de acuerdo con el siguiente modelo:

**Fase 1**. Un distrito será designado como Fase 1 cuando se presente la oportunidad para entrar a una nueva área, dentro de las directrices para el desarrollo estratégico y el evangelismo. La solicitud puede ser hecha por un director regional, por un distrito por medio del Concilio Consultivo Regional o por el superintendente del distrito auspiciador y/o la Junta Consultora de Distrito para las aprobaciones finales por el (los) superintendente(s) general(es) en jurisdicción y la Junta de Superintendentes Generales. (200.1, #5)

El superintendente de un distrito de Fase 1 en regiones en jurisdicción de la oficina de Misión Global será recomendado por el direc-

El superintendente de un distrito de Fase 1 en regiones en jurisdicción de la oficina de Misión Global será recomendado por el director regional, en consulta con el director de la oficina de Misión Global, al superintendente general en jurisdicción quien hará la
asignación. La región guiará al distrito de Fase 1 respecto a los recursos disponibles para su desarrollo. En otras regiones, el superintendente de distrito será asignado por el superintendente general en jurisdicción después de consultar con el(los) superintendente(s) y la(s)
Junta(s) Consultora(s) del(los) distrito(s) auspiciador(es). (204.2)

Cuando, según la opinión del coordinador de estrategia de área y
del director regional, un distrito de Fase 1 en regiones relacionadas
con la oficina de Misión Global, sufra una crisis —financiera, moral o
de otra índole— y tal crisis afecte seriamente la estabilidad y el futuro
del distrito, éste podrá ser declarado en crisis con la aprobación del
superintendente general en jurisdicción y en consulta con el director
de la oficina de Misión Global. El director regional, con la aprobación del superintendente general en jurisdicción, podrá nombrar una
junta interina para la administración del distrito y en lugar de todas
las juntas existentes, hasta la siguiente asamblea de distrito programada regularmente. En aquellos distritos que no estén bajo un director
regional y Concilio Consultivo Regional, el superintendente general
en jurisdicción, en consulta con la Junta de Superintendentes Generales, podrá hacer tal determinación.

**Fase 2**. Un distrito puede ser designado como Fase 2 cuando tenga un número suficiente de iglesias organizadas y ministros ordenados
y una infraestructura distrital con madurez adecuada para recomendar
tal designación.

Tal designación la hará la Junta de Superintendentes Generales,
por recomendación del superintendente general en jurisdicción, después de consultar con el director de la oficina de Misión Global , el
director regional, y otras personas y juntas relacionadas con el nombramiento del superintendente de distrito. Un superintendente de
distrito será electo o nombrado.

Las directrices cuantitativas serán un mínimo de 10 iglesias organizadas, 500 miembros en plena comunión, 5 ministros ordenados, y
un mínimo del 50 por ciento de los gastos administrativos distritales
deberán ser cubiertos por los ingresos que generen los ministerios de
distrito al tiempo de la designación. Una Junta Consultora de Distrito o una junta nacional puede pedir al superintendente general en
jurisdicción que haga una excepción a esta directriz. (204.2)

Cuando, según la opinión del coordinador de estrategia de área y
del director regional, un distrito de Fase 2 en regiones relacionadas
con la oficina de Misión Global , sufra una crisis —financiera, moral
o de otra índole— y tal crisis afecte seriamente la estabilidad y el futu-

ro del distrito, éste podrá ser declarado en crisis con la aprobación del superintendente general en jurisdicción y en consulta con el director de la oficina de Misión Global . El director regional, con la aprobación del superintendente general en jurisdicción, podrá nombrar una junta interina para la administración del distrito y en lugar de todas las juntas existentes, hasta la siguiente asamblea de distrito programada regularmente. En aquellos distritos que no estén bajo un director regional y Concilio Consultivo Regional, el superintendente general en jurisdicción, en consulta con la Junta de Superintendentes Generales, podrá tomar tal determinación.

**Fase 3**. Un distrito puede ser declarado como Fase 3 cuando tenga un número suficiente de iglesias organizadas y ministros ordenados y miembros para garantizar tal designación. Debe demostrar que tiene liderazgo, infraestructura, responsabilidad presupuestaria e integridad doctrinal. Un distrito de Fase 3 debe ser capaz de asumir estas responsabilidades y compartir los desafíos de la Gran Comisión dentro del ámbito global de una iglesia internacional.

Tal designación la hará la Junta de Superintendentes Generales, por recomendación del superintendente general en jurisdicción, después de consultar con el director del departamento, el director regional, y otras personas y juntas relacionadas con el nombramiento del superintendente de distrito. (203.13) Un superintendente de distrito será seleccionado según las provisiones del *Manual*.

Las directrices cuantitativas incluyen un mínimo de 20 iglesias organizadas, 1,000 miembros en plena comunión y 10 ministros ordenados. Una Junta Consultora de Distrito o una junta nacional puede pedir al superintendente general en jurisdicción que haga una excepción a esta directriz.

Un distrito de Fase 3 debe tener el 100 por ciento del sostén propio en cuanto a la administración distrital. El superintendente del distrito será electo por la asamblea de distrito según las provisiones del *Manual*. Los distritos de Fase 3 forman parte integral de sus regiones respectivas. En regiones que tengan director regional, el superintendente general en jurisdicción puede solicitar la ayuda del director regional para facilitar la comunicación con el distrito y la supervisión del mismo.

Cuando, según la opinión de un superintendente general en jurisdicción, un distrito sufra una crisis —financiera, moral o de otra índole— y tal crisis afecte seriamente la estabilidad y el futuro del distrito, éste podrá ser declarado en crisis con la aprobación de la Junta de Superintendentes Generales y el Comité Ejecutivo de la Junta General. El superintendente general en jurisdicción, con la aprobación de la Junta de Superintendentes Generales y el Comité Ejecutivo de la Junta General, puede tomar la siguiente acción: (1) destituir al superintendente de distrito; (2) nombrar una junta interina para la administración del distrito y en lugar de todas las juntas existentes, hasta la siguiente asamblea de distrito programada regularmente; e (3) iniciar las intervenciones especiales que sean necesarias para restaurar la salud del distrito y la eficacia de su misión. (307.9; 322)

**200.3. Criterio para la División de Distrito o Cambio de los Linderos Distritales**. Una propuesta para la creación de un distrito o un cambio de los linderos distritales formulado por una oficina regional, una junta nacional o una Junta Consultora de Distrito puede presentársele al superintendente general en jurisdicción. Tal plan debe tomar en consideración:

1. Que los nuevos distritos propuestos tengan centros de población que justifiquen la creación de tales distritos.

2. Que existan medios de comunicación y transporte para facilitar la obra de los distritos.

3. Que haya un número suficiente de ministros ordenados y líderes laicos maduros para llevar a cabo la obra del distrito.

4. Que los distritos auspiciadores tengan, en cada caso posible, suficientes ingresos en el fondo para los ministerios de distrito, suficiente membresía e iglesias organizadas para mantener su categoría como distrito de Fase 3.

**200.4. Fusiones**. Dos o más distritos de Fase 3 podrán fusionarse previo voto favorable de las dos terceras partes de cada una de las asambleas de distrito participantes, siempre y cuando: La fusión haya sido recomendada por las respectivas juntas consultoras de distrito (y junta{s} nacional{es} donde se aplique) y aprobadas por escrito por los superintendentes generales en jurisdicción de los distritos participantes.

La fusión y todos los asuntos pertinentes relacionados deberán finalizarse en el tiempo y lugar determinados por las asambleas de distrito participantes, y los respectivos superintendentes generales en jurisdicción.

La organización así creada combinará los activos y pasivos de los respectivos distritos. (200.1)

Distritos de Fase 1 y Fase 2 pueden fusionarse de acuerdo con las provisiones para la formación de un nuevo distrito descritas en el párrafo 200.2.

**200.5**. Si alguna de las asambleas de distrito participantes no toma una decisión o ninguna de ellas lo hace o si las decisiones de las diferentes asambleas de distrito están en desacuerdo, la recomendación puede ser presentada a la siguiente Asamblea General para votación, si es solicitada por el voto de las dos terceras partes de las juntas consultoras de los distritos participantes.

**200.6.** Un superintendente de distrito podrá usar facilitadores de zona o directores de área de misión para ayudar en:

1. Desarrollar un sentido de comunidad y camaradería entre los pastores de esa zona o área de misión;

2. Promover la causa de Cristo proporcionando aliento y estrategias para el desarrollo ministerial, crecimiento de la iglesia, evangelismo, inicio y reinicio de iglesias;

3. Realizar asignaciones específicas de parte del superintendente de distrito y la Junta Consultora de Distrito; y

4. Servir como puente de comunicación entre las congregaciones locales y el distrito.

## B. Membresía y Fecha de Reuniones

**201. Membresía.** La asamblea de distrito se formará de todos los presbíteros asignados (431-31.3; 432-32.1; 435.9), todos los diáconos asignados (430-30.4; 435.9), todos los ministros licenciados asignados (429.8), todos los ministros jubilados asignados (433-33.1), el secretario de distrito (216.2), el tesorero de distrito (219.2), los presidentes de comités permanentes de distrito que informen a la asamblea de distrito, los presidentes laicos de instituciones nazarenas de educación superior que tengan su membresía en el distrito, el presidente de la Junta de Ministerios Internacionales de Escuela Dominical y Discipulado de Distrito (238.2), los directores de distrito de los ministerios de divisiones por edades (niños y adultos); la Junta de Ministerios Internacionales de Escuela Dominical y Discipulado de Distrito, el presidente de la Juventud Nazarena Internacional de Distrito (239.4), el presidente de Misiones Nazarenas Internacionales de Distrito (240.2), el recién electo superintendente o vice superintendente de cada Junta de Ministerios Internacionales de Escuela Dominical y Discipulado local (146), el recién electo presidente o vicepresidente de cada Juventud Nazarena Internacional local (151), el recién electo presidente o vicepresidente de cada Misiones Nazarenas Internacionales local (153.2) o un suplente debidamente electo podrá representar a MNI, JNI, y MIEDD en la asamblea de distrito, los que sirven en funciones asignadas de ministerio de acuerdo con los párrafos 402-425.1, los miembros laicos de la Junta Consultora de Distrito (221.3), los misioneros globales laicos cuya membresía de la iglesia local esté en el Distrito, todos los misioneros globales laicos asignados y jubilados cuya membresía local esté en el distrito y los delegados laicos de cada iglesia local en el distrito de asamblea. (30; 113.13; 201.1-2)

**201.1.** Las iglesias locales en distritos con menos de 5,000 miembros en plena comunión tendrán derecho a representación en la asamblea de distrito como sigue: dos delegados laicos de cada iglesia

local de 50 o menos miembros en plena comunión y un delegado
laico adicional por cada 50 miembros en plena comunión sucesivamente y la porción final mayor de 50 miembros en plena comunión.
(30; 113.14; 201)

**201.2.** Las iglesias locales en distritos con 5,000 o más miembros
en plena comunión tendrán derecho a representación en la asamblea
de distrito como sigue: un delegado laico de cada iglesia local de 50 o
menos miembros en plena comunión y un delegado laico adicional
por cada 50 miembros en plena comunión sucesivamente y la porción
final mayor de 50 miembros en plena comunión. (30; 113.14; 201)

**202. Fecha.** La asamblea de distrito se reunirá anualmente, en la
fecha señalada por el superintendente general en jurisdicción y en el
lugar designado por la Junta Consultora de Distrito o en el lugar pre-
parado por el superintendente de distrito.

**202.1. Comité Nominativo.** Antes de la convocación de la asamblea de distrito, el superintendente de distrito en consulta con la Junta Consultora de Distrito designará un comité nominativo para la
asamblea de distrito; este comité podrá preparar las nominaciones
para los comités y oficiales antes que se reúna la asamblea de distrito.
(212.2)

# C. Negocios de la Asamblea de Distrito

**203. Reglas de Orden.** Sujetos a la ley aplicable, al Estatuto de la
Personería Jurídica y a los Reglamentos de Gobierno del Manual, las
sesiones y los negocios de los miembros de la Iglesia del Nazareno a
nivel local, de distrito y general y los comités de la entidad jurídica
serán regulados y controlados de acuerdo con las Reglas de Orden, de
Robert (última edición) en lo relacionado con los procedimientos
parlamentarios. (40)

**203.1. Los negocios de la Asamblea de Distrito** serán:

**203.2.** Oír y recibir un informe anual del superintendente de distrito que resuma el ministerio del distrito, incluyendo a las nuevas
iglesias organizadas.

**203.3.** Oír o recibir informes de todos los presbíteros, ministros
licenciados que sirvan como pastores o evangelistas comisionados y
considerar el carácter de todos los presbíteros, diáconos y diaconisas.
Por voto de la asamblea de distrito, el archivo de los informes escritos
recibidos por el secretario puede aceptarse en lugar de los informes
orales de todos los demás presbíteros, diáconos, diaconisas y ministros
licenciados que no estén en servicio activo y de aquellos ministros con
certificados de distrito para todas las funciones del ministerio según
los párrafos 402-425.1. (419; 429.8; 435.9)

**203.4.** Después de un examen cuidadoso, conceder licencia de
ministro a personas que hayan sido recomendadas por las juntas de las

iglesias o la Junta Consultora de Distrito y en quienes se reconozca el llamamiento al ministerio y renovar dichas licencias, por recomendación favorable de la Junta de Credenciales Ministeriales (129.14; 428.5; 429.1, 3)

**203.5.** Después de un examen cuidadoso, renovar la licencia de diaconisa a personas que hayan sido recomendadas por las juntas de las iglesias y en quienes se reconozca el llamamiento al oficio de diaconisa, por recomendación favorable de la Junta de Credenciales Ministeriales. (129.15)

**203.6.** Elegir para recibir las órdenes de presbítero o las órdenes de diácono, a las personas que, según su criterio, hayan llenado todos los requisitos para tales órdenes por recomendación favorable de la Junta de Credenciales Ministeriales. (430.3; 431.3)

**203.7.** Reconocer las órdenes de ministerio y credenciales de personas provenientes de otras denominaciones a quienes juzgue calificadas y dignas para servir en la Iglesia del Nazareno, por recomendación favorable de la Junta de Credenciales Ministeriales. (429.2; 432.-32.2)

**203.8.** Recibir, por traslado de otros distritos, a personas con credenciales ministeriales, miembros del cuerpo ministerial y a aquellos con comisiones de funciones ministeriales continuas de acuerdo con los párrafos 402; 406-409.1, incluyendo a los que estén en proceso de traslado aprobado por la Junta Consultora de Distrito, a quienes juzgue dignos para la membresía en la asamblea de distrito, por recomendación favorable de la Junta de Credenciales Ministeriales. (228.9-10; 434-34.1)

**203.9.** Extender una carta de traslado a miembros del cuerpo ministerial y a aquellos con comisiones de funciones ministeriales continuas de acuerdo con los párrafos 402; 406-409.1, incluyendo a los que estén en proceso de traslado aprobado por la Junta Consultora de Distrito, que deseen trasladarse a otro distrito, por recomendación favorable de la Junta de Credenciales Ministeriales. (228.9-10; 434-34.1)

**203.10.** Comisionar o registrar por un año a las personas que considere calificadas para las funciones de ministerio mencionadas y definidas en los párrafos 402-425.1, por recomendación favorable de la Junta de Credenciales Ministeriales.

**203.11.** Elegir, por voto favorable de dos terceras partes, por cédula, a un presbítero para el oficio de superintendente de distrito, quien servirá hasta 30 días después de la clausura de la segunda asamblea de distrito subsecuente a su elección y hasta que su sucesor sea electo o designado y debidamente acreditado. El procedimiento para la reelección de un superintendente de distrito será por voto escrito de "sí" o "no". Ningún presbítero que en alguna ocasión haya entregado sus credenciales por razones disciplinarias será considerado elegible para este oficio. Ningún superintendente será elegido o reelegido después que haya cumplido 70 años de edad.

**203.12**. Después que un superintendente de distrito, de un distrito de Fase 2 o Fase 3 (200.2), haya servido al distrito por lo menos dos años eclesiásticos, la asamblea de distrito podrá reelegirlo por un período de cuatro años, sujeto a la aprobación del superintendente general en jurisdicción. El procedimiento para la elección a un período de servicio extendido será por voto escrito de "sí" o "no", y requerirá el voto favorable de dos terceras partes.

**203.13**. En caso de que el superintendente general y los oficiales del distrito, es decir, la Junta Consultora de Distrito, el presidente de la Junta de Ministerios Internacionales de Escuela Dominical y Discipulado de Distrito , el presidente de la MNI de Distrito, el presidente de la JNI de Distrito, el secretario de distrito y el tesorero de distrito opinen que los servicios del superintendente de distrito no deben continuar después del corriente año, el superintendente general en jurisdicción y los oficiales del distrito podrán ordenar que el asunto sea sometido a votación en la asamblea de distrito. El asunto se presentará a la asamblea en la forma siguiente: "¿Continuará en su cargo el actual superintendente de distrito después de esta asamblea de distrito?"

Si la asamblea de distrito, por voto escrito de dos terceras partes, decide que el superintendente de distrito continúe en su cargo, éste seguirá sirviendo en tal capacidad como si nunca se hubiera votado sobre dicho asunto.

Sin embargo, si por voto la asamblea de distrito decide que el superintendente de distrito no continúe en su cargo, el período de su función terminará 30-180 días después de concluir esa asamblea de distrito, siendo la fecha determinada por el superintendente general en jurisdicción en consulta con los oficiales del distrito. (204.2; 206)

**203.14**. Elegir, por cédula, hasta tres ministros ordenados asignados y hasta tres laicos para formar la Junta Consultora de Distrito, quienes servirán por un período que no exceda cuatro años, como lo determine la asamblea de distrito y hasta que sus sucesores sean electos y acreditados. Sin embargo, cuando el distrito llegue a tener una membresía total de más de 5,000 podrá elegir un ministro ordenado asignado adicional y un laico adicional por cada 2,500 miembros sucesivos y por la porción final mayor de 2,500 miembros. (221)

**203.15**. Elegir una Junta de Credenciales Ministeriales de Distrito compuesta de no menos de 5 ni más de 15 ministros ordenados asignados, uno de los cuales será el superintendente de distrito, para servir por cuatro años y hasta que sus sucesores sean electos y acreditados. Esta junta se reunirá previo a la asamblea de distrito para considerar todas las cuestiones bajo su jurisdicción y, hasta donde sea posible, terminar su trabajo antes de la asamblea de distrito. (226-228.10)

**203.16.** Elegir una Junta de Estudios Ministeriales de Distrito de cinco o más ministros ordenados asignados, quienes servirán cuatro años y hasta que sus sucesores sean electos y acreditados. (229)

**203.17.** A fin de facilitar mayor flexibilidad en los distritos en el uso de las personas más apropiadas para asignaciones específicas en la preparación de candidatos a ordenación, los distritos podrán elegir el número total necesario para servir en la Junta de Credenciales Ministeriales de Distrito y en la Junta de Estudios Ministeriales de Distrito como Junta de Ministerio de Distrito.

En la primera reunión de la Junta del Ministerio de Distrito, el superintendente de distrito podrá organizar al grupo como Junta de Credenciales Ministeriales y Junta de Estudios Ministeriales, Comité de Rehabilitación, y cualquier otro comité que crea necesario. (226; 229)

**203.18.** Elegir una Junta de Propiedades de la Iglesia de Distrito de acuerdo con las provisiones del párrafo 233. (204.1)

**203.19.** Elegir, a su discreción, cualquiera de los dos siguientes, o ambos: (1) Una Junta de Evangelismo de Distrito, formada por no menos de seis miembros, incluyendo al superintendente de distrito; (2) un director de evangelismo de distrito. Ambos han de fungir hasta la clausura de la siguiente asamblea de distrito y hasta que sus sucesores hayan sido electos y acreditados. (204.1; 212)

**203.20.** Elegir una Junta de Ministerios Internacionales de Escuela Dominical y Discipulado de Distrito de acuerdo con el procedimiento estipulado en el párrafo 237, para servir hasta que sus sucesores sean electos y acreditados. (204.1; 212)

**203.21.** Elegir un Comité de Finanzas de la Asamblea de Distrito de igual número de representantes laicos y ministros asignados para servir por un término que no exceda de cuatro años, como lo determine la asamblea de distrito, y hasta que sus sucesores sean electos y acreditados. El superintendente de distrito y el tesorero de distrito serán miembros ex officio. (235- 235.3)

**203.22.** Elegir una Corte de Apelaciones de Distrito formada de cinco ministros ordenados asignados, incluyendo al superintendente de distrito, para servir por un período no mayor de cuatro años y hasta que sus sucesores sean electos y acreditados. (509)

**203.23.** Elegir, por cédula, en una sesión dentro de los 16 meses antes que sesione la Asamblea General, o dentro de los 24 meses en áreas en las que se necesite más tiempo para obtener visas o hacer otros preparativos extraordinarios, a todos los delegados laicos y todos los delegados ministeriales, excepto uno, puesto que el superintenden-

te de distrito ha de ser uno de ellos. Cada asamblea de distrito de Fase
3 tendrá derecho a ser representada en la Asamblea General por un
número igual de delegados laicos y ministeriales. El superintendente
de distrito que funja durante la Asamblea General será uno de los
delegados ministeriales y el resto de los delegados ministeriales serán
presbíteros. En caso de que el superintendente de distrito no pueda
asistir o de que la superintendencia esté vacante y el sucesor no haya
sido nombrado, el delegado suplente debidamente electo ocupará el
lugar del superintendente de distrito. El comité nominativo presentará una cédula nominativa con una lista compuesta por el número de
delegados elegibles de ese distrito multiplicada por seis, tanto ministeriales como laicos. De estos nombres, el número de personas para la
cédula de votación será reducido a no más de tres veces el número
para ser electo. Entonces, serán electos por voto de pluralidad (mayoría simple) los delegados y suplentes de acuerdo con los párrafos
301.1-3. Cada Asamblea de Distrito puede elegir suplentes que no
excedan el doble del número de delegados. En situaciones donde sea
difícil obtener la visa para viajar, una asamblea de distrito puede autorizar a la Junta Consultora de Distrito que seleccione suplentes alternos adicionales. Se espera que los delegados electos asistan fielmente a
todas las sesiones de la Asamblea General, desde la apertura hasta la
clausura, a menos que algo imprevisto lo impida. (31.1-3; 301.1-3;
303; 331.1)

**203.24.** Establecer, a su discreción, un sistema de miembros asociados para sus iglesias locales, pero los asociados no han de ser incluidos como miembros en plena comunión para fines de representación. (108)

**203.25.** Hacer provisiones para que los libros de los tesoreros de
distrito sean auditados anualmente al menos por la norma mínima
requerida por la ley estatal o nacional si fuere aplicable o por otras
normas profesionales reconocidas, ya sea por un comité auditor de
distrito elegido por la Junta Consultora del Distrito, un comité de
auditoría independiente o por otra persona debidamente calificada.
(222.19)

**203.26.** Presentar a la Asamblea General, por medio del secretario
de distrito, las actas oficiales completas del cuatrienio precedente,
para su preservación y archivo. (205.3-5; 217.7)

**203.27.** Conceder la relación de jubilación a un ministro previa
recomendación de la Junta de Credenciales Ministeriales de Distrito.
Cualquier cambio de relación debe ser aprobado por la asamblea de
distrito, previa recomendación de la Junta de Credenciales Ministeriales de Distrito. (228.8; 433)

**203.28.** Considerar y velar por toda la obra de la Iglesia del Nazareno dentro de los linderos del distrito de asamblea.

**203.29**. Tramitar cualquier otro asunto pertinente a la obra, que no esté provisto de otro modo, de acuerdo con el espíritu y orden de la Iglesia del Nazareno.

**204. Otras Reglas Relacionadas con las Asambleas de Distrito**. Donde la ley civil lo permita, la asamblea de distrito puede autorizar a la Junta Consultora de Distrito a obtener personería jurídica. Después de obtenerla, de acuerdo con lo antes provisto, la Junta Consultora de Distrito tendrá facultad, por resolución propia, para comprar, poseer, vender, permutar, hipotecar, escriturar en fideicomiso, arrendar con opción de compra y traspasar propiedad, ya sea de bienes raíces o mobiliario, como sea necesario o conveniente para el propósito de la entidad jurídica. (222.5)

**204.1**. En lo posible, las juntas y comités de distrito deben estar compuestos por números iguales de ministros y laicos, a menos que el *Manual* haga otras provisiones específicas.

**204.2**. Los superintendentes de distrito de distritos de Fase 1 y Fase 2 serán seleccionados según el párrafo 200.2 del *Manual*. Un distrito de Fase 2 puede volver a la categoría de Fase 1 hasta que pueda llenar los requisitos para la Fase 2.

**204.3**. Cuando el oficial que preside una asamblea de distrito considere que es imposible reunirse o continuar con los negocios de la asamblea de distrito y por ello posponga, cancele o clausure la asamblea de distrito, el superintendente general en jurisdicción, en consulta con la Junta de Superintendentes Generales, nombrará a todos los oficiales de distrito no electos antes de la clausura de la asamblea de distrito para servir por un período de un año.

# D. Actas de la asamblea de distrito

**205**. Las Actas constituirán el registro de los procedimientos de la asamblea de distrito.

**205.1**. Las Actas deben ser preparadas en un formato autorizado por la oficina del secretario general. Se podrán imprimir copias localmente.

**205.2**. Cada asunto ocupará un párrafo por separado.

**205.3**. Las Actas deben ser cuidadosamente redactadas con el fin de presentarlas a la Asamblea General para su revisión. (203.26; 217.7)

**205.4**. Los libros de Actas completos de cada cuatrienio serán preservados y archivados en los archivos de distrito y de la Asamblea General. (217.5, 7)

**205.5**. El libro de Actas se organizará, hasta donde sea posible, de acuerdo con la Tabla de Contenido preparada por el secretario general en consulta con la Junta de Superintendentes Generales. La Tabla de Contenido será proporcionada al secretario de distrito antes de la reunión de la asamblea de distrito.

**205.6**. Las Actas indicarán no solamente los nombramientos de los pastores a las iglesias locales sino también todos los compromisos ordinarios y extraordinarios de los miembros de la asamblea de distrito, tanto ministros como laicos, que participan en alguna forma de servicio a la denominación que pueda darles derecho a consideración, si pidiesen beneficios de la Junta de Pensiones que tenga la responsabilidad por el programa de pensiones y beneficios en que ese distrito participa. (115)

## E. El superintendente de distrito

**206**. El primer período para un superintendente de distrito, electo en una asamblea de distrito comienza 30 días después de la clausura de la asamblea de distrito. Tal período dura dos años de asamblea completos, terminando 30 días después de la clausura de la asamblea que marca el segundo aniversario de la elección. Durante dicha asamblea el superintendente puede ser reelecto (203.11-12) o un sucesor puede ser electo o nombrado y debidamente acreditado. El primer período para un superintendente de distrito nombrado por el superintendente general en jurisdicción, comienza en el momento del nombramiento, incluye el resto del año eclesiástico en que el superintendente fue nombrado y se extiende a través de los dos siguientes años eclesiásticos. Tal período termina 30 días después de la clausura de la asamblea que marca el final del segundo año de asamblea completo de servicio. En dicha asamblea el superintendente puede ser electo (203.11-12) para servir otro período o un sucesor puede ser electo o nombrado y debidamente acreditado. Ningún presbítero empleado por la oficina del distrito será elegible o nombrado para el cargo de superintendente del distrito en el que presta servicios sin la aprobación de la Junta Consultora de Distrito y el superintendente general en jurisdicción (en armonía con el párrafo 115). (203.11-13)

**207**. Si por alguna razón la superintendencia de distrito quedase vacante entre asambleas de distrito, los superintendentes generales, de común acuerdo, pueden llenar la vacante después de consultar con un comité formado por la Junta Consultora de Distrito, el presidente de la Junta de Ministerios Internacionales de Escuela Dominical y Discipulado de Distrito, los presidentes de MNI y la JNI de Distrito, el secretario de distrito y el tesorero de distrito. La consulta incluirá una invitación para que el comité como un cuerpo proponga nombres para consideración además de los presentados por el superintendente general en jurisdicción. (307.6)

**207.1** El cargo de superintendente de distrito de un distrito de fase 1 o fase 2 puede ser declarado vacante con causa por la recomendación del superintendente general en jurisdicción. El cargo de superintendente de distrito en un distrito fase 3 puede ser declarado vacante con un voto por mayoría de las dos terceras partes de la Junta Consultora de Distrito, el presidente de la Junta de MIEDD, los presidentes de distrito de la MNI y JNI, el secretario de distrito y el tesorero del distrito. (321)

**207.2.** En el caso de la incapacitación temporal de un superintendente de distrito en funciones, el superintendente general en jurisdicción, en consulta con la Junta Consultora de Distrito, podrá nombrar a un presbítero calificado para fungir como superintendente de distrito interino. El asunto de incapacitación será determinado por el superintendente general en jurisdicción y la Junta Consultora de Distrito. (307.8)

**207.3.** Ante la renuncia o rescisión del superintendente de distrito, los miembros del personal de la oficina de distrito, el director ejecutivo o los oficiales de cualquier entidad subsidiaria y/o afiliada del distrito, con o sin salario, tales como el asistente del superintendente y el secretario de la oficina presentarán su renuncia efectiva al mismo tiempo de la fecha final de la superintendencia del distrito. Sin embargo, uno o más de los miembros del personal podrán permanecer con la aprobación escrita del superintendente general en jurisdicción y de la Junta Consultora de Distrito, pero no después de la fecha en que el nuevo superintendente asuma sus responsabilidades. (241.3)

**207.4.** Después de dialogar con la Junta Consultora de Distrito y recibir la aprobación del superintendente general en jurisdicción, el nuevo superintendente de distrito recién electo o nombrado puede tener el privilegio de recomendar el empleo de miembros del personal previo. (241.3)

**208.** **Los deberes del superintendente de distrito** son:

**208.1.** Organizar, reconocer y supervisar las iglesias locales dentro de los linderos de su distrito de asamblea, sujeto a la aprobación del superintendente general que tenga jurisdicción. (100; 435.12)

**208.2.** Estar a disposición de las iglesias locales de su distrito de asamblea de acuerdo con la necesidad y reunirse con la junta de la iglesia tantas veces como sea necesario para tratar asuntos espirituales, financieros y pastorales, dando los consejos y ayuda que el superintendente crea conveniente.

**208.3.** En circunstancias en que el superintendente de distrito haya determinado que la condición de la iglesia no es saludable y está declinando y que se ve amenazada su viabilidad y la eficacia de su misión, el superintendente de distrito puede contactar al pastor o al pastor y la junta de la iglesia para evaluar la situación. Se realizará todo esfuerzo posible para trabajar con el pastor y la junta a fin de solucionar las causas que están impidiendo la eficacia de la misión.

Si el superintendente de distrito, después de dialogar con el pastor y/o la junta, concluye que el asunto requiere atención posterior, podrá, con la aprobación de la Junta Consultora de Distrito y del superintendente general en jurisdicción, tomar acción apropiada para resolver la situación. Tal acción puede incluir, pero no está limitada a: (1) la remoción del pastor; (2) la disolución de la junta de la iglesia; (3) el inicio de intervenciones especiales según sea necesario con el fin de restaurar la salud de la iglesia y la eficacia de la misión. (124-124.1)

**208.4** Cuando en la opinión del superintendente de distrito, una iglesia local declarada en crisis de acuerdo con el párrafo 124.1 ha cumplido las intervenciones fijadas y está lista para reiniciar su ministerio bajo circunstancias normales, la iglesia local puede ser declarada fuera de crisis por un voto de mayoría absoluta de la Junta Consultora de Distrito, con la aprobación del superintendente general en jurisdicción.

**208.5.** Programar y llevar a cabo, con cada junta de la iglesia local, la revisión regular de la relación de la iglesia con el pastor de acuerdo con las provisiones del párrafo 123.

**208.6.** Supervisar en forma especial todas las misiones tipo iglesia de la Iglesia del Nazareno dentro de los linderos de su distrito de asamblea.

**208.7.** Nominar ante la Junta Consultora de Distrito a una persona para ocupar el cargo de secretario de distrito en caso de quedar vacante el puesto. (216.1)

**208.8.** Nominar ante la Junta Consultora de Distrito a una persona para ocupar el cargo de tesorero de distrito en caso de quedar vacante el puesto. (219.1)

**208.9.** Nombrar a un director de capellanía de distrito para promover y ampliar el evangelismo de santidad por medio del servicio especializado de la capellanía. (236)

**208.10.** Consultar con la junta de la iglesia la nominación de un presbítero o ministro licenciado para pastorear una iglesia local y aprobar o desaprobar dicha nominación. (115; 129.2; 160.8, 222.12)

**208.11.** Programar una revisión especial de la relación de la iglesia con el pastor (123) dentro de los 90 días de la solicitud que haga la junta de la iglesia para tal revisión, acerca de la continuación de la relación de la iglesia con el pastor.

**208.12.** Aprobar o desaprobar la concesión de licencia a cualquier miembro de la Iglesia del Nazareno que solicite licencia de ministro local o renovación de la licencia de ministro local a la junta de la iglesia de una iglesia local que no tiene un presbítero como pastor. (428.1, 3)

**208.13.** Aprobar o desaprobar, por escrito, solicitudes hechas por el pastor y la junta de la iglesia local para tener o emplear pastores asociados sin salario o personal local asociado pagado (tales como pastores asociados, ministros o directores de educación cristiana, de niños, de jóvenes, de adultos, de música y de guarderías /escuelas {desde recién nacidos hasta secundaria}, etc.). El criterio primordial para las decisiones del superintendente de distrito respecto a la aprobación o desaprobación, en principio, del empleo de personal pagado se basará en la disposición y capacidad de la iglesia para cumplir sus obligaciones locales, de distrito y generales. El pastor titular tiene la responsabilidad de examinar y seleccionar a los pastores asociados. Sin embargo, el superintendente de distrito tendrá el derecho de desaprobar al candidato. (129.27; 160-160.8)

**208.14.** Aprobar o desaprobar, con la Junta Consultora de Distrito, las solicitudes de iglesias locales para operar ministerios de escuelas diarias cristianas. (152; 222.11; 415)

**208.15.** Protocolizar y firmar, con el secretario de la Junta Consultora de Distrito, todos los documentos legales del distrito. (222.5)

**208.16.** Nominar ante la Junta Consultora de Distrito a los ayudantes bajo sueldo del distrito y supervisarlos. (241)

**208.17.** Asignar a pastores de acuerdo con el párrafo 117.

**208.18.** El superintendente de distrito podrá, con la aprobación de la Junta Consultora de Distrito, asignar a los miembros de la junta de la iglesia (mayordomos, ecónomos), al presidente de la Junta de Ministerios Internacionales de Escuela Dominical y Discipulado y a otros oficiales de la iglesia (secretario, tesorero) si una iglesia fue organizada hace menos de cinco años o tuvo menos de 35 miembros votantes en la anterior reunión anual de la iglesia o está recibiendo ayuda financiera regular del distrito o ha sido declarada en crisis. El número total de miembros de dicha junta no deberá ser menos de tres. (117; 125)

**208.19.** Iniciar el proceso de investigación de acusaciones escritas contra un ministro en su distrito de asamblea, de acuerdo con los párrafos 505-505.3.

**208.20.** El superintendente de distrito deberá programar y llevar a cabo una autoevaluación y revisión en consulta con el evangelista titulado de acuerdo con el párrafo 408.4.

**209.** Con el consentimiento de la junta de la iglesia, el superintendente de distrito puede nombrar a un pastor interino para ocupar un pastorado vacante hasta la siguiente asamblea de distrito. El pastor interino así nombrado puede ser destituido por el superintendente de distrito cuando sus servicios no sean satisfactorios a la junta de la iglesia y a la iglesia local. (129.5; 422; 428.6)

**209.1.** El superintendente de distrito, con el consentimiento de la junta de la iglesia y de la Junta Consultora de Distrito, podrá nombrar a un pastor suplente para cubrir una vacante en el oficio de pastor o hasta que un pastor permanente pueda ser llamado. El superintendente de distrito también estará autorizado para extender el tiempo de servicio del pastor suplente como él o ella lo considere necesario, en consulta con la junta de la iglesia. El pastor suplente estará autorizado para cumplir con todas las responsabilidades pastorales. El pastor suplente también fungirá como un delegado de esa iglesia a la asamblea de distrito si tiene su membresía en el distrito donde es pastor suplente.

El pastor suplente asignado en todo momento estará sujeto a la autoridad del superintendente de distrito y la Junta Consultora de Distrito. Así mismo el pastor suplente estará sujeto a remoción de su nombramiento por el superintendente de distrito en consulta con la junta de la iglesia. (423)

**210.** El superintendente de distrito está autorizado para fungir como pastor en una iglesia local, dentro de los linderos de su distrito de asamblea, cuando esa iglesia no tenga pastor ni pastor suplente. (412)

**210.1.** El superintendente de distrito puede presidir la reunión anual o una reunión extraordinaria de la iglesia local o nombrar a alguien para representarlo. (113.5)

**211.** Si por alguna razón el superintendente general en jurisdicción no estuviere presente y no nombrare su representante para presidir la asamblea de distrito, el superintendente de distrito abrirá las sesiones de la asamblea y presidirá hasta que sean hechas otras provisiones por la asamblea de distrito. (307.5)

**212.** El superintendente de distrito puede llenar las vacantes que ocurrieren en el Comité de Finanzas de la Asamblea de Distrito (203.21), el Comité de Auditoría de Distrito (203.25), la Junta de Credenciales Ministeriales de Distrito (226.1), la Junta de Estudios Ministeriales de Distrito (229.1), la Junta de Evangelismo de Distrito o el director de evangelismo de distrito (232), la Junta de Propiedades de la Iglesia de Distrito (233), la Junta de Ministerios Internacionales de Escuela Dominical y Discipulado de Distrito (MIEDD) (237), y la Corte de Apelaciones de Distrito (509), y otras juntas y comités permanentes de distrito para los que no se haya hecho provisión en el *Manual* ni por acuerdo de la asamblea.

**212.1.** El superintendente de distrito podrá designar a todos los presidentes y secretarios y miembros de las juntas y comités permanentes del distrito cuando no se haya hecho provisión para ello en el *Manual* ni por acuerdo de la asamblea.

**212.2.** El superintendente de distrito, en consulta con la Junta Consultora de Distrito, nombrará a un comité nominativo con el fin de preparar nominaciones para los comités y oficios regulares previos a la asamblea de distrito. (202.1)

**213.** El superintendente de distrito será presidente ex officio de la Junta Consultora de Distrito (221.2) y la Junta de Credenciales Ministeriales de Distrito (227.1).

**213.1.** El superintendente de distrito será miembro ex officio de todas las juntas y comités electos y permanentes en el distrito en que sirve. (203.20-21; 233; 237; 810; 811)

**214.** Todos los actos oficiales del superintendente de distrito deben estar sujetos a revisión por la asamblea de distrito y a apelación.

**214.1.** El superintendente de distrito siempre le dará la debida atención al consejo del superintendente general en jurisdicción, y de la Junta de Superintendentes Generales respecto a los arreglos pastorales y otros asuntos que atañen al oficio del superintendente de distrito.

## F. El secretario de distrito

**216.** El secretario de distrito, electo por la Junta Consultora de Distrito, servirá por un período de uno a tres años y hasta que su sucesor sea electo y acreditado. (222.17)

**216.1.** Si por alguna causa el secretario de distrito dejare de servir en el intervalo entre asambleas de distrito, la Junta Consultora de Distrito elegirá un sucesor previa nominación por el superintendente de distrito. (208.7)

**216.2.** El secretario de distrito será miembro ex officio de la asamblea de distrito. (201)

**217. Los deberes del secretario de distrito** son:

**217.1.** Anotar correctamente y conservar fielmente todas las actas de la asamblea de distrito.

**217.2.** Anotar correctamente y conservar todas las estadísticas del distrito.

**217.3.** Enviar todos los cuadros estadísticos al secretario general para su revisión antes de publicarlos en el libro de Actas oficial. (326.6)

**217.4.** Cuidar todos los documentos de la asamblea de distrito y entregarlos prontamente a su sucesor.

**217.5.** Hacer que se preserve y archive el libro de Actas oficial completo del cuatrienio. (205.4)

**217.6.** Enviar suficientes ejemplares del libro de Actas impreso de cada asamblea de distrito al Centro de Ministerio Global para su distribución entre los oficiales generales y las juntas generales de la Iglesia del Nazareno.

**217.7.** Presentar a la Asamblea General, por la asamblea de distrito, el libro de Actas oficial completo del cuatrienio precedente, para su preservación y archivo. (203.26; 205.3-4)

**217.8.** Llevar a cabo cualquier otra responsabilidad propia de su cargo.

**217.9.** Remitir todos los asuntos de negocios que le lleguen durante el año al correspondiente comité o junta permanente de la asamblea.

**218.** El secretario de distrito puede tener tantos ayudantes como decida elegir la asamblea de distrito.

## G. El tesorero de distrito

**219.** El tesorero de distrito, electo por la Junta Consultora de Distrito, servirá por un período de uno a tres años y hasta que su sucesor sea electo y acreditado. (222.16)

**219.1.** Si por alguna causa el tesorero de distrito dejare de servir en el intervalo entre asambleas de distrito, la Junta Consultora de Distrito elegirá a un sucesor previa nominación del superintendente de distrito. (208.8)

**219.2.** El tesorero de distrito será miembro ex officio de la asamblea de distrito. (201)

**220. Los deberes del tesorero de distrito** son:

**220.1.** Recibir todos los fondos de su distrito como sean designados por la Asamblea General, o por la asamblea de distrito, o por la Junta Consultora de Distrito, o como lo requieran las necesidades de la Iglesia del Nazareno; y desembolsar los mismos de acuerdo con la dirección y normas de la asamblea de distrito y/o de la Junta Consultora de Distrito.

**220.2.** Guardar cuentas exactas de todo el dinero recibido y desembolsado, y rendir un informe mensual al superintendente de distrito para su distribución a la Junta Consultora de Distrito y un informe anual a la asamblea de distrito, ante la cual deberá responder por su oficio.

## H. La Junta Consultora de Distrito

**221.** La Junta Consultora de Distrito se formará del superintendente de distrito como miembro ex officio, y hasta tres presbíteros asignados y tres laicos, electos por cédula por la asamblea de distrito, anualmente o por períodos que no excedan cuatro años y servirán hasta la clausura de la siguiente asamblea de distrito y hasta que sus sucesores sean electos y acreditados. Sin embargo, sus períodos de servicio pueden ser escalonados al elegir cierto número de miembros de la junta anualmente.

Cuando el distrito haya superado una membresía total de 5,000, podrá elegir a un ministro ordenado asignado adicional y un laico adicional por cada 2,500 miembros sucesivos o la porción final mayor de 2,500 miembros. (203.14)

**221.1.** Cuando haya una vacante en la Junta Consultora de Distrito, los demás miembros elegirán a alguien para llenar tal vacante.

**221.2.** El superintendente de distrito será presidente ex officio de la Junta Consultora de Distrito.

**221.3** La Junta elegirá de entre sus miembros a un secretario, quien llevará un registro cuidadoso de todas las acciones de la junta y las entregará a su sucesor(a) a la mayor la brevedad posible.

**221.4.** Los miembros laicos de la Junta Consultora de Distrito serán miembros ex officio de la asamblea de distrito, miembros ex officio de la Convención de MIEDD de Distrito, miembros ex officio de la Convención de la MNI de Distrito, y miembros ex officio de la Convención de la JNI de Distrito. (201; 221)

**222. Los deberes de la Junta Consultora de Distrito** son:

**222.1.** Fijar la fecha de principio y terminación del año estadístico de acuerdo con las provisiones del párrafo 114.1.

**222.2.** Dar información al superintendente de distrito y consultar con él acerca de los ministros e iglesias locales del distrito de asamblea. (417)

**222.3.** Nombrar un comité de investigación formado por tres presbíteros asignados o más en caso de que haya acusaciones escritas contra un miembro del cuerpo ministerial. (505-505.6)

**222.4.** Nombrar un tribunal en caso de que haya acusaciones oficiales contra un miembro del cuerpo ministerial. (505.5-6)

**222.5.** Obtener personería jurídica cuando la ley civil lo permita y la asamblea de distrito lo autorice. Después de obtenerla, de acuerdo con lo antes provisto, la Junta Consultora de Distrito tendrá facultad, por resolución propia, para comprar, poseer, vender, permutar, hipotecar, escriturar en fideicomiso, arrendar con opción de compra y traspasar propiedad, ya sea de bienes raíces o mobiliario, como sea necesario o conveniente para el propósito de la entidad jurídica. El superintendente de distrito y el secretario de la Junta Consultora de Distrito o personas autorizadas por la Junta Consultora de Distrito, con personería jurídica o no, protocolizarán y firmarán todas las escrituras de bienes raíces, hipotecas, terminación de hipotecas, contratos y otros documentos legales de la Junta Consultora de Distrito. (204)

**222.6.** En áreas donde la ley civil no permita obtener personería jurídica, la asamblea de distrito podrá elegir a la Junta Consultora de Distrito como ecónomos del distrito, con facultad, por resolución propia, para comprar, poseer, vender, permutar, hipotecar, escriturar en fideicomiso, arrendar con opción de compra y traspasar propiedad, ya sea de bienes raíces o mobiliario, como sea necesario o conveniente para llevar adelante su trabajo en el distrito. (102.6; 106.2; 222.5)

**222.7.** La Junta Consultora de Distrito, en áreas donde sea posible que las iglesias locales obtengan personería jurídica, deberá, con la ayuda de un consejero legal competente, proveer formularios modelos para solicitarla, adecuados para áreas de su distrito. Este formulario modelo deberá siempre incluir las estipulaciones de los párrafos 102-102.5.

**222.8.** Servir como asesora del superintendente de distrito en la supervisión de todos los departamentos, juntas y comités del distrito.

**222.9.** Presentar a la Junta de Superintendentes Generales cualquier plan propuesto para la creación de un centro del distrito. Tales planes deberán contar con la aprobación escrita de la Junta de Superintendentes Generales antes de ser puestos en operación. (319)

**222.10.** Recomendar la renovación de la credencial del ministro licenciado que sirve como pastor. (429.5)

**222.11.** Aprobar o desaprobar peticiones de iglesias locales para operar ministerios de escuelas diarias cristianas. A discreción del superintendente de distrito y de la Junta Consultora de Distrito, se puede establecer un ministerio guarderías/escuelas nazarenas (desde recién nacidos hasta secundaria). Su función será recomendar reglamentos, procedimientos y filosofía a la Junta Consultora de Distrito para aplicar en la escuela diaria de la iglesia local, y ayudar en el establecimiento, sostenimiento y supervisión de tales escuelas diarias. (152; 208.14; 415)

**222.12** Aprobar o desaprobar una solicitud de una iglesia local para considerar a una persona ya sea presbítero o ministro licenciado, que sirve como ministro asociado asalariado y es miembro de esa iglesia local, para ser llamado como pastor a esa misma iglesia local. Esta decisión se tomará en consulta con el superintendente de distrito. (115, 129.2, 160.8, 208.10)

**222.13.** Elegir o despedir a los ayudantes bajo sueldo empleados por el distrito. (241-241.1)

**222.14.** Actuar en acuerdo con el superintendente de distrito como comité de finanzas entre asambleas con autoridad para ajustar presupuestos de operación como se considere necesario e informarlo a la asamblea de distrito. (220.1)

**222.15.** Proteger toda propiedad del distrito de bienes raíces o mobiliario, incluyendo la plusvalía de tal propiedad, para que no se use para fines personales o de grupo ajenos a la Iglesia del Nazareno. (102.4; 106.5; 204)

**222.16.** Elegir anualmente a un tesorero de distrito. (219)

**222.17.** Elegir un secretario de distrito para servir por un período de uno a tres años y hasta que su sucesor sea electo y debidamente acreditado. (216)

**222.18.** Certificar el retiro o el intento de retiro de cualquier iglesia local de la Iglesia del Nazareno con el propósito de implementar la transferencia del título de la propiedad conforme al párrafo 106.2.

**222.19.** Si es necesario, en conformidad al párrafo 203.25, elegir un Comité de Auditoría de distrito para servir hasta la clausura de la siguiente asamblea de distrito. (203.25)

**222.20.** Dar un informe anual a la asamblea de distrito resumiendo el trabajo de la junta incluyendo el número de sesiones realizadas.

**223.** La Junta Consultora de Distrito puede expedir una carta de traslado a un miembro del cuerpo ministerial, un ministro de educación cristiana (409) o diaconisa (406), que quiera trasladar su membresía a otra asamblea de distrito antes de la reunión de la asamblea de distrito en la que dicha persona tiene su membresía. Estos traslados pueden ser aceptados por la Junta Consultora de Distrito receptora, dándole a la persona así trasladada todos los derechos y privilegios de la membresía en el distrito que le ha recibido. La asamblea de distrito que recibe dará la aprobación final de todas las recepciones por traslado aceptadas por la Junta Consultora, previa recomendación favorable de la Junta de Credenciales Ministeriales. (203.8-9; 228.9-10; 432-432.2)

**223.1.** La Junta Consultora de Distrito, previa solicitud, puede expedir un Certificado de Recomendación (813.3) a cualquier miembro de la asamblea de distrito que desee afiliarse a otra denominación.

**224.** La Junta Consultora de Distrito, con la aprobación del superintendente de distrito, puede suspender la licencia de una diaconisa cuando se requiera para el bien de la iglesia, después de consultar con la junta de la iglesia local de la cual es miembro la diaconisa y después de concederle a la diaconisa una audiencia justa.

**225.** En caso de que un ministro licenciado u ordenado con credenciales de otra denominación evangélica solicite afiliarse a la Iglesia del Nazareno durante el intervalo entre las asambleas de distrito, la Junta Consultora de Distrito deberá examinar sus credenciales. Sólo con la recomendación favorable de la Junta Consultora de Distrito podrá el candidato ser recibido como miembro de la iglesia local. (417; 429.2; 432)

# I. La Junta de Credenciales Ministeriales de Distrito

**226.** La Junta de Credenciales Ministeriales de Distrito se formará de no menos de 5 ni más de 15 ministros ordenados asignados, uno de los cuales será el superintendente de distrito. Servirán por un período de cuatro años y hasta que sus sucesores sean electos y acreditados. Sin embargo, la duración de sus períodos de servicio podrán ser escalonados al elegir cierto número de miembros de la junta anualmente. (203.15)

**226.1.** Cuando haya una vacante en la Junta de Credenciales Ministeriales en el intervalo entre asambleas de distrito, ésta será suplida mediante nombramiento por el superintendente de distrito. (212)

**227.** Inmediatamente después de la elección de la Junta de Credenciales Ministeriales, el superintendente de distrito convocará una reunión de la junta para su organización como sigue:

**227.1.** El superintendente de distrito será presidente ex officio de la junta; sin embargo, si el superintendente lo pide, la junta puede elegir a un presidente en funciones para servir en tal capacidad hasta la clausura de la siguiente asamblea de distrito. (213)

**227.2.** La junta elegirá de entre sus miembros a un secretario permanente, quien deberá llevar un sistema apropiado de archivos, cuyos gastos pagará la asamblea de distrito, los cuales serán propiedad del distrito. El secretario deberá guardar un registro cuidadoso de todas las decisiones de la junta y lo conservará fielmente junto con otros archivos que pudieran ser pertinentes para el trabajo de la junta y los entregará inmediatamente a su sucesor.

**228. Los deberes de la Junta de Credenciales Ministeriales** son:

**228.1.** Examinar y evaluar cuidadosamente a todas las personas que hayan sido presentadas debidamente a la asamblea de distrito para recibir las órdenes de presbítero, las órdenes de diácono o la licencia de ministro.

**228.2.** Examinar y evaluar cuidadosamente a todas las personas que deseen recibir un certificado de cualquiera de las funciones asignadas de ministerio, incluyendo a todos los candidatos laicos y ministeriales que aspiren a ser reconocidos para ministerios fuera de la iglesia local y cualesquier otras relaciones especiales estipuladas en el Manual.

**228.3.** Inquirir cuidadosamente acerca de cada candidato y hacer cualquier otra investigación que crea conveniente en cuanto a su experiencia personal de salvación; su experiencia personal de entera santificación por medio del bautismo con el Espíritu Santo; su conocimiento de las doctrinas de la Biblia; su acuerdo completo con las doctrinas, el Pacto de Carácter Cristiano y el Pacto de Conducta Cristiana, y la forma de gobierno de la iglesia; sus evidencias de virtudes, dones y aptitudes intelectuales, morales y espirituales, así como su capacidad general para el ministerio al cual el candidato se siente llamado.

**228.4.** Investigar cuidadosamente la conducta de cada candidato a fin de determinar si éste practica o sigue un patrón de conducta que, en caso de continuar, sería inconsistente con el ministerio para el cual haya hecho solicitud.

**228.5**. Revisar la reasignación de cualquier ministro local que haya sido nombrado como pastor suplente para aprobar si ha de continuar sus servicios después de la asamblea de distrito siguiente. (428.6)

**228.6**. Investigar y revisar por qué un ministro ordenado no presentó su informe a la asamblea de distrito por dos años consecutivos y hacer una recomendación a la asamblea de distrito respecto a si debe seguir incluyendo el nombre de tal persona en la lista de presbíteros o diáconos que se publica.

**228.7**. Investigar los informes de que un ministro ordenado se haya unido a otra iglesia como miembro o que se haya unido a otra denominación o grupo como ministro o que esté participando en actividades independientes sin la autorización necesaria y hacer una recomendación a la asamblea de distrito respecto a si debe conservar su nombre en la lista de presbíteros o diáconos. (112; 433.11)

**228.8**. Recomendar a la asamblea de distrito la relación como ministro jubilado para el ministro que la solicite y que, a discreción de la junta, esté imposibilitado para continuar en sus labores ministeriales activas por causa de incapacitación (203.27; 433) o que desee dejar el servicio ministerial activo por causa de su edad.

**228.9**. Recomendar ante la asamblea de distrito a miembros del cuerpo ministerial y a personas a quienes se le ha extendido licencia para funciones continuas de ministerios, a fin de que se les conceda el traslado a otro distrito, incluyendo traslados temporales aprobados por la Junta Consultora de Distrito. (203.9; 434-34.2)

**228.10**. Recomendar ante la asamblea de distrito a personas con credenciales ministeriales, a miembros del cuerpo ministerial y a aquellos licenciados para funciones en ministerios continuados, para recibir su traslado de otros distritos, incluyendo traslados temporales aprobados por la Junta Consultora de Distrito. (203.9; 434-34.2)

## J. La Junta de Estudios Ministeriales de Distrito

**229**. La Junta de Estudios Ministeriales de Distrito se formará de cinco o más presbíteros asignados, electos por la asamblea de distrito para servir cuatro años y hasta que sus sucesores sean electos y acreditados. Sin embargo, sus períodos de servicio deberán ser escalonados eligiendo una proporción de la junta anualmente. (203.16)

**229.1**. En caso de que hayan puestos vacantes en la Junta de Estudios Ministeriales de Distrito en el intervalo entre asambleas de distrito, el superintendente de distrito nombrará a alguien para llenar tales vacantes. (212)

**230.** Antes de la clausura de la asamblea de distrito que elige a la junta, el superintendente de distrito o el secretario de distrito citará a una reunión de todos los miembros de la Junta de Estudios Ministeriales de Distrito para organizarse y asignarse trabajos como sigue:

**230.1.** La junta elegirá de entre sus miembros a un presidente y a un secretario, quienes junto con los demás miembros tendrán la responsabilidad de examinar y promover a candidatos por medio del programa de estudios ministeriales hasta completar los requisitos para ordenación. Deberán conservar un archivo permanente de todos los estudiantes. (230.5; 426.1-3)

**230.2.** El presidente asignará a los otros miembros de la junta la responsabilidad y supervisión de todos los candidatos matriculados en el programa de estudios ministeriales. Estas asignaciones continuarán vigentes mientras los respectivos candidatos sigan siendo estudiantes activos durante el período de servicio del miembro de la junta, a menos que haya algún otro acuerdo mutuo.

**230.3.** El presidente asistirá a todas las reuniones de la junta, a menos que algo imprevisto se lo impida, y dirigirá el trabajo de la junta cada año. En caso de ausencia inevitable del presidente, el secretario servirá como presidente provisional.

**230.4.** El secretario proveerá, por cuenta de la asamblea de distrito, un libro adecuado para anotar los datos de estudios ministeriales. Dicho libro será propiedad de la asamblea de distrito y se usará según las instrucciones de la Guía de Desarrollo para la Ordenación.

**230.5.** Los demás miembros de la junta asistirán fielmente a las reuniones de la junta y supervisarán a todos los candidatos que se les asigne por medio de (1) estímulo fraternal, consejo y dirección; y (2) capacitando con el ejemplo y la conversación sobre la ética de los miembros del cuerpo ministerial con atención específica a la forma en que dichos miembros pueden evitar una conducta sexual impropia. (230.1)

**230.6.** La junta colaborará con el superintendente de distrito y la Oficina de Desarrollo Ministerial a través del respectivo Comité Consultivo del Curso de Estudios (COSAC, por sus siglas en inglés) buscando medios para alentar, ayudar, y guiar a los candidatos que están tomando los cursos de estudio en las universidades o seminarios nazarenos.

**231.** La junta puede programar clases o conferencias a fin de ayudar a los ministros licenciados u otros candidatos a proseguir los cursos de estudios, y puede establecer, sujeto a la aprobación de fondos del distrito, bibliotecas centrales de todos los libros para prestarse cuando sea necesario.

**231.1.** El presidente y el secretario de la Junta de Estudios Ministeriales de Distrito están autorizados para inscribir a un estudiante en el curso de estudio para educación ministerial, en consulta con el superintendente de distrito. (230.1-2; 26.1-3)

**231.2.** La junta cumplirá con sus responsabilidades de conformidad con la Guía de Desarrollo para la Ordenación.

**231.3.** La junta informará a tiempo a la Junta de Credenciales Ministeriales de Distrito todo dato necesario respecto al progreso educacional de cada candidato para que esa junta procese los datos antes de la asamblea de distrito. La Junta de Estudios Ministeriales de distrito recomendará a la asamblea de distrito el nivel en que deba ponerse al alumno en el curso, su avance y graduación de los diversos cursos de estudio validados. Tal clasificación, avance o graduación debe ser consistente con las directrices provistas por la Oficina de Desarrollo Ministerial a través del respectivo Comité Consultivo del Curso de Estudios (COSAC, por sus siglas en inglés)

**231.4.** La Junta de Estudios Ministeriales de Distrito será responsable, en cooperación con las instituciones nazarenas oficialmente reconocidas para la preparación ministerial y la Oficina de Desarrollo Ministerial a través del respectivo Comité Consultivo del Curso de Estudios (COSAC, por sus siglas en inglés), y bajo la dirección general del superintendente de distrito, de la promoción de la educación continua para ministros ordenados y cualquier otro personal ministerial del distrito. La educación continua deberá incluir cursos sobre ética ministerial con atención particular a la forma en que los miembros del cuerpo ministerial puedan evitar conducta sexual impropia.

## K. La Junta de Evangelismo o director de evangelismo de distrito

**232.** La asamblea de distrito podrá elegir una Junta de Evangelismo de Distrito o un director de evangelismo de distrito. Las personas electas servirán hasta la clausura de la siguiente asamblea de distrito y hasta que sus sucesores sean electos y acreditados. (203.19)

**232.1.** En cooperación con el superintendente de distrito, la Junta de Evangelismo de Distrito, o el director de evangelismo de distrito, promoverá y subrayará la necesidad del evangelismo de santidad, proveyendo oportunidades de capacitación, realizando cultos de concentración y conferencias, destacando la necesidad de campañas evangelísticas en las iglesias locales con evangelistas llamados por Dios, y por todos los medios posibles, para hacer un impacto en el distrito con la Gran Comisión de Jesucristo como prioridad máxima en el funcionamiento del Cuerpo de Cristo.

# L. La Junta de Propiedades de la iglesia de distrito

**233.** La Junta de Propiedades de la iglesia de distrito se formará del superintendente de distrito como miembro ex officio y no menos de dos ministros ordenados asignados y dos laicos. Los miembros podrán ser electos por la asamblea de distrito para servir por cuatro años o hasta que sus sucesores sean electos y acreditados. La Junta Consultora de Distrito puede servir como Junta de Propiedades de la iglesia de distrito por voto favorable de la asamblea de distrito.

**234. Los deberes de la Junta de Propiedades de la iglesia de distrito** son:

**234.1.** Promover la causa de la construcción de edificios relacionados con la iglesia dentro de los linderos del distrito de asamblea, en cooperación con la Junta Consultora de Distrito.

**234.2.** Verificar y conservar los títulos de propiedad de las iglesias locales.

**234.3.** Tomar en consideración los proyectos presentados por iglesias locales acerca de la compra o venta de propiedades o la construcción de templos o casas pastorales, y aconsejarlas al respecto. (103)

**234.4.** Aprobar o desaprobar, en conjunto con el superintendente de distrito, las propuestas presentadas por las iglesias locales en relación con los planes de construcción y con la contracción de deudas para la compra de bienes raíces o la construcción de edificios. La Junta de Propiedades de la iglesia deberá aprobar normalmente una solicitud para aumentar el adeudo, sujeta a las siguientes normas:

1. La iglesia local que solicite la aprobación para aumentar su adeudo deberá haber pagado todas sus asignaciones presupuestarias por completo durante los dos años anteriores a su solicitud.

2. La cantidad total de su adeudo no deberá exceder tres veces el promedio de la cantidad recolectada por todos los conceptos en cada uno de los tres años anteriores.

3. Los detalles de la remodelación o construcción planeada deberán haber sido aprobados por la Junta de Propiedades de la Iglesia.

4. La cantidad de la deuda y las condiciones de pago no deberán obstaculizar la vida espiritual de la iglesia.

La Junta de Propiedades de la iglesia podrá aprobar solicitudes que no llenen estas normas sólo con la aprobación del superintendente de distrito y de la Junta Consultora de Distrito. La Junta de Propiedades de la iglesia de distrito podrá aprobar solicitudes que no reúnan estas normas solamente con la conformidad del superintendente de distrito y la Junta Consultora de Distrito.

**234.5.** Llevar a cabo cualquier otra responsabilidad concerniente a propiedades de la iglesia local que indique la asamblea de distrito.

# M. El Comité de Finanzas de la asamblea de distrito

**235**. Los deberes del Comité de Finanzas de la asamblea de distrito son:

**235.1**. Reunirse antes de la asamblea de distrito y presentar recomendaciones a la asamblea de distrito respecto a todas las asignaciones presupuestarias y la asignación de las mismas a las iglesias locales. (38.5)

**235.2**. Hacer todo lo que la asamblea de distrito pueda encargarle en las áreas de finanzas del distrito. (203.21)

**235.3**. Publicar, en el libro de actas oficial del distrito, el método usado y los porcentajes aplicados para determinar la base presupuestaria de todos los presupuestos aceptados.

# N. El director de capellanía de distrito

**236**. El superintendente de distrito puede asignar a un director distrital de capellanía. En cooperación con el superintendente de distrito, el director de capellanía tratará de promover y ampliar el evangelismo de santidad por medio del ministerio especializado de la capellanía. El director promoverá y apoyará el evangelismo mediante oportunidades que se presenten en la industria, instituciones, entidades educativas y en las fuerzas armadas. El director dará atención especial a los nazarenos que estén prestando servicio militar y a otros miembros en la milicia que residan en predios militares, asignando y ayudando a pastores anfitriones que residan cerca de esas bases militares para impactar al personal militar y a sus familias para Cristo, vinculándolos con nuestra iglesia mientras sirven a su país. (208.9)

# O. La Junta de Ministerios Internacionales de Escuela Dominical y Discipulado de distrito

**237**. La Junta de Ministerios Internacionales de Escuela Dominical y Discipulado de distrito se compondrá del superintendente de distrito, el presidente de MNI de distrito, el presidente de la JNI de distrito y el presidente de la Junta de Ministerios Internacionales de Escuela Dominical y Discipulado de distrito, quienes constituirán el Comité Ejecutivo, y por lo menos de tres miembros adicionales. Los miembros adicionales serán electos por la asamblea de distrito o por la Convención de Ministerios Internacionales de Escuela Dominical y Discipulado de distrito, por períodos escalonados de tres años y hasta que sus sucesores sean electos y acreditados. Después de la organización inicial de la Junta de Ministerios Internacionales de Escuela Dominical y Discipulado de distrito, los tres miembros adicionales serán electos de entre seis nominados, de los que uno será electo para servir por tres años, otro por dos y el tercero por un año. Sin embargo, cuando la membresía total del distrito haya rebasado los 5,000, se podrá duplicar el número de miembros nominados y electos y, cuando sea posible, por los menos cuatro de los diez miembros de la junta serán laicos. Las vacantes que ocurran en la Junta de Ministerios Internacionales de Escuela Dominical y Discipulado entre las asambleas de distrito, podrán llenarse por nombramiento por el superintendente de distrito. (212)

**Los deberes de la Junta de Ministerios Internacionales de Escuela Dominical y Discipulado de distrito** son:

**237.1.** Reunirse dentro de la primera semana subsiguiente a su elección y organizarse eligiendo secretario, tesorero, directores de distrito de ministerios entre los adultos, de ministerios entre los niños y de Cursos de Discipulado Cristiano, quienes serán miembros ex officio de la Junta de Ministerios Internacionales de Escuela Dominical y Discipulado. Otros directores de distrito, según se consideren necesarios, podrán ser nominados por el Comité Ejecutivo y electos por la junta.

**237.2.** Supervisar todos los intereses distritales de la escuela dominical.

**237.3.** Elegir un Concilio de Ministerios entre los Niños* cuyo presidente será el director de ministerios entre los niños de distrito y cuyos miembros serán los directores de distrito de: campamentos infantiles, Caravanas, Escuela Bíblica Vacacional, Esgrima Bíblico, iglesia infantil, lista de padres de niños de Cuna, y otros que consideren necesarios.

**237.4.** Elegir un Concilio de Ministerios entre los Adultos* cuyo presidente será el director de ministerios entre los adultos de distrito y cuyos miembros serán los directores de distrito de: matrimonio y vida familiar, ministerios entre los adultos ancianos, ministerios entre los adultos solteros, retiro de laicos, grupos pequeños de estudio bíblico, ministerios entre las mujeres, ministerios entre los varones, y otros que consideren necesarios.

**237.5.** Hacer arreglos para una convención anual de Ministerios Internacionales de Escuela Dominical y Discipulado de distrito. (237)

**237.6.** Determinar, en consulta con el superintendente de distrito, si se elegirá a los miembros y al presidente de la Junta de Ministerios Internacionales de Escuela Dominical de distrito en la asamblea de distrito o en la Convención de Ministerios Internacionales de Escuela Dominical y Discipulado de distrito.

---

* Para información adicional sobre los deberes de los concilios de Ministerios Entre los Niños y los Adultos, véase la *Guía de Ministerios Internacionales de Escuela Dominical y Discipulado.*

**237.7.** Instar a todos los presidentes locales de ministerios de escuela dominical y directores de ministerios de divisiones por edades/presidentes de JNI a que estén presentes en la Convención de Ministerios Internacionales de Escuela Dominical y Discipulado de distrito y a que participen según haya oportunidad.

**237.8.** Organizar el distrito en zonas y nombrar presidentes de zona que ayuden a la junta y bajo su dirección lleven adelante la obra de Ministerios Internacionales de Escuela Dominical y Discipulado en el distrito.

**237.9.** Planificar e implementar clases de los cursos de discipulado cristiano a nivel de distrito o de zona.

**237.10.** Ayudar al Departamento de Ministerios Internacionales de Escuela Dominical y Discipulado de la Junta General a recabar información relacionada con los intereses de escuela dominical de distrito y locales.

**237.11.** Recomendar al Comité de Finanzas de la asamblea de distrito el presupuesto anual de la Junta de Ministerios de Escuela Dominical de distrito.

**237.12.** Asumir la responsabilidad del retiro de laicos de distrito. El director distrital de ministerios entre los adultos será miembro ex officio del Comité de Retiro de Laicos de distrito.

**237.13.** Aprobar el informe de su presidente que se presentará a la asamblea de distrito.

**237.14.** Reunirse con tanta frecuencia como lo considere necesario el superintendente de distrito o el presidente de la Junta de Ministerios Internacionales de Escuela Dominical y Discipulado de distrito para trazar planes y cumplir con eficiencia las responsabilidades de la junta.

**238. El Presidente de Ministerios Internacionales de Escuela Dominical y Discipulado de distrito.** La asamblea de distrito o la Convención de Ministerios Internacionales de Escuela Dominical de distrito elegirá, de entre dos o más nominaciones presentadas por el Comité Nominativo de distrito, a un presidente de la Junta de Ministerios Internacionales de Escuela Dominical y Discipulado de distrito que servirá por un período de uno o dos años. El presidente en funciones podrá ser reelecto por un voto favorable de "sí" o "no" cuando tal votación haya sido recomendada por la Junta de Ministerios de Escuela Dominical de distrito, con la aprobación del superintendente de distrito. Una vacante que ocurra entre asambleas de distrito se llenará de acuerdo con las provisiones del párrafo 212. (237.6)

**Los deberes y facultades del presidente de Ministerios Internacionales de Escuela Dominical y Discipulado de distrito** son:

**238.1.** Dar dirección responsable a la escuela dominical en el distrito promoviendo programas de crecimiento en matrícula y asistencia, y coordinar todos los programas relacionados con los ministerios entre los niños y los adultos, y trabajar en cooperación con la JNI para coordinar la escuela dominical de jóvenes.

**238.2.** Ser miembro ex officio de la asamblea de distrito y de la Junta de Ministerios Internacionales de Escuela Dominical y Discipulado de distrito.

**238.3.** Informar al Departamento de Ministerios Internacionales de Escuela Dominical y Discipulado de la Junta General las estadísticas de escuela dominical precisas cada mes y preparar un informe escrito para la Junta de Ministerios de Escuela Dominical de distrito para el libro de actas de la asamblea anual.

## P. La Juventud Nazarena Internacional de distrito

**239.** El ministerio nazareno entre los jóvenes está organizado en el distrito bajo los auspicios de la Juventud Nazarena Internacional, bajo el Estatuto de la Juventud Nazarena Internacional, y la autoridad del superintendente de distrito, la Junta Consultora de Distrito, y la asamblea de distrito. La JNI de distrito será compuesta por los miembros y grupos locales de la Juventud Nazarena Internacional del distrito de asamblea.

**239.1.** La JNI de distrito se organizará de acuerdo con el Plan de Ministerio de distrito de la JNI el cual se podrá adaptar en respuesta a las necesidades de ministerio entre los jóvenes del distrito, y de acuerdo con el Estatuto de la JNI y el *Manual* de la Iglesia del Nazareno.

**239.2.** La JNI de distrito será coordinada por el Concilio de la JNI de distrito, responsable de la planificación y organización del ministerio para las edades de 12 años en adelante, jóvenes universitarios y jóvenes adultos, y de formular colectivamente la visión para el ministerio juvenil del distrito. El concilio será responsable ante el superintendente de distrito y la Junta Consultora de Distrito. Todo el trabajo del Concilio de la JNI en relación con la escuela dominical está sujeto a la aprobación del presidente de Ministerios Internacionales de Escuela Dominical y Discipulado de distrito y la Junta de Ministerios de Escuela Dominical de distrito.

**239.3.** El Concilio de la JNI de distrito estará formado por el presidente, vicepresidente, secretario, tesorero, representantes juveniles y directores de ministerios según sea necesario, y el superintendente de distrito. Los oficiales de la JNI de distrito y los miembros del concilio son electos por la Convención anual de la JNI de distrito de acuerdo con el Plan de Ministerio de distrito de la JNI, y servirán sin salario. Los nominados deberán ser aprobados por el superintendente de distrito. Si la terminología usada para los nombramientos no comunica eficazmente en una cultura particular podrán usarse términos más apropiados por voto del Concilio de la JNI de distrito.

**239.4.** Los deberes del presidente de la JNI de distrito son dar dirección y liderazgo a la JNI de distrito, presidir el Concilio de la JNI de distrito a fin de facilitar el desarrollo del ministerio entre los jóvenes del distrito, presidir la Convención anual de la JNI de distrito, representar los intereses de la JNI de distrito ante juntas y comités de distrito apropiados, y alentar el desarrollo del ministerio de la JNI en las iglesias locales del distrito. El presidente de la JNI informará al superintendente de distrito y a la Junta Consultora de Distrito, y anualmente a la asamblea de distrito. El presidente de la JNI de distrito será miembro ex officio de la asamblea de distrito (201).

## Q. Misiones Nazarenas Internacionales de distrito

**240.** La organización Misiones Nazarenas Internacionales de Distrito se compondrá de MNI locales dentro de los linderos del distrito. La MNI de distrito representará a Misiones Nazarenas Internacionales Global en los ministerios distritales. (811)

**240.1.** La MNI de distrito se gobernará por la Constitución de MNI aprobada por la Convención General de Misiones Nazarenas Internacionales y el Comité Global de Servicios de Ministerio de la Junta General. Estará sujeta al superintendente de distrito, a la Junta Consultora de Distrito, a la asamblea de distrito y al Concilio de Misiones Nazarenas Internacionales de distrito. (811)

**240.2.** El presidente de MNI de distrito servirá sin salario y será miembro ex officio de la asamblea de distrito. (201)

## R. Ayudantes bajo sueldo del distrito

**241.** Cuando se considere necesario emplear ayudantes bajo sueldo para una mayor eficiencia en la administración del distrito, tales personas, sean ministros o laicos, serán nominadas por el superintendente de distrito, previa aprobación escrita del superintendente general en jurisdicción. Serán electos por la Junta Consultora de Distrito. El empleo de tales ayudantes será por no más de un año, pero podrá renovarse por recomendación del superintendente de distrito y el voto mayoritario de la Junta Consultora de Distrito. (208.16)

**241.1.** El despido de tales ayudantes antes de finalizar el período de empleo se hará sólo por recomendación del superintendente de distrito y el voto mayoritario de la Junta Consultora de Distrito. (222.13)

**241.2.** Los deberes y servicios de tales ayudantes de distrito los determinará y supervisará el superintendente de distrito.

**241.3.** El período de servicio de los ayudantes bajo sueldo se considerará concluido dentro de los 30 días después que un nuevo superintendente de distrito asuma sus deberes administrativos en el distrito, a menos que se hagan otras provisiones en la ley laboral nacional. (Los empleados de oficina, como los secretarios, no se incluirán en estas provisiones.) (207.3-4)

**241.4.** El servicio como ayudante bajo sueldo del distrito no prohíbe que esa persona sirva en otros puestos distritales ya sea por elección o asignación tales como secretario o tesorero de distrito.

## S. Disolución de un distrito

**242.** Cuando la Junta de Superintendentes Generales juzgue prudente que un distrito ya no deba existir, éste puede, por recomendación de la Junta, ser disuelto por el voto favorable de las dos terceras partes de la Junta General de la Iglesia del Nazareno y el anuncio formal apropiado. (200)

**242.1.** Cuando se disuelva oficialmente un distrito, ninguna propiedad de la iglesia podrá usarse con otros fines, sino que pasará al control de la Junta General para el uso de la Iglesia del Nazareno en general, como lo indique la Asamblea General; y los ecónomos que posean títulos de propiedad del distrito disuelto, o las entidades jurídicas creadas para poseer tales títulos, venderán o dispondrán de los mismos sólo por orden y bajo la dirección del agente nombrado por la Junta General y le entregarán todos los fondos a dicho agente. (106.2, 5; 222.5)

# CAPÍTULO III

## LA ASAMBLEA GENERAL

### A. Funciones y organización

**300**. La Asamblea General es la suprema autoridad de la Iglesia del Nazareno en lo que respecta a la formulación de doctrinas, legislación y elección, sujeta a las provisiones de la Constitución de la iglesia. (31.1-9)

**300.1**. La Asamblea General será presidida por los superintendentes generales individual y conjuntamente. (31.6; 307.3)

**300.2**. La Asamblea General elegirá a sus demás oficiales y se organizará para tratar sus negocios de acuerdo con su criterio y privilegio. (31.7)

**300.3**. **Reglas de orden**. Sujetos a la ley aplicable, al Reglamento Interno de la Personería Jurídica y a los Reglamentos de Gobierno del *Manual*, las sesiones y los negocios de los miembros de la Iglesia del Nazareno a nivel local, de distrito y general, y los comités de la entidad jurídica serán regulados y controlados de acuerdo con las Reglas de Orden, de Robert (última edición) en lo relacionado con los procedimientos parlamentarios. (40)

### B. Membresía de la Asamblea General

**301**. La Asamblea General estará compuesta de delegados ministeriales y laicos en igual número de cada distrito de Fase 3, con el superintendente de distrito como uno de los delegados ministeriales ordenados y asignados, mientras que los demás delegados ministeriales ordenados y asignados y todos los delegados laicos son elegidos por las asambleas de distrito de la Iglesia del Nazareno; de los superintendentes generales eméritos y jubilados; de los superintendentes generales; del secretario general; del tesorero general; del director de *Holiness Today;* de los directores de los diversos departamentos, ministerios y servicios de la Junta General; del comisionado de educación; de los directores regionales; del director nacional de la Iglesia del Nazareno, Canadá; del presidente de Misiones Nazarenas Internacionales Global; del presidente de la Juventud Nazarena Internacional Global; de los rectores de universidades regionales (en regiones donde exista más de una universidad, el Concilio Consultivo Regional elegirá un delegado de dichas instituciones); de los rectores de las instituciones multirregionales cuyas Juntas de Directores son elegidas por múltiples representantes de distrito; del presidente de la Nazarene Publishing House; el presidente de la Church of the Nazarene Foundation; el coordinador de campañas evangelísticas; de un delegado misionero global por cada región con 50 misioneros o menos, y dos delegados misioneros globales por cada región con 51 misioneros o más, nominados y electos por los misioneros que sirven en la región, por un método aprobado por la oficina del Secretario General. En su defecto, el representante misionero será elegido por el Comité de Misión Global.

**301.1.** Cada distrito de Fase 3 tendrá derecho a estar representado en la Asamblea General de la siguiente manera: por un ministro ordenado asignado y un laico por los primeros 2,000 o menos miembros en plena comunión, y un ministro ordenado asignado adicional y un laico adicional por los siguientes 1 a 3,500 miembros en plena comunión, así como por cada 1 a 3,500 miembros en plena comunión adicionales[6]. El término "ministro ordenado asignado" incluirá a presbíteros y diáconos.

**301.2.** Cada distrito de Fase 2 tendrá derecho a enviar un delegado laico y un delegado ministerial a la Asamblea General. El delegado ministerial ordenado y asignado será el superintendente de distrito. Se elegirá un suplente para cada delegado.

**301.3.** Un distrito de Fase 1 tendrá derecho a enviar un delegado sin derecho a voto a la Asamblea General. El superintendente de distrito será el delegado, siempre y cuando sea miembro del distrito. Si el superintendente de distrito no tiene su membresía en el distrito se elegirá un delegado sustituto que sea miembro del distrito.

**301.4.** El derecho de un delegado ministerial asignado electo a la Asamblea General de representar a la asamblea de distrito que lo eligió se declarará nulo si se muda a una nueva asignación ministerial en otro distrito o si deja el ministerio asignado activo de la Iglesia del Nazareno antes de la apertura de la Asamblea General. Ningún ministro a quien se le haya concedido la categoría de jubilado será elegible para ser nominado como delegado o delegado electo a la Asamblea General.

**301.5.** El derecho de un delegado laico electo para representar a su asamblea de distrito ante la Asamblea General resultará nulo si cambia su membresía a una iglesia local en otro distrito de asamblea antes de la apertura de la Asamblea General.

## C. Fecha y lugar de reunión

**302.** La Asamblea General se reunirá cada cuatro años en junio, en la fecha y lugar determinados por una Comisión de la Asamblea General, compuesta por los superintendentes generales y un número igual de personas escogidas por la Junta de Superintendentes Generales. Los superintendentes generales y esta comisión también tendrán

---

[6] 0-2,000; 2,001-5,500; 5,501-9,000; 9,001-12,500; 12,501-16,000; 16,001-19,500; 19,501-23,000; 23,001-26,500; 26,501-30,000; etc.

la facultad, en casos graves e imprevistos, de cambiar la fecha y el lugar de la reunión de la Asamblea General.

**302.1.** La Asamblea General se iniciará en domingo con un día entero de servicios devocionales e inspiradores. Se harán todas las provisiones necesarias para tratar los negocios cuidadosa y ordenadamente y para celebrar servicios similares al fin de la sesión si así se dispone. La Asamblea General fijará el tiempo de su clausura. (31.4)

## D. Sesiones extraordinarias

**303.** La Junta de Superintendentes Generales o la mayoría de esta junta, y por el consentimiento escrito de las dos terceras partes de todos los superintendentes de distrito, podrán convocar a una sesión extraordinaria de la Asamblea General en caso de emergencia. La fecha y lugar serán determinados por los superintendentes generales y por la comisión escogida por la Junta de Superintendentes Generales.

**303.1.** En caso de que haya una sesión extraordinaria de la Asamblea General, los delegados titulares y suplentes a la Asamblea General anterior, o sus sucesores debidamente electos y acreditados, servirán como delegados titulares y suplentes a la sesión extraordinaria.

## E. El Comité de Preparación de la Asamblea General

**304.** El secretario general, el tesorero general y tres personas designadas por la Junta de Superintendentes Generales, por lo menos un año antes de la Asamblea General, constituirán el Comité de Preparación de la Asamblea General.

**304.1.** El Comité de Preparación de la Asamblea General tendrá autoridad para arreglar todos los detalles necesarios respecto a oficinas, salas de exhibición, espacio, hospedaje, alimentación y todo lo necesario para contribuir a la comodidad, conveniencia y eficiencia de la Asamblea General, con el derecho también de hacer cuantos contratos sean necesarios para obtener su objetivo.

**304.2.** El Comité de Preparación de la Asamblea General y los superintendentes generales formularán un programa para la Asamblea General, incluyendo el énfasis de cada uno de los intereses generales; un culto de comunión y otros cultos religiosos para los primeros tres días de la Asamblea General o hasta que un comité de adoración pública haya sido designado; dicho programa estará sujeto a la aprobación de la Asamblea General.

## F. Negocios de la Asamblea General

**305.** Los negocios de la Asamblea General, sujetos al párrafo 31.9 de la Constitución de la iglesia, serán:

**305.1.** Referir, por medio de su Comité de Referencias, todas las resoluciones, recomendaciones, así como legislación de comisiones, informes de comités especiales y otros documentos, a comités permanentes o comités legislativos especiales de la asamblea, o a los comités regionales para su consideración antes de ser presentados a la asamblea. Si se trata de legislación pertinente solamente a una región o regiones específicas, el Comité de Referencias puede presentarla a los delegados a la Asamblea General que representan a esa región o regiones, para que voten al respecto en una reunión del comité regional en la Asamblea General. Los cambios que afecten al *Manual* deberán ser aprobados por toda la Asamblea General.

**305.2.** Elegir, por el voto de las dos terceras partes de los miembros presentes y votantes, tantos superintendentes generales como crea necesarios, quienes fungirán hasta 30 días después de la clausura de la siguiente Asamblea General y hasta que sus sucesores sean electos y acreditados;

*a.* Primero, habrá una cédula de "sí" o "no" para los superintendentes generales en funciones.

*b.* Cualquier vacante restante después de que el proceso de votación sea completado para todos los superintendentes generales en servicio será suplida por medio de votaciones subsecuentes por cédula hasta que las elecciones se hayan completado.

En caso de que una persona no elegible bajo esta provisión reciba votos en la primera votación, su nombre será borrado de la cédula de elección y el informe de la primera votación deberá incluir la siguiente declaración: "Uno o más nombres han sido borrados debido a que no son elegibles para este puesto".

Ningún presbítero que en alguna ocasión haya entregado sus credenciales por razones disciplinarias será considerado elegible para el puesto de superintendente general. Ninguna persona menor de 35 años ni que haya cumplido 68 años de edad podrá ser electa al puesto de superintendente general. (31.5; 306; 900.1)

**305.3.** Elegir a un superintendente general a la categoría de emérito cuando lo considere conveniente, siempre y cuando ese superintendente haya quedado incapacitado o haya cumplido 65 años de edad. Se sobrentiende que la elección a la categoría de emérito es vitalicia. (314.1)

**305.4.** Jubilar a un superintendente general cuando haya cumplido la edad de 68 años, o cuando, a juicio de la Asamblea General, esté incapacitado por invalidez, por su edad avanzada, o por cualquier otra incapacidad que le impida llevar adelante de manera adecuada el cargo de superintendente general; siempre y cuando haya servido como superintendente general por un término razonable. La Asamblea General puede conceder la jubilación a un superintendente general quien, habiendo cumplido 65 años de edad, la solicite. Si un superintendente general quien ha cumplido la edad de 65 años solicita su jubilación durante el intervalo entre asambleas generales, su petición podrá ser otorgada por la Junta General en sesión ordinaria por recomendación de la Junta de Superintendentes Generales. (314.1)

**305.5.** Fijar una pensión adecuada de jubilación para cada superintendente general jubilado en conformidad con el párrafo 314.2.

**305.6.** Elegir una Junta General, de acuerdo con lo provisto en los párrafos 332.1-33.4, la cual servirá hasta la clausura de la siguiente Asamblea General y hasta que sus sucesores sean electos y acreditados. (331; 901.1)

**305.7.** Elegir una Corte General de Apelaciones, la cual consistirá de cinco presbíteros asignados y servirá hasta la clausura de la siguiente Asamblea General y hasta que sus sucesores sean electos y acreditados. La Junta de Superintendentes Generales elegirá al presidente y al secretario. (31.8; 510; 901.2)

**305.8.** Elegir juntas de regentes para instituciones educativas que sirvan en áreas multirregionales, las cuales servirán hasta que sus sucesores sean electos y acreditados, de acuerdo con las siguientes provisiones:

*a.* Las juntas de regentes se compondrán de personas de las áreas respectivas a las que sirve la institución.

*b.* En casos en los que la institución sirva a una área multirregional, la elección de esa junta se llevará a cabo en la reunión de los comités regionales de la Asamblea General compuestos de delegados de las regiones a las que sirven principalmente las escuelas.

**305.9.** Llevar a cabo cualquier negocio que a su discreción y de acuerdo con las Sagradas Escrituras sea para el beneficio general de la Iglesia del Nazareno y para la causa santa de Cristo en sujeción a la Constitución de la iglesia. (31.9)

## G. Los Superintendentes Generales

**306.** Los superintendentes generales, electos por la Asamblea General, servirán hasta 30 días después de la clausura de la siguiente Asamblea General y hasta que sus sucesores sean electos y acreditados. (305.2)

**306.1.** Un superintendente general no deberá tener ningún otro puesto general en la iglesia mientras sirva en el puesto de superintendente general. (307.11)

**306.2.** Los superintendentes generales serán miembros ex officio de la Asamblea General. (301)

**307. Los deberes y facultades de los superintendentes generales** son:

**307.1.** Articular claramente la visión de la Iglesia del Nazareno.

**307.2.** Ejercer la supervisión general de la Iglesia del Nazareno, en sujeción a las leyes y órdenes adoptadas por la Asamblea General.

**307.3.** Presidir, individual y conjuntamente, las sesiones de la Asamblea General y las de la Junta General de la Iglesia del Nazareno. (300.1; 335.3)

**307.4.** Ordenar, o asignar a otros para que ordenen, juntamente con los presbíteros presentes, a aquellos que hayan sido debidamente elegidos para ser ordenados como presbíteros o diáconos. (435.5-6)

**307.5.** Presidir cada asamblea de distrito de Fase 3, o en caso de no poder, delegar adecuadamente para tal presidencia. (202; 211)

**307.6.** El superintendente general que presida la asamblea de distrito, el superintendente de distrito y la Junta Consultora de Distrito, de acuerdo con los delegados de las iglesias locales, designarán pastores para las iglesias locales que no hayan llamado a un pastor de acuerdo con las provisiones regulares. (214.1)

**307.7.** Los superintendentes generales, individual y conjuntamente, pueden designar superintendentes de distrito para aquellos distritos en los que ocurra una vacante en el intervalo entre asambleas de distrito, después de consultar con un comité compuesto por la Junta Consultora de Distrito, los presidentes de la Junta de Ministerios Internacionales de Escuela Dominical y Discipulado de distrito, de Misiones Nazarenas Internacionales y de la Juventud Nazarena Internacional de distrito, el secretario de distrito y el tesorero de distrito. Según lo acordado en el párrafo 206, todos los presbíteros calificados son elegibles para ser considerados, incluyendo aquellos de ese distrito. (207)

**307.8.** En el caso de la incapacitación temporal de un superintendente de distrito en funciones, el superintendente general en jurisdicción, en consulta con la Junta Consultora de Distrito, podrá nombrar a un presbítero calificado para fungir como superintendente de distrito interino. El asunto de incapacitación será determinado por el superintendente general en jurisdicción y la Junta Consultora de Distrito. (207.2)

**307.9.** El superintendente general en jurisdicción puede recomendar a la Junta de Superintendentes Generales que un distrito de fase 3 sea declarado en crisis. (200.2, 322)

**307.10.** El superintendente general que tenga jurisdicción podrá presidir en la sesión anual o especial de la iglesia local o nombrar a alguna persona que lo represente. (113.5)

**307.11.** Los superintendentes generales no serán miembros de ninguna de las juntas generales de la Iglesia del Nazareno. (306.1)

**307.12.** Todos los actos oficiales de los superintendentes generales estarán sujetos al escrutinio y revisión de la Asamblea General.

**307.13.** Cualquier acto oficial de un superintendente general puede ser anulado por el voto unánime de los miembros restantes de la Junta de Superintendentes Generales.

**307.14.** El puesto de cualquier superintendente general puede declararse vacante, por causa justificada, por el voto unánime de los miembros restantes de la Junta de Superintendentes Generales, ratificado por la mayoría de votos de todos los superintendentes de los distritos de Fase 3 y Fase 2.

## H. Superintendentes generales eméritos y jubilados

**314.** Todos los superintendentes generales eméritos y los superintendentes generales jubilados serán miembros ex officio de la Asamblea General. (301)

**314.1.** Un superintendente general al que se le haya concedido la categoría de emérito o jubilado no será miembro de la Junta de Superintendentes Generales y será relevado de toda responsabilidad oficial. Pero en el caso de que un superintendente general activo quede incapacitado por enfermedad, hospitalización u otra emergencia inevitable que requiera su ausencia de alguna asignación, la Junta de Superintendentes Generales tiene la facultad de darle una asignación temporal a cualquier superintendente general jubilado. (305.3-5; 900.1)

**314.2.** La pensión para un superintendente general se fijará bajo las provisiones del Plan de Pensiones de la Iglesia General, un plan calificado de la iglesia. (305.5)

## I. La Junta de Superintendentes Generales

**315.** Los superintendentes generales se organizarán como junta acordando y asignándose el trabajo particular sobre el que han de tener jurisdicción especial.

**316. Vacante.** En caso de que, por muerte u otra causa, hubiere alguna vacante en la Junta de Superintendentes Generales en el intervalo entre asambleas generales, la Junta de Superintendentes Generales decidirá si se ha de convocar a elección para suplir la vacante. Al recibir la decisión de la junta, el secretario general notificará inmediatamente a todos los miembros de la Junta General. Cuando se convoque a elección, los miembros de la Junta General elegirán, por voto favorable de dos terceras partes de todos los que tengan derecho a votar, a un presbítero de la Iglesia del Nazareno para ocupar la vacante y cumplir con los deberes del superintendente general hasta la clausura de la siguiente Asamblea General. (31.5; 305.2)

**316.1.** El secretario general informará el resultado de la votación a la Junta de Superintendentes Generales, quienes anunciarán el resultado a la Iglesia del Nazareno.

**317. Los deberes de la Junta de Superintendentes Generales** son:

**317.1.** Proveer supervisión sobre la Iglesia del Nazareno Global. La Junta de Superintendentes Generales proveerá atención apropiada al liderazgo, dirección, motivación, y estarán accesibles para todos los distritos de Fase 3.

**317.2.** Recomendar, en consulta con el director de la oficina de Misión Global y los respectivos directores administrativos nacionales y/o directores regionales, cambios en la asignación de las áreas geográficas sujeta a la aprobación de la Junta de Superintendentes Generales y la Junta General.

**317.3.** Supervisar todas las juntas generales y los comités de la Junta General. Las políticas y planes adoptados por la junta o comité requieren la aprobación de la Junta de Superintendentes Generales. La Junta de Superintendentes Generales tendrá el privilegio de hacer las recomendaciones que crea convenientes a la Junta General y a sus comités. Aprobarán o desaprobarán todas las nominaciones hechas por el Comité de Misión Global a la Junta General de la Iglesia del Nazareno para el nombramiento de misioneros.

**317.4.** Servir como Comité Nominativo, en conjunto con el Comité Ejecutivo de la Junta General, para presentar uno o más nombres a la Junta General para la elección de un secretario general y un tesorero general.

**317.5.** Declarar vacante, con causa justificada y por voto favorable de dos terceras partes, el oficio de secretario general, tesorero general, presidente de la Nazarene Publishing House, o director de departamento.

**317.6.** Cubrir las vacantes que puedan ocurrir en la membresía de la Corte General de Apelaciones en el intervalo entre asambleas generales y elegir al presidente y al secretario de la corte. (305.7; 511; 901.2)

**317.7.** Cubrir las vacantes que puedan ocurrir en cualquier comisión o comité especial en el intervalo entre las asambleas generales o entre las sesiones de la Junta General.

**317.8.** Aprobar los nombramientos y elecciones hechos por la Junta General de la Iglesia del Nazareno para cubrir las vacantes que puedan ocurrir en su membresía.

**317.9.** Cubrir las vacantes, previa nominación hecha por los miembros restantes, en la junta corporativa de la Nazarene Publishing House. (338)

**317.10.** Nombrar a los superintendentes generales que servirán como consejeros de todas las instituciones de estudios superiores afiliadas a la Junta Internacional de Educación y que servirán como superintendentes generales en jurisdicción de todos los departamentos de la Junta General. (901.5)

**317.11.** Planear, junto con la Oficina de Desarrollo Ministerial, los estudios para ministros locales, ministros licenciados y para los que sirven en funciones ministeriales, laicos o con credenciales. (426-427)

**317.12.** A fin de planear, preservar y promover la línea vital de nuestros intereses de misión global, la Junta de Superintendentes Generales, juntamente con la Junta General, está autorizada y debidamente capacitada para asignar el Fondo para la Evangelización Mundial a los diferentes distritos de asamblea. (38.5; 130; 335.8)

**317.13.** Aprobar por escrito la restauración de credenciales a algún ex presbítero o ex diácono como es requerido. (436.7; 437.2)

**318.** La Junta de Superintendentes Generales constituirá la autoridad para la interpretación de leyes y doctrinas de la Iglesia del Nazareno, así como del significado y aplicación de todas las provisiones del *Manual*, sujetas a apelación ante la Asamblea General.

**319.** La Junta de Superintendentes Generales considerará y aprobará los planes relacionados con centros de distrito, cuyos planes no se llevarán a cabo sino hasta que hayan recibido la aprobación escrita de la Junta de Superintendentes Generales. (222.9)

**320.** La Junta de Superintendentes Generales que preside, a su discreción, tendrá facultad para la ordenación de personas divorciadas, al orden de presbíteros o diáconos en la Iglesia del Nazareno. (35.1-3; 430.3; 431.3)

**321.** La Junta de Superintendentes Generales puede declarar vacante, con causa justificada, el puesto de un superintendente de distrito de cualquier distrito de Fase 2 o Fase 1, previa recomendación del superintendente general en jurisdicción. También puede declarar vacante el puesto de superintendentes de distrito en distritos de Fase 3 al tener el voto favorable de dos terceras partes de la Junta Consultora de Distrito, los presidentes distritales de Ministerios Internacionales de Escuela Dominical y Discipulado, de la JNI y de MNI, el secretario de distrito y el tesorero de distrito (207.2).

**322.** La Junta de Superintendentes Generales puede aprobar que un distrito de fase 3 sea declarado en crisis. (200.2, 307.8)

**323.** Después de cada Asamblea General, el Manual revisado de la Iglesia del Nazareno entrará en vigencia en todos los idiomas cuando la Junta de Superintendentes Generales comunique la fecha oficial a través de los órganos de comunicación de la Iglesia. 3

**324.** La Junta de Superintendentes Generales tendrá autoridad de hacer todo aquello que sea benéfico para la Iglesia del Nazareno y para lo cual no se haga provisión de ninguna otra manera, de acuerdo con los dictados de su sabiduría, en armonía con el orden general de la iglesia y sujeto a la Constitución de la iglesia.

## J. El secretario general

**325.** El secretario general, electo por la Junta General de acuerdo con el Reglamento Interno de la Junta General, servirá hasta la clausura de la siguiente Asamblea General y hasta que su sucesor sea electo y acreditado, o hasta que sea removido de su cargo de acuerdo con el párrafo 317.5. (900.2)

**325.1.** El secretario general será miembro ex officio de la Asamblea General. (301)

**325.2.** Si en el intervalo entre asambleas generales ocurriere una vacante en el cargo de secretario general por cualquier causa, será cubierta por la Junta General, por nominación, como se estipula en el párrafo 317.4. (335.23)

**325.3.** El secretario general responderá a la Junta de Superintendentes Generales y a la Junta General.

**326. Los deberes del secretario general** son:

**326.1.** Registrar correctamente y conservar las actas de procedimientos de la Asamblea General y la Junta General.

**326.2.** Registrar correctamente y conservar todas las estadísticas generales de la Iglesia del Nazareno.

**326.3.** Conservar todos los documentos que pertenezcan a la Asamblea General, y entregarlos prontamente a su sucesor.

**326.4.** Conservar cuidadosamente y en forma permanente todas las decisiones hechas por la Corte General de Apelaciones. (513)

**326.5.** Catalogar y conservar todas las credenciales de ministros archivadas por inactividad temporal, entregadas voluntariamente, retiradas por razones disciplinarias, o devueltas por renuncia, y restaurarlas solamente por orden escrita de parte de la asamblea de distrito de la que fueron recibidas. (434-434.1, 6)

**326.6.** Revisar las estadísticas del distrito de asamblea para su publicación. (217.3)

**326.7.** Mantener en una base de datos permanente el registro de todas las personas a quienes se les ha concedido una licencia de ministro de distrito.

**326.8.** Poner a disposición las actas de las sesiones de la Asamblea General a los delegados de la asamblea específica que las soliciten por medio de su distrito, o de su oficina regional en áreas de Misión Global. Podrán enviarse en un formato digital.

**326.9.** Tener disponible para descargar de *www.nazarene.org* el texto completo de la última versión del *Manual* en un formato que pueda utilizarse en la más amplia variedad de computadoras personales, asistentes digitales personales (PDAs), etc.

**326.10.** Ejecutar fielmente todo lo que sea necesario para el cumplimiento de los deberes de su cargo.

**327.** El secretario general se encargará de guardar y retener todos aquellos documentos legales que pertenezcan a la iglesia general.

**327.1.** El secretario general está autorizado para coleccionar material histórico relacionado con la organización y desarrollo de nuestra denominación y se encargará de la vigilancia de dichos archivos y material.

**327.2.** El secretario general guardará un registro de los sitios y monumentos históricos en conformidad con el párrafo 902.10.

**328.** El secretario general, juntamente con los superintendentes generales, preparará, antes de la apertura de la Asamblea General, todos los formularios necesarios, incluyendo el *Compendio del Manual* en cuanto a Reglas de Orden, para revisión, y todo lo que sea necesario para facilitar el trabajo de la Asamblea General. El gasto en que se incurra se cubrirá con el fondo de gastos de la Asamblea General.

**328.1.** El secretario general puede tener tantos ayudantes como elija la Asamblea General, o como designe la Junta de Superintendentes Generales en el intervalo entre asambleas generales.

## K. El tesorero general

**329.** El tesorero general, electo por la Junta General de acuerdo con el Reglamento Interno de la Junta General, servirá hasta la clausura de la siguiente Asamblea General y hasta que su sucesor sea electo y acreditado, o hasta que sea removido de su cargo de acuerdo con el párrafo 317.5. (900.3)

**329.1.** El tesorero general será miembro ex officio de la Asamblea General. (301)

**329.2.** El tesorero general responderá al superintendente general en jurisdicción de la Oficina de Finanzas del Centro de Ministerio Global, la Junta de Superintendentes Generales y la Junta General.

**330.** **Los deberes del tesorero general** son:

**330.1.** Custodiar todos los fondos que pertenezcan a los intereses generales de la Iglesia del Nazareno.

**330.2.** Recibir y desembolsar, de acuerdo con las órdenes que reciba, Comité Global de Administración y Finanzas, el Comité Global de Educación y Desarrollo Ministerial, el Comité Global de Ministerios y Servicios, Comité de Misión Global, y otros fondos que pertenezcan propiamente a la Junta General o a cualquiera de sus departamentos; el fondo de los superintendentes generales; el fondo general de contingencia; el fondo de gastos de la Asamblea General; el fondo de contingencia general; el fondo de gastos de la Asamblea General; otros fondos generales de benevolencia de la iglesia; los fondos de la Juventud Nazarena Internacional Global y los de Misiones Nazarenas Internacionales Global. (331.3)

**330.3.** Depositar pagos por la ejecución fiel de sus deberes, en una compañía de fianzas acreditada, con una suma adecuada y suficiente como ordene la Junta General.

**330.4.** Proporcionar los informes que le soliciten las juntas y departamentos cuyos fondos estén a su cuidado.

**330.5.** Proporcionar a la Junta General un informe anual de todas las finanzas de la Iglesia del Nazareno, incluyendo las inversiones. (335.13)

**330.6.** Salvaguardar los fondos de renta vitalicia invertidos en bienes raíces mediante pólizas de seguro adecuadas y hacer las provisiones necesarias para que estas pólizas continúen vigentes.

**330.7.** Obtener informes mensuales de ingresos y egresos de todas las escuelas, orfanatos, casas de refugio y otras instituciones de la Iglesia del Nazareno.

## L. La Junta General

**331.** La Junta General de la Iglesia del Nazareno, entidad jurídica religiosa y sin fines de lucro, con personería jurídica de acuerdo con las leyes del estado de Missouri en Kansas City, Missouri, E.U.A., estará compuesta por miembros que hayan sido electos por cédula por la Asamblea General, de entre las personas nominadas de acuerdo con lo provisto en los párrafos 332.1-33.4. Para ser elegido como miembro de la Junta General en representación de una región de la iglesia es necesario ser residente de esa región y miembro de una iglesia local dentro de la misma. (305.6; 334)

**331.1.** Ninguna persona podrá ser elegida como miembro de la Junta General, ni permanecer como tal, si es empleado de la Junta General o de cualquier entidad incluyendo instituciones educativas controladas por la Junta General. Personas de distritos u otras entidades que reciben fondos de operación de los fondos de la iglesia a nivel general tampoco podrán ser elegidas.

**331.2.** El secretario general será secretario ex officio de la Junta General.

**331.3.** El tesorero general de la Iglesia del Nazareno será tesorero ex officio de la Junta General y también de todos sus departamentos. (329.2)

**332. Las nominaciones para la Junta General** se harán de acuerdo con las siguientes provisiones:

**332.1.** Después que los delegados a la Asamblea General hayan sido electos, cada delegación de los distritos de Fase 3 se reunirá con el fin de escoger sus candidatos para nominarlos ante la Junta General de la siguiente manera: Cada distrito de Fase 3 puede presentar los nombres de dos presbíteros asignados y dos laicos. Al escoger a los candidatos se deberá considerar la composición multicultural del distrito que representan. En aquellas regiones que tienen un Concilio Consultivo Regional, los nombres de estos candidatos se enviarán primero a la Junta Nacional y luego al Concilio Consultivo Regional, que podrá reducir el número de nombres a tres por cada miembro que el Comité Electoral Regional necesite elegir, después de lo cual inmediatamente se enviarán estos nombres a la oficina del secretario general para que sean incluidos en las listas de candidatos que han de repartirse a los delegados de cada región en la Asamblea General. (203.23)

**332.2.** De la lista de estos candidatos, los delegados de cada región a la Asamblea General nominarán a personas a la Asamblea General de la siguiente manera:

Cada región de 100,000 o menos miembros en plena comunión nominará a un presbítero asignado y a un laico; cada región que exceda los 100,000 y que tenga hasta 200,000 miembros en plena comunión nominará a dos presbíteros asignados, a un superintendente de distrito, a un pastor o evangelista, y a dos laicos; además, a un laico adicional y a un presbítero asignado adicional para regiones que excedan los 200,000 miembros en plena comunión, con las siguientes provisiones:

1. En regiones cuya membresía exceda 200,000 miembros en plena comunión, un presbítero asignado deberá ser pastor o evangelista; otro deberá ser superintendente de distrito y el otro presbítero asignado podrá estar en cualquiera de esas dos categorías.

2. Ningún distrito tendrá derecho a tener más de dos miembros en la Junta General y ninguna región tendrá derecho a tener más de seis miembros (con excepción de los representantes institucionales y miembros de MNI y JNI). Cuando más de dos candidatos de un distrito reciban un número mayor de votos que los candidatos de otros distritos de la región, los de otro distrito que reciban el siguiente número mayor de votos serán seleccionados como nominados de la región. (305.6; 901.1)

3. En cada región el laico o laicos, el pastor o evangelista y/o el superintendente de distrito que reciban el mayor número de votos en sus respectivas clasificaciones serán nominados por voto mayoritario a la Asamblea General. En el caso de regiones más extensas en las que han de elegirse seis miembros, el laico y el presbítero asignado que

reciban el siguiente número mayor de votos serán los nominados adicionales. (902.8)

4. Si un Concilio Consultivo Regional determina que es probable que una mayoría de delegados electos no pueda asistir a la Asamblea General, la votación del comité electoral regional puede realizarse vía postal o electrónica dentro de los seis meses previos al inicio de la Asamblea General. El proceso específico, para realizar esta nominación postal o electrónica de los miembros de la Junta General a la Asamblea General, será propuesto por el Concilio Consultivo Regional y sometido a la oficina del Secretario General para su aprobación antes llevarse a cabo.

**332.3.** La Junta Internacional de Educación (IBOE) nominará ante la Asamblea General a cuatro personas de las instituciones educativas, dos presbíteros asignados y dos laicos. (331.1)

**332.4.** El Concilio Global de la Juventud Nazarena Internacional (JNI) nominará al recién electo presidente de la JNI Global a la Asamblea General. En caso de que el recién electo presidente de la JNI global no pudiera formar parte de la Junta General, debido a circunstancias atenuantes, el Concilio de la JNI Global nominará a otro miembro de este concilio. (342.1)

**332.5.** El Concilio Global de Misiones Nazarenas Internacionales nominará a dos de sus miembros ante la Asamblea General. (343.3)

**333. Las elecciones para la Junta General** se harán de acuerdo con las siguientes provisiones:

**333.1.** Cada nominado por las regiones respectivas será electo por la Asamblea General por voto afirmativo mayoritario y por escrito. (902.8)

**333.2.** De entre los nominados por la Junta Internacional de Educación, la Asamblea General elegirá a dos, uno de los cuales será ministro ordenado asignado y otro laico.

**333.3.** De entre los nominados por el Concilio Global de la Juventud Nazarena Internacional, la Asamblea General elegirá a una persona por voto "sí" de mayoría absoluta por cédula. (342.4; 901.3)

**333.4.** De entre los nominados por el Concilio Global de Misiones Nazarenas Internacionales la Asamblea General elegirá a una persona. (343.3; 901.4)

**334.** Los miembros de la Junta General ocuparán su cargo hasta la clausura de la siguiente Asamblea General y hasta que sus sucesores sean electos y acreditados. En caso de que un miembro de la Junta General traslade su membresía local o residencia fuera de la región que representa, o en caso de que un ministro cambie de categoría de asignación ministerial para la cual fue electo, antes de la segunda reunión regular del cuatrienio, su membresía terminará de inmediato. La vacante será cubierta con prontitud. (331)

**334.1. Las vacantes que ocurrieren en la membresía de la Junta General,** y también en sus comités, se cubrirán por nominación de la Junta de Superintendentes Generales; quien presentará al secretario general, tan pronto como sea factible, los nombres de dos personas elegibles, de entre las cuales, para propósitos de representación regional, las juntas consultoras de los distritos de la región en que ocurriere la vacante elegirán a una persona por voto mayoritario. Cada Junta Consultora de Distrito de Fase 2 y Fase 3 tendrá derecho a un voto. Para propósitos de representación educativa se presentarán candidatos a la Junta General, a fin de que elijan a uno por voto mayoritario. Para propósitos de representación de la JNI se presentarán candidatos al Concilio Global, a fin de que elijan a uno por voto mayoritario. Para propósitos de representación de MNI, el comité ejecutivo del Concilio Global de MNI, en consulta con el superintendente general en jurisdicción y con la aprobación de la Junta de Superintendentes Generales, presentará candidatos al Concilio Global a fin de que elijan a uno por voto mayoritario.

# DEBERES DE LA JUNTA GENERAL

**335** La Junta General animará a cada junta nacional, regional, distrital y local, y esperará de cada una el cumplimiento de la misión de la Iglesia del Nazareno, la cual consiste en propagar la santidad cristiana según la tradición wesleyana. La Junta General facilitará el avance de la iglesia mundial en cada nación y/o región. La Junta General se encargará de promover los asuntos financieros y materiales de todos los comités de la Iglesia del Nazareno, sujeta a las instrucciones de la Asamblea General. Coordinará, correlacionará y unificará los planes y actividades de los diversos comités constitutivos, de manera que se establezca una política unificada para y en todas las actividades de la Iglesia del Nazareno. Tendrá facultad de dirigir la auditoría de las cuentas de todos los departamentos e instituciones relacionadas con la Iglesia del Nazareno o asociadas con ella, con el fin de conseguir uniformidad de método y totalidad de forma para hacerla más eficiente; y será un cuerpo consultivo en los negocios y asuntos administrativos de los diversos departamentos de la Junta General y de todas las organizaciones e instituciones que formen parte de esta denominación o que estén relacionadas o asociadas con ella. Estos departamentos, organizaciones e instituciones darán consideración debida al consejo y a las recomendaciones de la Junta General.

**335.1.** La Junta General tendrá facultad para comprar, poseer, tener, administrar, hipotecar, vender, traspasar y donar, o de otra manera adquirir, imponer un embargo preventivo y disponer de propiedad real y personal, que haya sido, vendida, legada, cedida, donada, o que de otra manera que esté a su cargo para cualquier propósito legal, y para ejecutar tal propósito; para pedir prestado y para prestar dinero en ejecución de sus propósitos legales.

**335.2.** La Junta General deberá suplir cualquier vacante en la Junta de Superintendentes Generales de acuerdo con los párrafos 316 y 305.2.

**335.3.** La Junta General se reunirá antes o inmediatamente después de la clausura de la Asamblea General y se organizará eligiendo oficiales y comités y asignando miembros a los comités de acuerdo con el Estatuto de la Personería Jurídica y el Reglamento Interno para servir durante el cuatrienio y hasta que sus sucesores sean electos y acreditados. Los superintendentes generales, individual y conjuntamente, presidirán las reuniones de la Junta General.

**335.4. Reuniones.** La Junta General se reunirá en sesión, en el área de Kansas City, Missouri, E.U.A., por lo menos tres veces durante el cuatrienio, en la fecha especificada por el Reglamento Interior de dicha junta; sin embargo, la hora, fecha y lugar de la reunión regular pueden ser cambiados por resolución adoptada por unanimidad, en una reunión regular o especial, de acuerdo con los mejores intereses de la Junta General y sus comités.

**335.5. Las Reuniones Especiales** de la Junta General pueden ser convocadas por el presidente, el oficial que preside o el secretario.

**335.6. Comité Global de Administración y Finanzas.** El Comité Global de Administración y Finanzas, electo por la Junta General, se encargará de la inversión adecuada de los fondos fiduciarios. La Junta General, después de transferir a este comité todas las peticiones de presupuesto presentadas por los diversos departamentos y dependencias del Centro de Ministerio Global para el año siguiente, recibirá del comité un informe de sus recomendaciones respecto a cada petición. Este comité ejecutará cualquier otro trabajo que le haya encomendado la Junta General. Conservará actas precisas de todas sus reuniones y las presentará a la Junta General para su aprobación.

**335.7. Fondo para la Evangelización Mundial.** El Fondo para la Evangelización Mundial ha de ser la suma de todos los presupuestos de departamentos y los demás fondos recaudados por toda la denominación para el sostenimiento, operación y promoción de sus actividades generales.

De los presupuestos pormenorizados solicitados por los diversos departamentos y agencias de la iglesia, y de los estados de cuenta del tesorero general, la Junta General decidirá la cantidad del Fondo para la Evangelización Mundial que ha de asignarse a cada departamento y fondo. Cuando el Fondo para la Evangelización Mundial con sus partidas propuestas para cada departamento haya sido aprobado será presentado a la Junta de Superintendentes Generales para su consideración, sugerencias o enmiendas antes de ser adoptado finalmente por la Junta General.

**335.8.** Cuando la Junta General haya fijado la cantidad total del Fondo para la Evangelización Mundial para el siguiente año fiscal, la Junta General y la Junta de Superintendentes Generales están autorizadas para asignar parte del Fondo para la Evangelización Mundial a los diversos distritos sobre bases equitativas, tanto para el distrito como para los intereses generales afectados. (130; 317.12)

**335.9.** La Junta General tendrá autoridad para aumentar o disminuir la cantidad pedida por cualquier departamento o fondo. Los asuntos de finanzas adoptados por la Asamblea General serán referidos a la Junta General, la cual estará autorizada para ajustar proporcionalmente a las condiciones económicas existentes la partida anual de cualquier institución o agencia de la iglesia de acuerdo con las demandas financieras totales de la iglesia general.

**335.10.** La Junta General aprobará las partidas del Fondo para la Evangelización Mundial destinados al Nazarene Theological Seminary (E.U.A.) y al Nazarene Bible College (E.U.A.), tal como parezca prudente y de acuerdo con los fondos disponibles.

**335.11.** La Junta General anualmente revisará y hará los ajustes necesarios en los salarios y prestaciones de los superintendentes generales en el intervalo entre asambleas generales.

**335.12. Informes.** La Junta General recibirá, en su reunión regular, un informe detallado de las actividades de los departamentos durante el año pasado, incluyendo un informe financiero. Cada departamento también presentará un presupuesto de gastos para el año siguiente.

**335.13.** El tesorero general presentará anualmente a la Junta General un informe financiero detallado de ingresos y egresos de todos los fondos que hayan estado bajo su cuidado durante el año pasado, incluyendo los fondos fiduciarios e inversiones, junto con una declaración detallada de los desembolsos propuestos para el año siguiente de fondos no incluidos en los presupuestos de los departamentos de la Junta General. El tesorero general responderá ante la Junta General por el cumplimiento fiel de sus deberes oficiales. (330.5)

**335.14.** La Junta General se reunirá antes o inmediatamente después de la clausura de la Asamblea General y elegirá a un secretario general y un tesorero general de acuerdo con lo provisto en el Reglamento Interno de la Junta General, quienes servirán hasta la clausura de la siguiente Asamblea General y hasta que sus sucesores sean electos y acreditados.

**335.15.** Los miembros de la Junta General que representen las regiones de los Estados Unidos elegirán una Junta de Pensiones y Beneficios de E.U.A., compuesta de un miembro representante de cada región de los Estados Unidos y un miembro vocal. La Junta de Superintendentes Generales presentará las nominaciones como se estipula en el Reglamento Interno de la Junta de Pensiones y Beneficios de E.U.A. (337)

**335.16.** La Junta General elegirá a una Junta de la Nazarene Publishing House después de cada Asamblea General, la cual servirá hasta la clausura de la siguiente Asamblea General y hasta que sus sucesores sean electos y acreditados. (338)

**335.17.** La Junta General elegirá a un presidente de la Nazarene Publishing House de acuerdo con lo estipulado en el párrafo 335.20 y el Reglamento Interior de la Junta General.

**335.18.** Un asunto en la agenda de la Junta General que concerniente sólo a una región o nación será referido, con la aprobación del Comité Ejecutivo de la Junta General y la Junta de Superintendentes Generales, a un comité formado por los miembros de la Junta General que pertenezcan a dicha región o nación.

**335.19.** La Junta General asignará debidamente cualquier comisión o comité autorizado por la Asamblea General o la Junta General a algún departamento o departamentos o a la junta como un todo y asignará su trabajo, responsabilidad y presupuesto.

**335.20. Directores de Departamento.** La Junta General elegirá, por escrito, a un director para cada uno de los diversos departamentos, quienes servirán hasta la clausura de la siguiente Asamblea General y hasta que sus sucesores sean electos y acreditados, a menos que sean removidos de su cargo de acuerdo con lo provisto en el párrafo 317.5. **Serán nominados de acuerdo con el siguiente procedimiento:** Si hubiere un director en funciones, el Comité Nominativo podrá recomendar un voto de "sí" o "no", o presentar múltiples nominaciones. La búsqueda de candidatos capaces de desempeñar estas responsabilidades estará a cargo de un comité de búsqueda como lo estipula el Reglamento Interno de la Junta General. Este comité presentará dos o más nombres al Comité Nominativo junto con las razones en las que basan su recomendación.

El Comité Nominativo, compuesto de los seis superintendentes generales y el Comité de Personal del comité respectivo, presentará una o más nominaciones a la Junta General para elección tal como está provisto en el Reglamento Interno de la Junta General.

**335.21.** Sueldos de los ejecutivos. La Junta General fijará y documentará una "evaluación de servicio" y un programa de administración salarial, el que incluirá al director de departamento y a los directores de ministerio/servicio y proveerá una estructura de salarios que reconozca tanto los niveles de responsabilidad como de mérito. La Junta General revisará anualmente y aprobará los salarios de los directores de departamento, del presidente de la Nazarene Publishing

House y de otros oficiales que sean autorizados y electos por la Junta General.

**335.22.** La Junta General, durante el intervalo entre asambleas generales y/o reuniones de la Junta General, previa nominación como se estipula en el Reglamento Interior de la Junta General y el párrafo 317.4, cubrirá cualquier vacante que pueda ocurrir en los oficios mencionados en los párrafos 335.14, 335.20 y cualquier otra posición ejecutiva creada por la Asamblea General, la Junta General o sus comités electos.

**336. La jubilación** de todos los oficiales y de otros directores mencionados en los párrafos 334.14 y 334.20 y de cualquier otro director de agencia empleado por la Asamblea General o sus comisiones electas, la Junta General y sus departamentos deberá realizarse al tiempo de la reunión de la Junta General, subsecuente a la fecha en que cumplan 70 años de edad. Cuando haya vacantes, serán suplidas de acuerdo con los procedimientos indicados en el Manual.

## M. Juntas relacionadas con la iglesia general

## JUNTAS DE PENSIONES

**337.** Deberá organizarse una Junta de Pensiones, o un cuerpo equivalente autorizado, con responsabilidad fiduciaria para cada plan de pensión relacionado con la iglesia. Un plan de pensión podrá servir a nivel organizacional, distrital, multidistrital, nacional, regional o multirregional, según lo dicten las necesidades. (335.15)

**337.1.** La Junta General establecerá y mantendrá directrices sugeridas que se puedan aplicar a todos los programas de pensión en todo el mundo. La Junta General no garantiza ningún plan de pensiones en caso de pérdida o depreciación. La Junta General no garantiza ningún pago que esté vencido, o se venza, a ninguna persona de ningún plan de pensión y no será responsable en el caso de que algún plan de pensión no tenga fondos suficientes.

**337.2.** Todos los planes de pensión deberán presentar un informe anual a la Junta General por medio de Pensions and Benefits International, en la forma y formato requeridos.

## JUNTA DE NAZARENE PUBLISHING HOUSE

**338.** Nazarene Publishing House (NPH), una entidad jurídica establecida en Kansas City, Missouri, E.U.A., tendrá una junta de directores compuesta de nueve miembros: el presidente de la Nazarene Publishing House, quien será el director ejecutivo de la entidad jurídica; el secretario general de la Iglesia del Nazareno, quien será el secretario ex officio de la entidad jurídica; un miembro del Comité

Global de Servicios de Ministerio y seleccionado por ese comité; y seis miembros vocales, nominados por la Junta de Superintendentes Generales y electos por la Junta General. Servirán hasta la clausura de la siguiente Asamblea General y hasta que sus sucesores sean electos y acreditados. Las vacantes serán cubiertas por voto mayoritario de los miembros restantes de entre las nominaciones hechas por la Junta de Superintendentes Generales.

**338.1.** La Junta de Directores revisará y proveerá lineamientos para la política, planeación y las operaciones de negocios de la Nazarene Publishing House y servirá de acuerdo con los estatutos y el reglamento interior de la NPH y de la Junta General.

**338.2.** La Junta de la Nazarene Publishing House se reunirá anualmente, o con mayor frecuencia, como se especifica en el reglamento interno de la NPH.

**338.3.** El presupuesto de las inversiones de capital y un presupuesto anual serán preparados por el presidente de la Nazarene Publishing House para su aprobación por la junta de directores antes de ser aprobados por la Junta General.

**338.4.** El presidente de la Nazarene Publishing House será responsable ante la Junta de Directores de la NPH por la administración de las operaciones de negocios de la entidad e informará anualmente a la Junta de Directores y a la Junta General.

**338.5.** El presidente de la Nazarene Publishing House será electo de acuerdo con el párrafo 335.20, excepto que la Junta de Directores seleccionará a uno de sus miembros para servir en el comité de búsqueda cuando se tenga que elegir a un nuevo presidente y el Comité Nominativo se compondrá de los seis superintendentes generales, tres miembros de la Junta de Directores que no sean miembros ex officio y tres miembros del comité ejecutivo de la Junta General. Él o ella responderá por su oficio ante el superintendente general en jurisdicción.

**338.6.** El presidente de la Nazarene Publishing House será miembro de la asociación de directores y del concilio de planificación y presupuesto de las oficinas internacionales.

## N. El Comité de Acción Cristiana

**339.** Después de la Asamblea General, la Junta de Superintendentes Generales nombrará un **Comité de Acción Cristiana**; uno de sus miembros será el secretario general, quien rendirá informe del trabajo del comité a la Junta General. Los deberes del **Comité General de Acción Cristia**na son:

**339.1.** Proveer y desarrollar para nuestra membresía información constructiva en relación con asuntos como el licor, el tabaco, los narcóticos, los juegos de azar, y otros asuntos sociales y morales en armonía con la doctrina de la iglesia, y diseminar la información en comunicaciones denominacionales.

**339.2**. Recalcar la santidad del matrimonio y el carácter sagrado del hogar cristiano, señalando, además, los problemas y perjuicios del divorcio. En particular, hacer hincapié en el plan bíblico para el matrimonio como un pacto para toda la vida, el cual queda nulo solamente al morir uno de los cónyuges.

**339.3**. Alentar a nuestra feligresía a servir en posiciones de liderazgo en organizaciones cívicas que trabajan por la justicia social.

**339.4**. Advertir a nuestra feligresía respecto a la necesidad de guardar el día del Señor y de evitar las órdenes secretas ligadas bajo juramentos, los entretenimientos que son contrarios a la ética cristiana, la mundanalidad de cualquier clase y otros asuntos relacionados que sea necesario recalcar. (34.1)

**339.5**. Ayudar y estimular a cada distrito a establecer un Comité de Acción Cristiana; proveer a cada comité de distrito información y material sobre problemas morales contemporáneos. Tales materiales deberán distribuirse a cada iglesia local para su acción apropiada.

**339.6**. Estar al tanto de los temas morales de importancia nacional e internacional y presentar el punto de vista bíblico a las organizaciones apropiadas para su consideración.

## O. El comité sobre los intereses del evangelista llamado por Dios

**340**. El comité sobre los intereses del evangelista llamado por Dios se compondrá del coordinador de evangelismo, quien será presidente ex officio del comité, además de cuatro evangelistas titulados y un pastor. El director de la oficina de E.U.A./Canadá, en consulta con el coordinador de campañas evangelísticas presentará una lista de candidatos de parte del comité a la Junta de Superintendentes Generales, para que ésta dé su aprobación y proceda al nombramiento. El comité, o la persona que éste designe, entrevistará personalmente a los evangelistas comisionados que hayan sido recomendados por sus respectivas asambleas de distrito para ser designados "evangelistas titulados" (408.3). Asimismo revisará la situación de la evangelización itinerante en la Iglesia del Nazareno y presentará recomendaciones, concernientes tanto a las campañas evangelísticas como a los evangelistas, al correspondiente comité de la Junta General. Las vacantes serán cubiertas por asignación de la Junta de Superintendentes Generales por recomendación del Director de la oficina de E.U.A./Canadá, en consulta con el coordinador de campañas evangelísticas. (317.7)

## P. Comité Consultivo Internacional del Curso de Estudios

**341**. Después de la Asamblea General, el director de desarrollo ministerial en consulta con los coordinadores regionales de educación, presentará una lista de nominados para que sirvan en el Comité Consultivo Internacional del Curso de Estudio (ICOSAC), por sus siglas en inglés). Los nominados al comité pueden incluir representantes pastorales, administrativos, educadores y laicos. La composición del ICOSAC debe representar sustancialmente a la iglesia global. La Junta de Superintendentes Generales nombrará al Comité Consultivo Internacional de Curso de Estudios para servir durante el cuatrienio.

El Comité Consultivo Internacional de Curso de Estudios debe reunirse no menos de una vez cada dos años en un lugar determinado por el director de desarrollo ministerial (424.1-2, 5).

## Q. La Juventud Nazarena Internacional Global

**342**. El ministerio juvenil de la Iglesia del Nazareno está organizado globalmente bajo los auspicios y el Estatuto de la Juventud Nazarena Internacional y bajo la autoridad del superintendente general en jurisdicción para la JNI y la Junta General. La JNI global estará compuesta por los miembros, grupos locales y organizaciones distritales de la Juventud Nazarena Internacional alrededor del mundo. La JNI Global se regirá por el Estatuto de la JNI y el Plan de Ministerio Global de la JNI aprobado por la Asamblea General.

**342.1**. Se celebrará una Convención Global Cuatrienal de la JNI en la fecha fijada por la Junta de Superintendentes Generales en consulta con el Concilio Global de la JNI. La convención cuatrienal se compondrá de los miembros tal como lo designa el Plan de Ministerio Global de la JNI (810).

**342.2**. La convención deberá elegir a un presidente global y a un vicepresidente global quienes serán miembros ex officio del Concilio de la JNI Global y servirán sin salario.

**342.3**. El Concilio Global de la JNI se compondrá del presidente, vicepresidente, miembros vocales juveniles y representación de cada región tal como se estipula en el Plan de Ministerio Global de la JNI (810). El Director de la Juventud Nazarena Internacional servirá ex officio en el concilio. El concilio será responsable ante la Junta General, a través del Comité Global de Ministerios y Servicios y ante el superintendente general en jurisdicción para la JNI y se conducirá bajo la autoridad del Estatuto de la JNI y del Plan de Ministerio Global de la JNI. Los miembros del Concilio Global de la JNI ocuparán su cargo hasta la conclusión de la subsiguiente Asamblea General, cuando sus sucesores sean electos y acreditados.

**342.4.** La Juventud Nazarena Internacional Global estará representada en la Junta General de la Iglesia del Nazareno por un miembro electo por la Asamblea General de entre la nominación presentada por el Concilio de la JNI Global. (332.4; 333.3)

**342.5.** La Juventud Nazarena Internacional Global será representada en la Asamblea General por el presidente de la JNI Global en funciones (301).

# R. El Concilio Global de Misiones Nazarenas Internacionales

**343.** El Concilio Global de Misiones Nazarenas Internacionales se compondrá del presidente global, del director global y del número de miembros prescrito por la Constitución de Misiones Nazarenas Internacionales Global y electos en conformidad con esta Constitución.

**343.1.** El Concilio Global se regirá por la Constitución de MNI. El Concilio Global informará al Comité Global de Ministerios y Servicios de la Junta General. (811)

**343.2.** El director global será nominado por el director de la oficina de Misión Global, en consulta con el superintendente general en jurisdicción de la oficina de Misión Global, y deberá ser aprobado por mayoría de votos del Concilio Global antes de presentarlo al Comité de Misión Global para su aprobación por voto mayoritario, con la recomendación para su elección presentada por la Junta de Superintendentes Generales. En caso de que la nominación no fuera aprobada, el Director del Departamento de Misión Global y la Junta de Superintendentes Generales deberán presentar otras nominaciones hasta que una sea aprobada por cédula y por mayoría de votos del Concilio Global. El director global será miembro ex officio del Concilio de MNI Global y miembro del personal del Departamento de Misión Global.

**343.3.** Misiones Nazarenas Internacionales Global estará representada en la Junta General por un miembro electo con ese fin por la Asamblea General, de entre nominaciones presentadas por el Concilio Global de Misiones Nazarenas Internacionales. (332.5; 333.4)

**343.4.** Se celebrará una Convención Cuatrienal bajo la dirección del Concilio Global de Misiones Nazarenas Internacionales inmediatamente antes de la reunión regular de la Asamblea General. Esta convención elegirá al Concilio Global de Misiones Nazarenas Internacionales de acuerdo con lo estipulado en la Constitución. La convención elegirá a un presidente general, quien será miembro ex officio del Concilio Global de Misiones Nazarenas Internacionales. (811)

# R. Juntas nacionales

**344**. Donde se considere necesario, se establecerá una junta nacional para facilitar el cumplimiento de la misión de la iglesia, permitiendo estrategias unificadas de evangelismo, discipulado, fundación de iglesias, desarrollo distrital, nuevos distritos, preparación ministerial, desarrollo de recursos y planes de ahorro para la jubilación de ministros; por medio de la adquisición, conservación, venta y traspaso de propiedad; o tratando cualquier otro asunto de negocios administrativo y/o legal que tenga que ver con la Iglesia del Nazareno en ese país para el cual no se haya hecho ninguna otra provisión en el *Manual*. Tal junta se reconocerá como la autoridad legal de la Iglesia del Nazareno en ese país.

En un país donde exista un solo distrito organizado de la Iglesia del Nazareno, la Junta Consultora de Distrito debidamente electa servirá como la junta nacional para realizar los negocios arriba mencionados.

Cuando haya dos o más distritos organizados en un país, la junta nacional consistirá de los superintendentes de distrito debidamente electos o asignados, además de un presbítero asignado y dos representantes laicos electos por la Asamblea Distrital, de entre los miembros de la Junta Consultora de Distrito; o, con la aprobación de la Junta General y la Junta de Superintendentes Generales, la junta nacional consistirá de aquellas personas debidamente electas o asignadas como superintendentes distritales y la representación adicional de ministros ordenados asignados y laicos según se acuerde.

Cuando haya más de una región en un solo país, la junta nacional consistirá de los representantes de dichas regiones debidamente electos a la Junta General y la representación adicional de ministros ordenados asignados y laicos según se acuerde al constituir la Junta Nacional. (332-32.2)

Una copia de los artículos de organización o personería jurídica de tal junta será archivada de inmediato en la oficina del secretario general. Todo asunto tratado por la junta nacional estará sujeto a la aprobación de la Junta de Superintendentes Generales. Las actas de las reuniones anuales y especiales de la junta nacional serán revisadas por el Concilio Consultivo Regional que recomendará su aprobación o desaprobación, antes de ser presentadas al secretario general para la lectura y aprobación por la Junta General.

# T. La región

**345. Origen y Propósito**. Con el crecimiento de la iglesia en todo el mundo se ha desarrollado la agrupación de varios distritos organizados en áreas geográficas identificadas como regiones. Un conglomerado de distritos responsables ante el gobierno general de la Iglesia del Nazareno y que comparten un sentido de identificación regional y cultural podrá organizarse como una región administrativa por decisión de la Junta General y la aprobación de la Junta de Superintendentes Generales.

**345.1. Reglamento Regional.** En conformidad con el tratamiento asimétrico de organización, la Junta de Superintendentes Generales puede, cuando lo considere necesario, y en consulta con el Concilio Consultivo Regional, estructurará regiones administrativas de acuerdo con necesidades particulares, problemas potenciales, realidades existentes y diversos trasfondos culturales y educativos en sus áreas geográficas particulares del mundo. En tales situaciones, la Junta de Superintendentes Generales establecerá un reglamento que tome en cuenta compromisos no negociables, incluyendo nuestros *Artículos de Fe*, el apego fiel a nuestra doctrina y vida de santidad y el apoyo a nuestros extensos esfuerzos misioneros de evangelización.

**345.2. Deberes. Los deberes principales de las regiones** son:

1. Cumplir la misión de la Iglesia del Nazareno a través de áreas pioneras, distritos e instituciones establecidos.

2. Desarrollar una conciencia regional, compañerismo y estrategias para cumplir la Gran Comisión, reuniendo periódicamente a los representantes distritales e institucionales con el propósito de planificación, oración e inspiración.

3. Nominar a personas a la Asamblea General y Convenciones Globales para las elecciones a la Junta General.

4. De acuerdo con las provisiones del *Manual*, establecer y mantener escuelas, universidades u otras instituciones que las regiones determinen.

5. Tener la autorización para reclutar y evaluar, conforme al reglamento, a candidatos de la región al campo misionero. (345.3)

6. Planificar reuniones del Concilio Consultivo Regional y conferencias regionales; y

7. Facilitar juntas nacionales como se estipula en los párrafos 344 y 345.3.

**345.3. Concilio Consultivo Regional** (RAC por sus siglas en inglés). Una región puede tener un Concilio Consultivo Regional cuyas responsabilidades serán asistir al director regional en el desarrollo de estrategias para la región, revisar y recomendar la aprobación o desaprobación de todas las actas de las juntas nacionales antes de remitirlas a la oficina del secretario general, entrevistar a candidatos al campo misionero a fin de recomendarlos a la oficina de Misión Global y/o asignarlos como misioneros regionales contratados por la Junta General, recibir informes del director regional, de los coordinadores de estrategia de área y de los coordinadores de ministerios, elegir a los delegados misioneros a la Asamblea General de acuerdo con las estipulaciones del *Manual*, y elegir a un director/rector/presidente de una institución de la Junta Internacional de Educación como delegado a la Asamblea General.

La membresía del RAC será flexible con el fin de configurar el RAC de acuerdo con las necesidades, desarrollo y requisitos de cada región. El director regional recomendará el número de miembros del RAC al director de la oficina de Misión Global y al superintendente general en jurisdicción para aprobación. Serán miembros ex officio el superintendente general en jurisdicción de la región, el director de la oficina de Misión Global y el director regional que servirá como presidente. Los miembros del personal contratado por la oficina de Misión Global no serán candidatos para elección al RAC, pero pueden servir como personal de recurso. Los miembros del RAC serán electos por cédula por el comité electoral regional en la Asamblea General. El RAC cubrirá cualquier vacante que se produzca entre Asambleas Generales.

El director regional, en consulta con el RAC, puede convocar una conferencia regional o una conferencia de evangelismo de área como considere necesario.

**345.4. El Director Regional**. Cuando se considere necesario, una región podrá tener un director electo por la Junta de Superintendentes Generales en consulta con el director de la oficina de Misión Global y ratificado por la Junta General, para trabajar en armonía con los reglamentos y prácticas de la Iglesia del Nazareno dando liderazgo a los distritos, iglesias e instituciones de dicha región en cumplimiento de la misión, estrategias y programas de la iglesia. Previo a la reelección de un director regional, el director de la oficina de Misión Global y el superintendente general en jurisdicción realizarán una revisión, con el consejo del Concilio Consultivo Regional. Una revisión positiva constituirá una aprobación de la recomendación para la reelección. Cada director regional ha de ser responsable administrativamente ante la oficina de Misión Global y la Junta General y en asuntos de jurisdicción ante la Junta de Superintendentes Generales.

**345.5. El Coordinador de Estrategia de Área**. Cuando se considere necesario, el director regional puede establecer una estructura de área en la región y recomendar al director de la oficina de Misión Global la designación de coordinadores de estrategias de área de acuerdo con el *Manual de Procedimientos y Política de Misión Global*. Los coordinadores de estrategias de área serán responsables al director regional.

**345.6. Comité Consultivo Regional de Curso de Estudios**. El Comité Consultivo Regional de Curso de Estudios (CCRCE) estará compuesto por el coordinador regional de educación, quien será presidente ex officio del comité, más los representantes seleccionados en consulta con el director regional. Los miembros del CCRCE deben representar a todas las partes interesadas en la educación ministerial, (por ejemplo: pastores, administradores, educadores, y laicos) para la región.

**345.7 Responsabilidades del Comité Consultivo Regional del Curso de Estudios (RCOSAC por sus siglas en inglés). Las responsabilidades principales del RCOSAC** son:

1. Elaborar la Guía de Desarrollo Ministerial Regional (GDMR) estipulando las normas de los requerimientos mínimos de educación en la región en la Iglesia del Nazareno. La GDMR debe reflejar las normas establecidas en el Manual y elaboradas en la Guía Internacional de Normas de Desarrollo para la Ordenación;

2. Elaborar procedimientos de validación para los programas de educación ministerial en su región, verificar si los programas regionales cumplen las normas mínimas del Comité Consultivo de Cursos de Estudio (COSAC, en inglés) y del Comité Consultivo Internacional de Curso de Estudio ( ICOSAC, por sus siglas en inglés);

3. Colaborar con los proveedores de educación regional al interpretar las normas en los programas de educación ministerial;

4. Revisar los programas de educación ministerial presentados de acuerdo con las normas de la Guía Internacional de Desarrollo Ministerial;

5. Recomendar los programas de educación ministerial regional al ICOSAC para su adopción y aprobación.

# CAPÍTULO IV

## EDUCACIÓN SUPERIOR

### A. La iglesia y la universidad

**380**. La Iglesia del Nazareno, desde su inicio, ha dado alta prioridad a la educación superior. La iglesia provee a la universidad estudiantes, personal administrativo y docente, así como liderazgo, apoyo financiero y espiritual. La universidad educa a los jóvenes de la iglesia y a muchos de sus adultos, los guía hacia la madurez espiritual, enriquece a la iglesia, y envía al mundo a siervos de Cristo pensantes y amorosos. Aún cuando la universidad de la iglesia no es una congregación local, es parte integral de la iglesia; es una expresión de ella.

La Iglesia del Nazareno cree en el valor y la dignidad de la vida humana y la necesidad de proveer un ambiente en el que las personas puedan ser redimidas y enriquecidas espiritual, intelectual y físicamente, "santificado, útil al Señor y dispuesto para toda buena obra" (2 Timoteo 2:21). La tarea primaria y las expresiones tradicionales de actividad de la iglesia local (evangelismo, educación religiosa, ministerios de compasión y servicios de adoración) dan ejemplo del amor de la iglesia hacia Dios y su interés por el ser humano.

A nivel de la iglesia local, la educación cristiana de jóvenes y adultos en diversas etapas del desarrollo humano intensifica la eficacia del evangelio. Las congregaciones pueden incorporar dentro de sus objetivos y funcionamiento programas de guardería/escuela en alguno o en todos los niveles, desde recién nacidos hasta secundaria. A nivel de la iglesia general se seguirá manteniendo la práctica de proveer instituciones de educación superior o de preparación ministerial. Dondequiera que operen tales instituciones funcionarán dentro del marco filosófico y teológico de la Iglesia del Nazareno como lo establece la asamblea general y como se expresa por medio del *Manual*.

**380.1.** Declaración de la misión educacional. La educación en la Iglesia del Nazareno, cimentada en los postulados bíblicos y teológicos de los movimientos wesleyano y de santidad, y responsable de cumplir la misión declarada de la denominación se pro-pone dirigir a quienes recurran a ella a aceptar, cultivar y expresar, en servicio a la iglesia y el mundo, las ideas cristianas consistentes y coherentes en cuanto a la vida social e individual. Además, las instituciones de educación superior tratarán de proveer un currículo, calidad de instrucción y evidencia de logro académico que preparen adecuadamente a los graduados para funcionar con eficacia en las vocaciones y profesiones que ellos escojan.

**380.2.** Se requiere la autorización de la Asamblea General, por recomendación de la Junta Internacional de Educación, para establecer instituciones que otorguen títulos de grado.

La Junta General puede autorizar el desarrollo o cambio de nivel de instituciones existentes, por recomendación de la Junta Internacional de Educación.

Ninguna iglesia local o combinación de iglesias, ni personas que representan a una iglesia local o grupo de iglesias podrán establecer o auspiciar una institución de nivel superior al de secundaria o de capacitación ministerial a nombre de la iglesia, excepto por la recomendación de la Junta Internacional de Educación.

## B. Concilio Internacional de Educación Superior

**381.** Habrá un Concilio Internacional de Educación Superior compuesto del presidente, director, rector (o su representante designado) de cada institución de la Junta Internacional de Educación de la Iglesia del Nazareno, los coordinadores regionales de educación, el comisionado de educación, el director de la oficina de Misión Global y el superintendente general en jurisdicción de la Junta Internacional de Educación.

## C. Junta Internacional de Educación

**382.** La Junta Internacional de Educación será la mediadora de la iglesia general para las instituciones educacionales de la Iglesia del Nazareno en todo el mundo.

La junta se compondrá de trece miembros: ocho miembros electos por la Junta General, más cinco miembros ex officio: los dos representantes de educación de la Junta General, el director de la oficina de Misión Global, el director de Desarrollo Ministerial y el comisionado de educación. Un comité nominativo compuesto por el comisionado de educación, el director de la oficina de Misión Global, los dos representantes de educación en la Junta General y los superintendentes generales responsables de la Junta Internacional de Educación y de la oficina de Misión Global presentarán ocho nominados aprobados por la Junta de Superintendentes Generales a la Junta General para que ésta elija.

En un esfuerzo por asegurar una amplia representación a lo largo de la iglesia, el comité nominativo presentará nominaciones de la siguiente manera: un coordinador regional de educación, tres laicos, dos ministros ordenados asignados de las regiones de Misión Global de donde no fue nominado el coordinador de educación y dos vocales nominados. Ninguna región de Misión Global tendrá más de un miembro en la Junta Internacional de Educación sino hasta que cada región tenga un representante. En todo el proceso nominativo y elec-

región tenga un representante. En todo el proceso nominativo y electoral se dará atención a la elección de personas con perspectivas y/o experiencias transculturales como educadores.

**Las funciones de la Junta Internacional de Educación** son:

**382.1.** Cerciorarse de que las instituciones estén bajo el control legal de sus juntas administrativas respectivas, cuyas constituciones y reglamentos internos se conformarán con su respectivo estatuto o reglamento de personería jurídica y estarán en armonía con las normas establecidas por el *Manual* de la Iglesia del Nazareno.

**382.2.** Cerciorarse de que los miembros de las juntas administrativas de instituciones nazarenas sean miembros de buena reputación de la Iglesia del Nazareno. Deberán estar de acuerdo plenamente con los *Artículos de Fe*, incluyendo la doctrina de la entera santificación y las prácticas de la Iglesia del Nazareno establecidas en el *Manual* de la iglesia. Hasta donde sea posible, los miembros de las juntas de control de educación superior deberán tener igual número de ministros y laicos.

**382.3.** Recibir los fondos que puedan otorgárseles para propósitos educativos mediante regalos, legados y donativos, y recomendar anualmente partidas de esos fondos para cada institución educacional de acuerdo con el reglamento aprobado por la Junta General. Las instituciones no seguirán recibiendo sostenimiento regular si no presentan sus normas educativas, plan de organización e informes financieros a la Junta Internacional de Educación.

**382.4.** Recibir y tratar en forma apropiada un informe anual del comisionado de educación en el que se resumirá la siguiente información de todas las instituciones de la Junta Internacional de Educación:

(1) informe estadístico anual,

(2) informe anual de auditoría, y

(3) presupuestos fiscales anuales para el año siguiente.

**382.5.** Recomendar y proveer apoyo y mediación, aun cuando su función es de consulta para las instituciones, la Junta de Superintendentes Generales y la Junta General.

**382.6.** Servir a la iglesia en asuntos relacionados con instituciones educacionales nazarenas a fin de fortalecer los lazos entre las instituciones y la iglesia en general.

**382.7.** Presentar sus asuntos de negocios y recomendaciones a la Junta de Superintendentes Generales y a la Junta General para su ratificación de la misma forma en que presentan sus asuntos de negocios y recomendaciones los comités de la Junta General. 383. Todas las constituciones y reglamentos interiores institucionales deberán incluir un artículo sobre la disolución y disposición de fondos en el que se indicará que la Iglesia del Nazareno deberá recibir tales fondos para usarlos en servicios educacionales de la iglesia.

# CAPÍTULO I

## LLAMAMIENTO Y CUALIDADES DEL MINISTRO[7]

**400.** La Iglesia del Nazareno reconoce e insiste en que a todos los creyentes se les ha encomendado una dispensación del evangelio que deben ministrar a todos los seres humanos.

También reconocemos y sostenemos que Jesucristo, la Cabeza de la iglesia, llama a algunos hombres y mujeres a dedicarse a la obra más oficial y pública del ministerio. Como el Señor llamó a los que Él quiso, y escogió y ordenó a sus 12 apóstoles "para que estuvieran con él, para enviarlos a predicar" (Marcos 3:14), así todavía llama y envía a mensajeros del evangelio. La iglesia, iluminada por el Espíritu Santo, reconocerá el llamamiento del Señor.

La iglesia también reconoce, sobre la base de las Escrituras y la experiencia, que Dios llama a algunas personas a dedicar su vida al ministerio, aun cuando no dan testimonio de un llamamiento específico a predicar.

Cuando la iglesia descubra un llamamiento divino deberá tomar los pasos debidos para su reconocimiento y respaldo y darle al candidato la ayuda apropiada para abrirle el camino de entrada al ministerio.

**401. Teología de la Ordenación.** Aun cuando se afirma el principio bíblico del sacerdocio universal y del ministerio de todos los creyentes, la ordenación refleja la creencia bíblica de que Dios llama y otorga dones a ciertos hombres y mujeres para el liderazgo ministerial en su iglesia. La ordenación es el acto de la iglesia que autentica, autoriza, reconoce y confirma el llamado de Dios al liderazgo ministerial como mayordomos y proclamadores del evangelio y de la iglesia de Jesucristo. Consecuentemente, la ordenación testifica a la iglesia universal y al mundo entero que el candidato da evidencia de una vida ejemplar de santidad, que posee dones y virtudes para el ministerio público, que tiene sed por el conocimiento, especialmente de la Palabra de Dios, y la capacidad de comunicar claramente la sana doctrina.

(Hechos 13:1-3; 20:28 Romanos 1:1-2; 1 Timoteo 4:11-16; 5:22; 2 Timoteo 1:6-7)

**401.1.** La perpetuidad y eficacia de la Iglesia del Nazareno dependen en gran parte de las cualidades espirituales, el carácter y la manera de vivir de sus ministros. (433.14)

---

[7] El Comité de Redacción del *Manual*, en reconocimiento de la validez de las palabras iniciales del párrafo 400, ha tratado de usar lenguaje que refleje esta distinción. Sin embargo, debido a la naturaleza de esta sección del *Manual*, los términos "ministro" o "el ministro" por lo general se refieren a una persona con credenciales, ya sea licenciada, ordenada o comisionada.

**401.2.** El ministro de Cristo debe ser ejemplo en todo a su grey —en puntualidad, en discreción, en diligencia, en sinceridad; "en pureza, en conocimiento, en tolerancia, en bondad, en el Espíritu Santo, en amor sincero; en palabra de verdad, en poder de Dios y con armas de justicia a diestra y a siniestra" (2 Corintios 6:6-7).

**401.3.** Es menester que el ministro del evangelio en la Iglesia del Nazareno tenga paz para con Dios por medio de nuestro Señor Jesucristo y que haya sido enteramente santificado por el bautismo con el Espíritu Santo. Debe sentir profundamente que las almas por las cuales Cristo murió perecen y que él es llamado por Dios para proclamarles o darles a conocer las buenas nuevas de la salvación.

**401.4.** Además, el ministro debe sentir profundamente la necesidad de que los creyentes sigan adelante a la perfección y que desarrollen las virtudes cristianas en la vida práctica, para que su "amor abunde aún más y más en conocimiento y en toda comprensión" (Filipenses 1:9). El que desea ministrar en la Iglesia del Nazareno debe tener un profundo aprecio tanto por la salvación como por la ética cristiana.

**401.5.** El ministro debe responder a oportunidades de servir como mentor a futuros ministros y de cultivar el llamado al ministerio en aquellos que tienen evidentes dones y gracias para el ministerio o que escuchan el llamado de Dios al ministerio cristiano.

**401.6.** El ministro debe tener tanto dones como virtudes para la obra. Debe tener sed de conocimiento, especialmente de la Palabra de Dios; criterio sano, buen entendimiento, y conceptos claros acerca del plan de redención y salvación como lo revelan las Sagradas Escrituras. Los santos serán edificados y los pecadores convertidos por su ministerio. Además, el ministro del evangelio en la Iglesia del Nazareno debe ser un ejemplo en la oración.

# CAPÍTULO II

## CATEGORÍAS Y FUNCIONES DE MINISTERIO

### A. El ministro laico

**402.** Todos los creyentes deben considerarse ministros de Cristo y buscar la voluntad de Dios respecto a avenidas apropiadas de servicio. (400)

**402.1.** Cualquier miembro de la Iglesia del Nazareno que se sienta llamado a servir estableciendo iglesias, como pastor bivocacional, maestro, evangelista laico, evangelista laico de canto, ministro de mayordomía, personal ministerial de una iglesia y/o algún otro ministerio especializado dentro de la iglesia, pero que en el presente no siente un llamamiento especial a ser presbítero, puede seguir un curso de estudios que lo capacite para recibir un certificado de ministerio laico.

**402.2.** La junta de la iglesia local, previa recomendación del pastor, examinará al ministro laico respecto a su experiencia personal de salvación, participación efectiva en los ministerios de la iglesia y conocimiento de la obra de la iglesia, hasta estar satisfecha con las aptitudes del ministro laico para dicho ministerio.

**402.3.** La junta de la iglesia local podrá extenderle a cada candidato a ministro laico un certificado firmado por el pastor y el secretario de la junta de la iglesia.

**402.4.** El certificado de ministro laico puede ser renovado anualmente por la junta de la iglesia luego de la recomendación del pastor, si el ministro laico completó por lo menos dos materias en el programa ministerial de educación para laicos, como lo estipula el programa de Capacitación Continua para Laicos o equivalente. El ministro laico presentará un informe anual a la junta de la iglesia

**402.5.** Al ministro laico que sirva bajo asignación del distrito como fundador de iglesias, pastor suplente, pastor bivocacional y/o en otro ministerio especializado, después de completar el curso de estudios requerido, la Junta Consultora de Distrito podrá extenderle un certificado de ministerio laico firmado por el superintendente de distrito y el secretario de la Junta Consultora de Distrito. El certificado de ministerio laico podrá ser renovado anualmente por la Junta Consultora de Distrito previa recomendación del superintendente de distrito.

**402.6.** El ministro laico que sirva fuera de la iglesia local de la que es miembro estará sujeto a la asignación y supervisión del superintendente de distrito y la Junta Consultora de Distrito, a quienes presentará un informe anual. Cuando termine la asignación del distrito se referirá de nuevo a la iglesia local de la que el ministro laico es miembro para la renovación de su licencia y presentación de informes.

**402.7.** Después de completar un curso de estudio validado de ministro laico, el ministro laico procederá a concentrarse en el área de especialización de estudio acorde al ministerio que haya seleccionado (véase el Catálogo de ECL o equivalente). La provisión para calificar y archivar el mismo, se hará en la oficina de Cursos de Capacitación Continua para Laicos.

**402.8.** El ministro laico no podrá administrar los sacramentos del bautismo y la Santa Cena, ni oficiar en matrimonios.

## B. El cuerpo ministerial

**403.** La Iglesia del Nazareno reconoce sólo una orden del ministerio de predicación, la de presbítero. También reconoce que el miembro del cuerpo ministerial que se prepara para la ordenación puede servir a la iglesia en diversas capacidades. Cristo llamó a algunos a ser "apóstoles; a otros, profetas; a otros, evangelistas; a otros, pastores y maestros, a fin de perfeccionar a los santos para la obra del ministerio, para la edificación del cuerpo de Cristo" (Efesios 4:11-12). La iglesia reconoce las siguientes categorías de servicio en las que una asamblea de distrito puede colocar a un presbítero, un diácono o, según las circunstancias lo permitan, a un ministro licenciado: pastor, evangelista, misionero, maestro, administrador, capellán y servicio especial. El servicio dentro de estas categorías que califica a la persona como "ministro asignado" incluiría aquel servicio para el cual se requiere normalmente, o se desea en gran medida, la capacitación ministerial y la ordenación. La Guía de Desarrollo Ministerial proveerá directrices para cada categoría de ministerio que ayudarán a las juntas de distrito a identificar los requisitos necesarios para considerar si una persona puede ser ministro asignado. Sólo los ministros asignados serán miembros votantes de la asamblea de distrito.

**403.1.** Todas las personas asignadas a una función particular deberán presentar un informe anual a la asamblea de distrito que las asignó.

**403.2.** Todas las personas asignadas a una función particular podrán solicitar y obtener anualmente de ese distrito un certificado de su función de servicio, firmado por el superintendente de distrito y el secretario de distrito.

**403.3.** Todas las personas asignadas a una función particular de ministerio a quienes una autoridad médica reconocida declare incapacitadas podrán ser inscritas en la lista de ministros como "asignado incapacitado". Los roles del ministerio están enlistados en orden alfabético para mayor facilidad.

## C. El administrador

**404**. El presbítero o diácono denominado administrador es el que ha sido electo por la Asamblea General como un oficial de la iglesia general o un miembro del cuerpo ministerial que ha sido electo o empleado por la Junta General para servir en la iglesia general o un presbítero que ha sido electo por la asamblea de distrito como superintendente de distrito o un miembro del cuerpo ministerial que ha sido electo o empleado cuya asignación principal es la de servir en un distrito. Dicha persona es un ministro asignado.

## D. El capellán

**405**. El presbítero o diácono denominado capellán es aquel que siente un llamado divino al ministerio especializado de la capellanía militar, institucional o industrial. Todos los capellanes deberán ser primeramente aprobados por su superintendente de distrito. Las personas que solicitan hacer carrera o asignación de carrera como capellanes en la fuerza militar de los Estados Unidos de América, deberán presentarse ante el Concilio Consultivo de Capellanía y la Junta de Superintendentes Generales. El capellán que sirve en este ministerio como asignación principal y que no tiene relación de jubilado con la iglesia ni con alguno de sus departamentos o instituciones será un ministro asignado e informará anualmente a la asamblea distrital y atenderá al consejo del superintendente de distrito y de la Junta Consultora del Distrito. El capellán podrá recibir miembros asociados en la Iglesia del Nazareno, en consulta con una Iglesia del Nazareno oficialmente organizada; podrá administrar los sacramentos de acuerdo con el *Manual*, dar cuidado pastoral, consolar a los afligidos, amonestar, animar y procurar por todos los medios la conversión de los pecadores, la santificación de los creyentes, y la edificación del pueblo de Dios en la santísima fe. (417, 435.9, 435.11)

## E. La diaconisa

**406**. Una mujer que es miembro en plena comunión de la Iglesia del Nazareno y que crea que Dios la está guiando a ministrar a los enfermos y necesitados, a consolar a los afligidos y hacer otras obras de benevolencia cristiana, que dé evidencias en su vida de habilidad, virtudes e idoneidad, que en los años anteriores a 1985 haya recibido licencia del distrito o haya sido consagrada como diaconisa, podrá continuar en esa categoría. Sin embargo, las mujeres llamadas al ministerio activo y asignado, pero que no han sido llamadas a predicar, deberán llenar los requisitos de ordenación como diaconisa. Las mujeres que deseen obtener una credencial para ejercer ministerios de compasión, podrán llenar los requisitos para ministro laico. (113.9, 402-402.8)

## F. El educador

**407**. El presbítero, diácono o ministro licenciado es uno que es un educador empleado como miembro del personal administrativo o de la facultad de una de las instituciones educativas de la Iglesia del Nazareno. El distrito designará a tal persona como educador en lo que se refiere a su asignación ministerial.

## G. El evangelista

**408**. El presbítero o ministro licenciado evangelista es aquel que se dedica a viajar predicando el evangelio, y a quien la iglesia ha autorizado para promover campañas y extender el evangelio de Jesucristo en todas partes. La Iglesia del Nazareno reconoce tres niveles de evangelismo itinerante a los cuales una asamblea de distrito puede asignar ministros: evangelista registrado, evangelista comisionado y evangelista titulado. El evangelista que se dedica al evangelismo fuera de su iglesia local, como asignación principal, y que no tiene relación de jubilado con la iglesia ni con alguno de sus departamentos o instituciones, será un ministro asignado.

**408.1**. Un evangelista registrado es un presbítero o un ministro licenciado de distrito que ha expresado el deseo de dedicarse al evangelismo como su ministerio primario. Su registro tendrá vigencia por un año. La renovación del mismo, por asambleas de distrito subsecuentes, se otorgará según la calidad y la cantidad del trabajo en el evangelismo durante el año anterior a la asamblea.

**408.2**. Un evangelista comisionado es un presbítero que ha llenado todos los requisitos de evangelista registrado por dos años completos. La comisión tiene vigencia por un año y podrá ser renovada por asambleas de distrito subsecuentes, si el ministro sigue llenando los requisitos.

**408.3**. Un evangelista titulado es un presbítero que ha llenado todos los requisitos de un evangelista comisionado por cuatro años completos y consecutivos inmediatamente antes de solicitar la condición de evangelista titulado, y que ha sido recomendado por la Junta de Credenciales Ministeriales de Distrito y aprobado por el Comité sobre los intereses del evangelista llamado por Dios y la Junta de Superintendentes Generales. Esta designación de ministerio tendrá vigencia hasta el momento en que el evangelista deje de llenar los requisitos de un evangelista comisionado o hasta que se le otorgue la relación de jubilado. (228.2, 433)

**408.4.** Una autoevaluación regular y una revisión semejante a la revisión de la relación de la iglesia con el pastor será realizada conjuntamente por el evangelista y el superintendente de distrito por lo menos cada cuatro años, después de que el evangelista sea electo para este rol. El superintendente de distrito será responsable de fijar la fecha y dirigir la reunión. Esta reunión se convocará en consulta con el evangelista. Al completar la revisión se deberá enviar un informe de los resultados al Comité sobre los intereses del evangelista llamado por Dios, para evaluar si sigue llenando los requisitos y así continuar aprobado. (208.20)

**408.5.** Un presbítero o ministro licenciado que tiene relación de jubilado con la iglesia o cualquiera de sus departamentos, y que desea desempeñar una función ministerial por medio de campañas o reuniones evangelísticas, puede recibir el certificado de "jubilado en servicio de evangelismo". Dicho certificado será válido por un año, se otorgará por voto de la asamblea de distrito previa recomendación del superintendente de distrito, y podrá ser renovado por asambleas de distrito subsecuentes con base en el trabajo de evangelismo durante el año anterior a la asamblea.

**408.6.** Un presbítero o ministro licenciado que desee entrar en el campo del evangelismo entre asambleas de distrito podrá ser reconocido por la Oficina General de Desarrollo del Ministro, previa recomendación del superintendente de distrito. El registro o comisión se hará por voto de la asamblea de distrito, previa recomendación del superintendente de distrito.

**408.7.** Las directrices y los procedimientos para la certificación de las funciones de evangelistas se especificarán en la Guía de Desarrollo Ministerial.

## H. El ministro de educación cristiana

**409.** Un miembro del cuerpo ministerial empleado en calidad de ministro en un programa de educación cristiana de una iglesia local podrá ser asignado como ministro de educación cristiana.

**409.1.** La persona que durante los años anteriores a 1985 recibió licencia o comisión de ministro de educación cristiana podrá continuar en esa categoría. Sin embargo, las personas que deseen iniciar el proceso para llegar a ser ministros de educación cristiana pueden llenar los requisitos de ordenación para la orden de diácono como su credencial para este ministerio.

## I. El ministro de música

**410.** Si un miembro de la Iglesia del Nazareno se siente llamado al ministerio de la música podrá ser comisionado como ministro de música por un año por la asamblea de distrito, siempre y cuando: (1) haya sido recomendado para tal cargo por la junta de la iglesia local de la que es miembro; (2) dé evidencia de gracia, dones e idoneidad; (3) haya tenido por lo menos un año de experiencia en el ministerio de la música; (4) haya tenido no menos de un año de estudio vocal bajo un maestro acreditado y esté inscrito en un curso de estudios, o su equivalente, prescrito para ministros de música o haya completado el mismo; (5) funja regularmente como ministro de música; (6) haya sido examinado cuidadosamente, bajo la dirección de la asamblea de distrito dentro de los linderos del distrito del cual es miembro dicha persona, respecto a sus cualidades intelectuales y espirituales y su aptitud general para ese cargo. (203.10)

**410.1**. Sólo aquellas personas que continúen en este ministerio como su asignación y vocación primordial y tengan credenciales ministeriales serán consideradas ministros asignados.

## J. El misionero

**411**. El misionero es un miembro del cuerpo ministerial o un laico que ha sido designado por la Junta General para ministrar en la iglesia por medio del Comité de Misión Global. El misionero designado y con credencial ministerial será considerado un ministro asignado.

## K. El pastor

**412**. El pastor es un ministro (115) que, bajo el llamamiento de Dios y de su pueblo, dirige una iglesia local. El pastor a cargo de una iglesia local es un ministro asignado. (210)

**413**. **Los deberes medulares de un pastor** son:

**413.1** Orar

**413.2** Predicar la Palabra.

**413.3**. Capacitar a los santos para la obra del ministerio.

**413.4**. Administrar los sacramentos.

**413.5**. Cuidar la grey del Señor por medio de visitas pastorales, en particular a los enfermos y menesterosos

**413.6**. Consolar a los afligidos.

**413.7**. Corregir, reprender y animar con gran paciencia y cuidadosa instrucción.

**413.8**. Procurar, por todos los medios posibles, la conversión de los pecadores, la entera santificación de los convertidos y la edificación del pueblo de Dios en la santísima fe. (25)

**413.9**. Administrar el sacramento de la Santa Cena por lo menos una vez cada tres meses. Se anima a los pastores a que empiecen a celebrar más frecuentemente este medio de gracia. Si un ministro licenciado no ha cumplido cabalmente con lo prescrito en el párrafo 429.7 (véase también el 802) hará arreglos para que un ministro ordenado administre el sacramento. Se debe considerar ofrecer la Santa Cena a personadas confinadas, bajo la supervisión del pastor.

**413.10.** Nutrir el llamado de la gente hacia el ministerio cristiano y servir como mentor a tales personas en la medida en que son llamadas. Esto incluirá guiarlas a la preparación ministerial adecuada.

**413.11.** Cumplir con las demandas de Dios y de la iglesia de involucrarse en un programa de aprendizaje de toda la vida. (435.15)

**413.12.** Cultivar su propio llamado al ministerio a través de los años, mantener una vida de devoción personal que enriquezca su propia alma, y, si es una persona casada, proteger la integridad y la vitalidad de su relación conyugal.

**414. Los deberes administrativos del pastor** son:

**414.1.** Recibir a las personas que deseen afiliarse como miembros de la iglesia local de acuerdo con los párrafos 107 y 107.1.

**414.2.** Supervisar la obra de todos los departamentos de la iglesia local.

**414.3.** Designar a los maestros de la Escuela Dominical/estudios bíblicos/grupos pequeños de acuerdo con el párrafo 145.8.

**414.4** Leer a la congregación la Constitución de la Iglesia del Nazareno y el Pacto de Conducta Cristiana contenidos en los párrafos 1-27, 33-39, ambos inclusive, cada año (114), o imprimir esta sección del *Manual* y distribuirla anualmente a los miembros de la iglesia.

**414.5.** Supervisar la preparación de todos los informes estadísticos de todos los departamentos de la iglesia local y entregar puntualmente todos los informes por medio del secretario de distrito a la asamblea de distrito. (114.1)

**414.6.** Dar liderazgo a los ministerios de evangelismo, educación, vida devocional y adoración, y crecimiento de la iglesia local en armonía con los énfasis y metas del distrito, la región y la iglesia global.

**414.7.** Presentar un informe en la reunión anual de la iglesia incluyendo un informe sobre la condición de la iglesia local y sus departamentos, así como una proyección sobre necesidades futuras con recomendaciones para que la iglesia las remita a alguno de sus oficiales o departamentos para su estudio y/o implementación en los pasos futuros hacia el crecimiento y progreso.

**414.8.** Designar un comité de investigación, compuesto de tres personas, en caso de que haya acusaciones escritas contra un miembro de la iglesia. (504)

**414.9.** Cerciorarse de que todo el dinero del Fondo para la Evangelización Mundial recaudado por MNI local sea remitido puntualmente al tesorero general; y que todos los dineros del Fondo para los

Ministerios de Distrito sean remitidos puntualmente al tesorero de distrito. (136.2)

**414.10**. Nominar ante la junta de la iglesia a todas las personas que son empleados bajo sueldo de la iglesia local y supervisar la labor de los mismos. (160.1-160.3)

**414.11**. Firmar, junto con el secretario de la iglesia, todas las escrituras de traspaso de bienes raíces, hipotecas, cancelación de hipoteca, contratos y otros documentos legales para los cuales no haya otra provisión en el *Manual*. (102.3; 103-104.3)

**414.12**. Notificarle al pastor de la iglesia más cercana cuando un miembro o amigo de la iglesia local o de alguno de sus departamentos se mude a otra comunidad en el mismo distrito de asamblea, donde ya no sería factible que conservara su asociación con la iglesia local anterior, adjuntándole el nuevo domicilio del mismo.

**414.13**. El pastor, con la junta de la iglesia y según los planes adoptados por la Asamblea General y convenidos por la asamblea de distrito, hará arreglos para recaudar la parte del Fondo para la Evangelización Mundial y la parte del Fondo para los Ministerios de distrito que le correspondan a la iglesia local; y se cerciorará de que dichos fondos sean recaudados. (38.2, 130, 154)

**414.14**. Cuando un miembro lo solicite, el pastor le podrá extender una carta de traslado de membresía de iglesia, un certificado de recomendación o una carta de descargo. (111-111.1, 112.2, 813.3-813.6)

**414.15**. El pastor será presidente ex officio de la iglesia local, presidente de la junta de la iglesia y miembro de las juntas y comités electos y permanentes de la iglesia en que sirve. El pastor debe tener acceso a todos los archivos de la iglesia local. (127, 145, 150, 152, 153.1)

**415**. El pastor tendrá derecho a voz en la nominación de los encargados de todos los departamentos de la iglesia local y, si hubiera, de la organización de guardería/escuela nazarena (desde recién nacidos hasta secundaria).

**416**. El pastor no contraerá deudas ni creará obligaciones financieras para la iglesia local, no contará dinero ni desembolsará fondos a nombre de la iglesia local, salvo que sea autorizado y dirigido a hacerlo por voto mayoritario de la junta de la iglesia, o por voto mayoritario de una reunión de la iglesia, cuya decisión será aprobada por escrito por la Junta Consultora de Distrito, siendo asentada debidamente en el acta de la junta o de la reunión de la iglesia. Ningún pastor o miembro de su familia inmediata estará autorizado para firmar cheques de cuenta alguna de la iglesia excepto con la aprobación escrita del superintendente de distrito. Se entiende por familia inmediata al cónyuge, hijos, hermanos, o padres. (129.1, 129.21- 129.22)

**417**. El pastor siempre tomará en consideración el consejo combinado del superintendente de distrito y la Junta Consultora de Distrito. (222.2, 435.2)

**418**. En caso de que un ministro licenciado o un presbítero de otra denominación presente sus credenciales solicitando, durante el intervalo entre asambleas de distrito, su afiliación en una iglesia local, el pastor no podrá recibir a tal candidato sin obtener primero la recomendación favorable de la Junta Consultora de Distrito. (107, 225)

**419**. El pastor responderá por el ejercicio de su cargo ante la asamblea de distrito a la cual rendirá un informe anualmente y dará un breve testimonio de su experiencia cristiana personal. (203.3, 429.8, 435.9)

**420**. El pastor automáticamente será miembro de la iglesia local de la cual es pastor o, en el caso de tener a su cargo más de una iglesia, lo será de la iglesia de su preferencia. (435.8)

**421. El Servicio Pastoral** incluye el ministerio de un pastor, un pastor o pastor asociado y/o un pastor ayudante, quien sirve en áreas especializadas de ministerio, reconocidas y aprobadas por las agencias apropiadas que conceden y acreditan licencias. Un miembro del cuerpo ministerial llamado a alguno de estos niveles de servicio pastoral, en relación con una iglesia, puede ser considerado ministro asignado.

**422. Pastores suplentes**. Un superintendente de distrito tendrá la facultad de designar un pastor suplente, quien servirá sujeto a las siguientes regulaciones:

1. El pastor suplente podrá ser un miembro nazareno del cuerpo ministerial que sirve en otra asignación, un ministro local o un ministro laico de la Iglesia del Nazareno, un ministro en proceso de traslado de otra denominación o un ministro que pertenece a otra denominación.

2. El pastor suplente será designado temporalmente para predicar y proveer un ministerio espiritual, pero no tendrá autoridad para administrar los sacramentos ni celebrar matrimonios a menos que se le confiera tal autoridad sobre otras bases, ni desempeñará la función administrativa del pastor, excepto en la presentación de informes, a menos que el superintendente de distrito lo autorice para ello.

3. La membresía de la iglesia de un pastor suplente no será transferida automáticamente a la iglesia en la cual está sirviendo.

4. Un pastor suplente será miembro no votante de la asamblea de distrito, a menos que sea miembro votante por algún otro derecho.

5. Un pastor suplente podrá ser removido o sustituido en cualquier momento por el superintendente de distrito.

## L. El pastor interino

**423.** Un presbítero puede ser aprobado por la asamblea de distrito como interino asignado del distrito (IAD) por recomendación del superintendente de distrito y por la Junta Consultora de Distrito, y servirá cuando sea llamado por el superintendente de distrito y una junta de la iglesia local. (209.1)

## M. El evangelista de canto

**424.** El evangelista de canto es un miembro de la Iglesia del Nazareno que tiene la intención de dedicar la mayor parte de su tiempo al ministerio del evangelismo por medio de la música. El evangelista de canto con credencial ministerial, que participa en un ministerio activo y en el evangelismo como asignación primordial y quien no sostiene relación de jubilado con la iglesia o con alguno de sus departamentos o instituciones, será un ministro asignado.

**424.1.** Las directrices y los procedimientos para la certificación de las funciones de los evangelistas de canto se incluyen en la Guía de Desarrollo Ministerial.

## N. Servicio especial

**425.** Un miembro del cuerpo ministerial en servicio activo para el cual no se ha hecho provisión será designado al servicio especial, si dicho servicio es aprobado por la asamblea de distrito, y será incluido en la lista del distrito como ministro asignado. 425.1. Un presbítero o diácono empleado en calidad de ministro como oficial en una organización relacionada con la iglesia y que sirve a la iglesia o aprobado previa evaluación cuidadosa de su asamblea de distrito para servir en una institución educativa, evangelística u organización misionera no relacionada directamente con la iglesia podrá ser designado para servicio especial sujeto a lo estipulado en el párrafo 435.11.

# CAPÍTULO III

## EDUCACIÓN PARA MINISTROS

### A. Para ministros

**426.** La educación ministerial está diseñada para ayudar en la preparación de ministros llamados por Dios, cuyo servicio es vital para la expansión y extensión del mensaje de santidad en nuevas áreas de oportunidad evangelística. Reconocemos la importancia de una comprensión clara de nuestra misión basada en la comisión de Cristo a su iglesia en Mateo 28:19-20, cuando dijo: "Id y haced discípulos". La mayor parte de la preparación es primordialmente de carácter bíblico y teológico y conduce hacia la ordenación en el ministerio de la Iglesia del Nazareno. La Junta de Estudios Ministeriales de Distrito determinará el nivel y evaluará el progreso de cada estudiante en su programa de estudio validado.

**426.1. Cumplimiento de los fundamentos educativos para la ordenación al ministerio.** La Iglesia del Nazareno alrededor del mundo provee una variedad de instituciones y programas educativos. Los recursos de algunas áreas mundiales permiten que más de un programa se desarrolle para proveer los fundamentos educativos para el ministerio. Lo que se espera normalmente es que cada estudiante se beneficie con la preparación con el curso ministerial validado más apropiado provisto por la iglesia en su respectiva área mundial. En algunos casos, las circunstancias particulares del estudiante pueden hacer lo ideal imposible. La iglesia usará tanta flexibilidad en sus sistemas logísticos como sea posible, de modo que haga disponible una preparación adecuada para cada persona llamada por Dios al ministerio en la iglesia. Se podrá usar un curso ministerial validado, dirigido y supervisado por la Junta de Estudios Ministeriales del Distrito, así como las modalidades de universidad/seminario, desarrolladas por las instituciones educativas. Estas deberán cubrir las mismas áreas generales estándares tal como está delineado en la *Guía Internacional sobre el Desarrollo de Normas para la Ordenación* y la *Guía Regional de Desarrollo Ministerial para la Ordenación*. Cuando un ministro con licencia culmine satisfactoriamente un curso validado de estudios ministeriales, la institución educativa le expedirá un certificado de culminación de dichos estudios. El ministro con licencia deberá presentar el certificado de culminación de estudios a la Junta de Estudios Ministeriales del distrito para considerar su recomendación a la asamblea de distrito para la graduación de un curso validado de estudio.

**426.2. Adaptaciones culturales de los fundamentos educativos para la ordenación al ministerio.** La variedad de contextos culturales hacen que un currículo no se ajuste a todas las áreas mundiales. Cada región del mundo será responsable del desarrollo de requisitos curriculares específicos que provean los fundamentos educativos para el ministerio, de forma tal que reflejen los recursos y expectativas de esa área del mundo. Antes de que se ponga en práctica un programa diseñado regionalmente para suplir los fundamentos educativos para el ministerio se requerirá la aprobación del Comité Consultivo Internacional de Curso de Estudios, la Junta General y la Junta de Superintendentes Generales (426.5). La variedad de recursos y expectativas culturales se dan aun dentro de las mismas regiones mundiales. De aquí que la sensibilidad y flexibilidad culturales serán, como resultado, características de las provisiones regionales para los fundamentos educativos para el ministerio, gobernado y supervisado por la Junta de Estudios Ministeriales de Distrito. La Oficina de Desarrollo Ministerial y el Comité Consultivo Internacional de Curso de Estudios, en consulta con el coordinador regional de educación, aprobarán las adaptaciones culturales del programa de cada región para suplir los fundamentos educativos para el ministerio.

**426.3. Áreas generales del currículo para la preparación Ministerial.** Aunque el concepto de currículo con frecuencia se asocia solamente con programas académicos y contenido de cursos, en realidad abarca mucho más. El carácter del instructor, la relación de los estudiantes con el instructor, el ambiente, y las experiencias previas de los estudiantes se ligan al contenido del curso en la creación plena del currículo. No obstante, un currículo para preparación ministerial habrá de incluir un conjunto mínimo de cursos que suplan los fundamentos educativos para el ministerio.

Las diferencias culturales y la variedad de recursos requerirán detalles en las estructuras curriculares que respondan a esas diferencias. Sin embargo, todos los programas que suplan los fundamentos educativos para la ordenación al ministerio y que buscan aprobación de la Oficina de Desarrollo Ministerial deben dar atención cuidadosa a su contenido, capacidades, carácter y contexto. El propósito de un curso de estudios validado es que contenga los cuatro elementos, en mayor o menor grado, y que ayude a los ministros a cumplir con la declaración de misión de la Iglesia del Nazareno, según ha sido acordada por la Junta de Superintendentes Generales y que dice:

"La misión de la Iglesia del Nazareno es hacer discípulos como Cristo en las naciones'".

"El objetivo primordial de la Iglesia del Nazareno es llevar adelante el Reino de Dios por medio de la preservación y propagación de la santidad cristiana como lo establecen las Escrituras".

"Los objetivos críticos de la Iglesia del Nazareno son 'la santa comunión cristiana, la conversión de los pecadores, la entera santificación de los creyentes, su edificación en la santidad y la simplicidad y poder espiritual manifestados en la iglesia primitiva del Nuevo Testamento, junto con la predicación del evangelio a toda criatura'" (25).

Las siguientes categorías describen un curso de estudios validado:

- *Contenido.* El conocimiento del contenido del Antiguo y Nuevo Testamentos, la teología de la fe cristiana, y la historia y misión de la iglesia, es esencial para el ministerio. El conocimiento de cómo interpretar las Escrituras, la doctrina de la santidad y nuestros distintivos wesleyanos, y la historia y política de la Iglesia del Nazareno deberán estar incluidos en estos cursos.

- *Capacidades.* Las destrezas en la comunicación oral y escrita, en administración y liderazgo, en finanzas y en pensamiento analítico son también esenciales para el ministerio. En adición a la educación general en estas áreas se incluirán cursos que provean destrezas en la predicación, el cuidado y la consejería pastoral, exégesis bíblica, la adoración, el evangelismo efectivo, la mayordomía bíblica integral, la educación cristiana y la administración eclesiástica. Para graduar del curso de estudios se requiere un trabajo en compañerismo entre la institución que provee la educación y la iglesia local, de forma tal que se guíe a los estudiantes en sus prácticas ministeriales y en el desarrollo de sus capacidades.

- *Carácter.* El crecimiento personal en carácter, ética, espiritualidad, y relaciones personales y familiares es vital para el ministerio. Habrán, pues, de incluirse cursos referentes a las áreas de ética cristiana, formación espiritual, desarrollo humano, la persona del ministro, y la dinámica del matrimonio y la familia.

- *Contexto.* El ministro tendrá que entender el contexto tanto histórico como contemporáneo e interpretar la visión del mundo y el ambiente social de la cultura en la que la iglesia da testimonio. Habrán, pues, de incluirse cursos que traten con lo concerniente a la antropología y la sociología, la comunicación transcultural, las misiones y los estudios sociales.

**426.4.** La preparación para la ordenación al ministerio recibida en instituciones educativas no nazarenas o bajo auspicios no nazarenos será evaluada por la Junta de Estudios Ministeriales de Distrito, en conformidad con los requisitos curriculares establecidos en una Guía de Desarrollo Ministerial para la ordenación desarrollada por la región/grupo lingüístico.

**426.5.** Todos los cursos, requisitos académicos y regulaciones administrativas oficiales estarán incluidos en una Guía de Desarrollo Ministerial para la ordenación desarrollada por la región/grupo lingüístico en cooperación con la Oficina de Servicios Ministeriales. Esta guía regional y las revisiones que sean necesarias deberán ser respaldadas por el Comité Consultivo Internacional de Curso de Estudios, y aprobado por la Oficina de Servicios Ministeriales, la Junta General y la Junta de Superintendentes Generales. La Guía debe estar en conformidad con el *Manual* y con una *Guía Internacional de Normas de Desarrollo para la Ordenación*, producida por la Oficina de Servicios Ministeriales conjuntamente con el Comité Consultivo Internacional de Curso de Estudios. El Comité Consultivo Internacional de Curso de Estudios será nombrado por la Junta de Superintendentes Generales.

**426.6.** Un ministro, habiendo cumplido los requisitos de un curso de estudios validado para el ministerio, mantendrá un patrón de aprendizaje de toda la vida que resalte el ministerio para el que Dios lo ha llamado. Una expectativa mínima consiste en 20 horas contacto cada año (2 unidades de educación continua acreditadas –UEC) o el equivalente que determine la región/grupo lingüístico, y que establezca su *Guía Regional de Desarrollo Ministerial para la Ordenación*. Todos los ministros licenciados y ordenados, con asignación y sin asignación, deberán informar de su progreso en un programa de aprendizaje de toda la vida como parte de su informe a la asamblea de distrito. Un informe actualizado de su programa de aprendizaje de toda la vida se usará en el proceso de revisión de la relación de la iglesia con el pastor y en el proceso de llamamiento de un pastor. La Guía de Desarrollo Ministerial para la ordenación de una determinada región/grupo lingüístico contendrá los detalles relacionados al proceso de acreditación y de informe. Se espera un mínimo anual de 20 horas contacto o su equivalente. (115, 123, 413.11, 435.15)

## B. Guías generales de preparación
## para el ministerio cristiano

**427.** Las guías generales de preparación para el ministerio cristiano son:

**427.1.** Un curso validado de estudios, junto con los procedimientos necesarios para su conclusión para los que desean la credencial de presbítero y diácono o certificaciones como las de evangelista de canto y de ministro laico, se encuentra en la *Guía de Desarrollo Ministerial para la Ordenación*.

**427.2.** En regiones administradas por la oficina de Misión Global, todos los cursos validados de estudios, tal como aparecen en la *Guía Regional de Desarrollo Ministerial para la Ordenación*, será gobernado por la *Guía Regional de Desarrollo Ministerial para la Ordenación* (426.2-426.3,426.5)

# CAPÍTULO IV

## CREDENCIALES Y REGULACIONES MINISTERIALES

### A. El ministro local

**428.** Un ministro local es un miembro laico de la Iglesia del Nazareno a quien la junta de la iglesia local le ha extendido licencia para el ministerio, bajo la dirección del pastor y según se presente la oportunidad, haciendo provisión así para la demostración, el empleo y el desarrollo de los dones e idoneidad ministeriales. Esta persona comienza así un proceso de aprendizaje de toda la vida.

**428.1.** Cualquier miembro de la Iglesia del Nazareno que tenga el llamado de Dios a predicar o a dedicar su vida al ministerio a través de la iglesia puede recibir licencia de ministro local por un año, la cual le extenderá la junta de una iglesia local cuyo pastor sea ministro ordenado, previa recomendación del pastor; o por la junta de una iglesia local cuyo pastor no sea un ministro ordenado, si se recibe la recomendación del pastor y la aprobación del superintendente de distrito para conceder dicha licencia. El candidato debe primero pasar un examen sobre su experiencia personal de salvación, su conocimiento de las doctrinas de la Biblia y reglamentos de la iglesia; debe demostrar, además, que su llamamiento se evidencia por su gracia, dones e idoneidad. El ministro local rendirá un informe a la iglesia local en su reunión anual. (113.9, 129.12, 208.12)

**428.2.** La junta de la iglesia otorgará a cada ministro local una licencia firmada por el pastor y el secretario de la junta de la iglesia. Cuando una iglesia tenga como pastor suplente a alguien que no tenga licencia de distrito, la Junta Consultora de Distrito podrá extenderle licencia de ministro local o renovarle dicha licencia por recomendación del superintendente de distrito. (208.12, 222.10)

**428.3.** La licencia de un ministro local puede ser renovada por la junta de una iglesia local cuyo pastor sea presbítero, previa recomendación del pastor, o por la junta de una iglesia local cuyo pastor no sea presbítero, siempre y cuando la renovación de esa licencia sea recomendada por el pastor y aprobada por el superintendente de distrito. (129.12, 208.12)

**428.4.** Los ministros locales seguirán el curso de estudios para ministros bajo la dirección de la Junta de Estudios Ministeriales de Distrito. La licencia local no se renovará después de dos años sin la aprobación escrita del superintendente de distrito si el ministro local no ha completado satisfactoriamente por lo menos dos materias del curso de estudios.

**428.5.** Un ministro local, habiendo servido como tal por lo menos un año y habiendo sido aprobado en los estudios necesarios, puede ser recomendado por la junta de la iglesia a la asamblea de distrito para recibir credencial de ministro licenciado; pero si no la recibe, mantendrá la relación anterior. (129.12, 426, 429.1)

**428.6.** Todo ministro local que haya sido designado como pastor suplente, deberá contar con la aprobación de la Junta de Credenciales Ministeriales si ha de continuar su servicio después de la asamblea de distrito que sigue a la fecha de su designación. (209; 228.5; 422)

**428.7.** El ministro local no podrá administrar los sacramentos del bautismo y la Santa Cena, ni oficiar matrimonios. (429.7)

## B. El ministro licenciado

**429.** El ministro licenciado es aquel cuyo llamamiento y dones ministeriales han sido reconocidos formalmente por la asamblea de distrito concediéndole licencia como ministro, designándolo y autorizándolo para servir en una esfera de servicio más amplia y concediéndole mayores derechos y responsabilidades que los del ministro local, como paso normal hacia la ordenación como presbítero o diácono. La licencia ministerial de distrito incluirá una declaración que indique si el ministro se prepara para la ordenación como presbítero o diácono o para una licencia de distrito que no conduzca a la ordenación. (429.7)

**429.1.** Cuando haya miembros en la Iglesia del Nazareno que reconozcan un llamamiento al ministerio para toda la vida, la asamblea de distrito puede concederles licencia como ministros, siempre y cuando

(1) hayan tenido licencia como ministros locales por un año entero;

(2) que hayan completado la cuarta parte de un curso de estudios validado para ministros o que hayan aprobado los cursos de historia y política nazarena y cinco cursos adicionales de un curso de estudios validado para ministros, o si están matriculados en una universidad nazarena o seminario nazareno, que hayan completado una cuarta parte de un curso de estudios validado para ministros en el nivel universitario o de seminario o una cuarta parte de un curso de estudios validado del currículo de un centro de capacitación distrital o regional. La Junta de Credenciales Ministeriales de Distrito podrá hacer excepciones en este caso, siempre y cuando el candidato esté pastoreando una iglesia organizada y se haya inscrito en un sistema de estudios aprobado y cumpla anualmente la cantidad mínima de estudios requeridos por el *Manual* para la renovación de la licencia y siempre y cuando el superintendente de distrito apruebe la excepción;

(3) que hayan sido recomendados para la obra por las juntas de las iglesias de las cuales son miembros y que con cada recomendación se

adjunte la Solicitud para Credencial de Ministro Licenciado cuidadosamente contestada;

(4) que den evidencias de virtudes, dones e idoneidad;

(5) que hayan sido examinados cuidadosamente, bajo la dirección de la asamblea de distrito en la que tengan su afiliación como miembros de la iglesia, acerca de sus aptitudes espirituales e intelectuales y su idoneidad para tal obra, incluyendo la investigación apropiada de antecedentes como lo determine la Junta Consultora de Distrito. En el caso que la investigación de antecedentes revele conducta criminal antes de ser salvo, la Junta de Credenciales Ministeriales de Distrito no debe interpretar que este hecho excluye automáticamente al candidato para obtener sus credenciales de ministro, excepto bajo las provisiones del párrafo 437.8;

(6) que hayan prometido proseguir inmediatamente un curso de estudios validado prescrito para ministros licenciados y candidatos para la ordenación;

(7) que cualquier descalificación que les haya impuesto una asamblea de distrito haya sido anulada por medio de una explicación escrita del superintendente de distrito y de la Junta Consultora del distrito donde fueron descalificados; y siempre y cuando su relación matrimonial no impida que califiquen para recibir la licencia de distrito o la ordenación; y

(8) en caso de haber un divorcio previo y un nuevo matrimonio, la recomendación de la Junta de Credenciales Ministeriales de Distrito, junto con documentos de apoyo, serán entregados al superintendente general en jurisdicción quien podrá declarar que tal situación no es obstáculo para obtener la licencia o la ordenación. (35.1-35.3, 129.14, 205.6, 428.5)

**429.2.** Los ministros licenciados de otras denominaciones evangélicas que deseen unirse a la Iglesia del Nazareno, pueden recibir licencia como ministros, concedida por la asamblea de distrito, siempre y cuando presenten las credenciales extendidas por la otra denominación a la cual han estado afiliados; además,

(1) que hayan cursado estudios equivalentes por lo menos a un curso de estudios prescrito por la Iglesia del Nazareno para ministros locales;

(2) que hayan sido recomendados por la junta de la Iglesia del Nazareno local de la cual son miembros;

(3) que den evidencia de gracia, dones e idoneidad;

(4) que hayan sido examinados cuidadosamente, bajo la dirección de la asamblea de distrito, acerca de sus aptitudes espirituales e intelectuales y su idoneidad para la obra; y

(5) que hayan prometido proseguir inmediatamente un curso de estudios prescrito para ministros licenciados y candidatos para la ordenación. (203.6)

**429.3.** La licencia de un ministro termina al final de la siguiente asamblea de distrito. Puede ser renovada por voto de la asamblea de distrito, siempre y cuando el candidato

(1) presente a la asamblea de distrito la Solicitud para Credencial de Ministro Licenciado cuidadosamente contestada;

(2) haya terminado por lo menos dos materias en un curso de estudios validado; y

(3) haya sido recomendado por la junta de la iglesia de la cual es miembro para que sea renovada su licencia, previa recomendación del pastor. Sin embargo, en caso de que un candidato no haya sido aprobado en un curso de estudios validado y requerido, la asamblea de distrito podrá renovar su licencia si él explica por escrito las razones. Tal explicación debe satisfacer a la Junta de Credenciales Ministeriales y ser aprobada por el superintendente general que preside. La asamblea de distrito, por alguna causa y a su discreción, podrá votar contra la renovación de licencia de un ministro. A los ministros licenciados que se hayan graduado de un curso de estudios validado y que hayan sido clasificados como jubilados por la asamblea distrital, con la recomendación de la Junta Consultora de Distrito, se les renovarán sus licencias sin que sometan una Solicitud para Licencia de Ministro. (203.4)

**429.4.** A fin de calificar para la ordenación, los candidatos deben haber graduado de un curso de estudios validado dentro de los 10 años siguientes a la fecha en que se les extendió su primera licencia de distrito. Cualquier excepción, debido a circunstancias muy singulares, puede ser otorgada por la Junta de Credenciales Ministeriales y debe ser aprobada por el superintendente general en jurisdicción.

Un ministro licenciado que no desee la ordenación o que no califique para la ordenación por no haber cumplido un curso de estudios validado dentro del tiempo prescrito, podrá recibir la renovación de su licencia de ministro por recomendación de la Junta Consultora de Distrito y de la Junta de Credenciales Ministeriales.

**429.5.** En el caso de ministros licenciados que estén sirviendo como pastores, la recomendación para renovar la credencial de ministro licenciado la hará la Junta Consultora de Distrito en lugar de la junta de la iglesia local. (222.10)

**429.6.** El superintendente general que tenga jurisdicción extenderá a cada ministro licenciado una credencial de ministro, firmada por el superintendente general en jurisdicción, el superintendente de distrito y el secretario de distrito.

**429.7**. A los ministros licenciados se les investirá de autoridad para predicar la Palabra; y/o usar sus dones y virtudes en diversos ministerios asociados de servicio al Cuerpo de Cristo, siempre y cuando aprueben anualmente los estudios requeridos en un pro-grama educacional validado y estén fungiendo como pastores o participen en un ministerio activo y asignado, reconocido por el distrito del que son miembros; también se les investirá de autoridad para administrar los sacramentos del bautismo y la Santa Cena en sus propias congregaciones y para celebrar matrimonios si no lo prohíbe la ley civil. (35.2, 409-410, 413, 413.4, 413.9, 421, 430-430.2, 431-431.2, 800, 802, 803)

**429.8**. Todos los ministros licenciados deberán ser miembros del distrito al que pertenezca su iglesia local y rendirán informe anualmente ante la asamblea de distrito. (201, 203.3, 419)

**429.9**. En caso de que un ministro licenciado se haya afiliado a otra iglesia o denominación diferente a la Iglesia del Nazareno o participe en otro ministerio cristiano sin la aprobación de la Junta Consultora del distrito donde él o ella tiene su membresía ministerial o la aprobación por escrito de la Junta de Superintendentes Generales, su afiliación como miembro y como ministro en la Iglesia del Nazareno cesará de inmediato y la asamblea de distrito hará que se anote en las actas la siguiente declaración: "Ha cesado su membresía y ministerio en la Iglesia del Nazareno por haberse unido a otra denominación". (107, 112)

## C. El diácono

**430**. El diácono es un ministro cuyo llamamiento de Dios al servicio cristiano, dones e idoneidad han sido demostrados y desarrollados mediante la capacitación apropiada y la experiencia, que ha sido separado para el servicio de Cristo por el voto de una asamblea de distrito y por el solemne acto de la ordenación, y que ha sido investido para llevar a cabo ciertas funciones de ministerio cristiano.

**430.1**. El diácono no da testimonio de un llamamiento específico a predicar. La iglesia reconoce, sobre la base de las Escrituras y la experiencia, que Dios llama a algunas personas a dedicar su vida al ministerio aun cuando no dan testimonio de haber recibido el llamamiento específico a predicar y cree que personas llamadas a tales ministerios deben ser reconocidas y confirmadas por la iglesia, que deben llenar ciertos requisitos y que se les deben asignar responsabilidades establecidas por la iglesia. Esta es una orden permanente de ministerio.

**430.2**. El diácono debe llenar los requisitos de la orden en cuanto a educación, dar evidencia de dones y virtudes apropiados, y ser reconocido y confirmado por la iglesia. El diácono será investido de autoridad para administrar los sacramentos del bautismo y la Santa Cena y oficiar matrimonios en donde las leyes del Estado no lo prohíban, y, ocasionalmente para conducir la adoración y predicar. Se entiende que el Señor y la iglesia pueden usar los dones y habilidades de esta persona en diversos ministerios asociados. Como símbolo del ministerio de siervo del Cuerpo de Cristo, el diácono también puede usar sus dones en funciones fuera de la iglesia institucional (35.2).

**430.3.** La persona llamada por Dios a este ministerio deberá cumplir los siguientes requisitos (35.1-35.3, 203.6, 320, 426) para recibir el reconocimiento de la Iglesia del Nazareno como diácono:

- poseer una licencia de distrito en el presente,
- haber recibido una licencia por un periodo no menor de tres años consecutivos,
- haber sido recomendada para la renovación de la licencia de distrito por la iglesia local en la que tiene su membresía o por la Junta Consultora de Distrito,
- haber completado satisfactoriamente el curso validado de estudios prescrito para ministros licenciados y para candidatos para ordenación como diácono;
- esta persona debe haber sido cuidadosamente considerada y favorablemente recomendada por la Junta de Credenciales Ministeriales a la asamblea distrital,
- haber sido electa a la orden de diácono por el voto de las dos terceras partes de la asamblea de distrito,
- haber sido ministro asignado por un periodo no menor de tres años consecutivos y estar sirviendo actualmente como ministro asignado,
- que su testimonio y servicio demuestren que su llamado al ministerio sea principalmente a otras áreas de servicio diferentes al ministerio pastoral,
- que el superintendente de distrito y la junta consultora de dicho distrito hayan removido por escrito cualquier descalificación que le pueda haber sido impuesta por una asamblea de distrito
- que su relación matrimonial no impida que califique para la ordenación.
- En caso de una asignación de medio tiempo, se debe entender que debe haber una extensión de años consecutivos en tiempo de servicio, dependiendo de su nivel de participación en el ministerio de la iglesia.

**430.4.** Si en el desempeño de su ministerio el diácono ordenado siente el llamamiento al ministerio de predicación podrá recibir las órdenes de presbítero después de llenar los requisitos para esa credencial y devolver la credencial de diácono.

## D. El presbítero

**431**. El presbítero es un ministro cuyo llamamiento de Dios a predicar, dones e idoneidad, han sido demostrados y desarrollados mediante la capacitación apropiada y la experiencia, que ha sido separado para el servicio de Cristo a través de su iglesia por el voto de una asamblea de distrito y por el solemne acto de la ordenación, y que ha sido investido plenamente para desempeñar todas las funciones del ministerio cristiano.

**431.1**. Reconocemos sólo una orden del ministerio de predicación —la de presbítero. Esta es una orden permanente en la iglesia. El presbítero debe gobernar bien la iglesia, predicar la Palabra, administrar los sacramentos del bautismo y de la Santa Cena, celebrar matrimonios, todo en el nombre de Jesucristo, la Cabeza de la iglesia, y sujeto a Él. (35.2, 412-413.3, 413.9, 435.12)

**431.2**. La iglesia espera que quien haya sido llamado a este ministerio oficial sea un mayordomo de la Palabra, dedicando su energía total durante toda la vida para proclamarla.

**431.3**. La persona llamada por Dios a este ministerio deberá cumplir los siguientes requisitos (35.1-35.3, 203.6, 320, 426) para recibir el reconocimiento de la Iglesia del Nazareno como presbítero:

* poseer una licencia de distrito en el presente,
* haber recibido una licencia por un periodo no menor de tres años consecutivos,
* haber sido recomendada para la renovación de la licencia de distrito por la iglesia local en la que tiene su membresía o por la Junta Consultora de Distrito,
* haber completado satisfactoriamente el curso validado de estudios prescrito para ministros licenciados y para candidatos para ordenación como presbítero,
* esta persona debe haber sido cuidadosamente considerada y favorablemente recomendada por la Junta de Credenciales Ministeriales a la asamblea distrital,
* haber sida electa a la orden de presbítero por el voto de las dos terceras partes de la asamblea de distrito,
* haber sido ministro asignado por un periodo no menor de tres años consecutivos,
* estar sirviendo actualmente como ministro asignado;
* que el superintendente de distrito y la junta consultora de dicho distrito hayan removido por escrito cualquier descalificación que le pueda haber sido impuesta por una asamblea de distrito,
* que su relación matrimonial no impida que califique para la ordenación.

• En caso de una asignación de medio tiempo, se debe entender que debe haber una extensión de años consecutivos en tiempo de servicio, dependiendo de su nivel de participación en el ministerio de la iglesia.

## E. El reconocimiento de credenciales

**432.** La asamblea de distrito puede reconocer a los ministros ordenados de otras denominaciones evangélicas que deseen unirse con la Iglesia del Nazareno y presenten su certificado de ordenación, después que la Junta de Credenciales Ministeriales de Distrito los haya examinado satisfactoriamente acerca de su conducta, experiencia personal y doctrina, siempre y cuando:

(1) demuestren aprecio, comprensión y aplicación del *Manual* y la historia de la Iglesia del Nazareno terminando con éxito las porciones relacionadas de un curso de estudios validado;

(2) presenten a la asamblea de distrito el Cuestionario de Reconocimiento de Credenciales de Ordenación cuidadosamente contestado; y

(3) llenen todos los requisitos para ordenación que se estipulan en los párrafos 428-428.3 ó 429-429.3. y

(4) que, además, el candidato debe estar actualmente sirviendo en una asignación de ministerio. (203.7, 225, 426, 429.2)

**432.1.** El superintendente general que tenga jurisdicción le extenderá al ministro ordenado así aceptado un certificado de reconocimiento firmado por el superintendente general en jurisdicción, el superintendente de distrito y el secretario de distrito. (435.6)

**432.2.** Cuando la credencial de un ministro de otra iglesia haya sido debidamente reconocida, la credencial extendida por dicha iglesia le será devuelta con la siguiente inscripción en el reverso de la credencial:

Acreditada por la Asamblea de Distrito del Distrito
_____ de la Iglesia del Nazareno,
el _____ de _____ de 20___ (año),
como base para las nuevas credenciales.

_____ Superintendente General
_____ Superintendente de Distrito
_____ Secretario de Distrito

## F. El ministro jubilado

**433.** El ministro jubilado es aquel al que la asamblea de distrito de la cual es miembro le ha concedido dicha relación, previa recomendación de la Junta de Credenciales Ministeriales de Distrito. Cualquier cambio en relación deberá ser aprobado por la asamblea de distrito, por recomendación de la Junta de Credenciales Ministeriales de Distrito. (203.27, 228.8)

**433.1.** La jubilación no priva al ministro de sus actividades ministeriales ni de la membresía en la asamblea de distrito. El ministro que haya estado sirviendo en una función "asignada" al tiempo de solicitar la relación de jubilado o a la edad normal de jubilación puede ser colocado en una relación de "jubilado asignado". Sin embargo, un ministro en una relación "sin asignación" en cualquiera de las situaciones antedichas será colocado en la relación de "jubilado no asignado". (201, 435.9)

## G. El traslado de ministros

**434.** Cuando un miembro del cuerpo ministerial desee trasladarse a otro distrito puede extendérsele carta de traslado de su afiliación como ministro por el voto de la asamblea de distrito o de la Junta Consultora de Distrito en el intervalo entre asambleas del distrito del cual es miembro. Tal traslado puede ser recibido por la Junta Consultora de Distrito en el intervalo entre asambleas, dándole al interesado todos los derechos y privilegios de membresía en el distrito en el cual es recibido, sujeto a la aprobación final de la Junta de Credenciales Ministeriales y la asamblea de distrito. (203.8-203.9, 223, 228.9-228.10)

**434.1.** La carta de traslado de un ministro licenciado será válida sólo cuando un informe detallado de sus calificaciones del curso de estudios para ministros licenciados, debidamente certificado por el secretario de la Junta de Estudios Ministeriales del distrito que le extiende la carta, haya sido enviado al secretario de la Junta de Estudios Ministeriales del distrito receptor. El secretario de la Junta de Estudios Ministeriales del distrito receptor le notificará al secretario de su distrito que ha recibido el informe de las calificaciones del ministro licenciado. El ministro trasladado deberá cerciorarse de que el informe de sus calificaciones del curso de estudios sea enviado al distrito receptor. (230.1-230.2)

**434.2.** La asamblea de distrito que reciba una carta de traslado deberá notificar, a la asamblea de distrito que la expidió, la recepción de la membresía de la persona transferida. La persona seguirá siendo miembro de la asamblea de distrito expedidora de la carta hasta que el traslado sea recibido por voto de la asamblea de distrito a la cual fue expedida. Dicha carta será válida sólo hasta la clausura de la siguiente asamblea del distrito a la cual fue dirigida. (203.8, 223, 228.10)

# H. Regulaciones generales

**435.** Las siguientes definiciones se refieren a términos relacionados con regulaciones generales para ministros de la Iglesia del Nazareno:

**Cuerpo ministerial:** Presbíteros, diáconos y ministros licenciados.

**Laicado:** Miembros de la Iglesia del Nazareno que no son parte del cuerpo ministerial.

**Activo:** Que cumple una función asignada.

**Asignado:** La condición de un miembro del cuerpo ministerial activo en una de las funciones enumeradas en los párrafos 404-425.

**Sin asignación:** La condición de un miembro del cuerpo ministerial que está en buenas relaciones con la iglesia pero que, en el momento, no está activo en una de las funciones enumeradas en los párrafos 404-425.

**Jubilado asignado:** La condición de un miembro jubilado del cuerpo ministerial que se encontraba asignado cuando se requirió su jubilación.

**Jubilado sin asignación:** La condición de un miembro jubilado del cuerpo ministerial que no se encontraba asignado cuando se requirió su jubilación.

**Bajo disciplina:** La condición del miembro del cuerpo ministerial al que se le ha privado de sus derechos, privilegios y responsabilidades como miembro de dicho cuerpo, por medio de una acción disciplinaria.

**Credencial archivada:** La condición de la credencial de un miembro del cuerpo ministerial que está en buenas relaciones con la iglesia y que, por inactividad en el ministerio, se ha privado voluntaria y temporalmente de sus derechos, privilegios y responsabilidades como miembro de dicho cuerpo al archivar su credencial en la oficina del secretario general. La persona que archive su credencial continúa siendo miembro del cuerpo ministerial y sus derechos, privilegios y responsabilidades como tal pueden ser restablecidos al solicitar que su credencial le sea devuelta, de acuerdo con el párrafo 437.2. (436, 436.2, 436.8)

**Credencial entregada:** La condición de la credencial de un miembro del cuerpo ministerial que, por causa de conducta impropia, acusaciones, confesiones, como resultado de la acción de una junta de disciplina, o por acción voluntaria debido a cualquier otra razón, excepto la de inactividad en el ministerio, ha sido privado de los derechos, privilegios y responsabilidades del cuerpo ministerial. La persona que entrega su credencial es aún miembro del cuerpo ministerial, pero bajo disciplina. Los derechos, privilegios y responsabilidades de dicho cuerpo pueden ser restaurados.

**Renuncia**: La condición de la credencial de un miembro del cuerpo ministerial que está en buenas relaciones con la iglesia y que, por razones personales, ha decidido que ya no quiere ser considerado como ministro y que rinde sus derechos, privilegios y responsabilidades como miembro de dicho cuerpo y en lugar de ello se torna laico sobre bases permanentes.

Un miembro del cuerpo ministerial que no está en buena relación también puede renunciar a su credencial según las provisiones estipuladas en el párrafo 436.4. (436.1, 436.8).

**Remoción**: La condición de la credencial de un miembro del cuerpo ministerial cuyo nombre ha sido removido de la lista de ministros, de acuerdo con las provisiones del párrafo 436.3.

**Devolución de credencial**: El restablecimiento de los derechos, privilegios y responsabilidades como miembro del cuerpo ministerial a aquel que ha archivado su credencial.

**Restauración de credencial**: El restablecimiento de los derechos, privilegios y responsabilidades como miembro del cuerpo ministerial a aquel que ha entregado su credencial, o cuyas credenciales han sido removidas.

**Rehabilitación**: El proceso para tratar que un ministro que ha estado bajo disciplina o que ha renunciado voluntariamente a los derechos, privilegios y responsabilidades del cuerpo ministerial, sea traído de nuevo a una posición de salud espiritual, emocional, mental y física, así como a una posición de actividad útil y constructiva. La rehabilitación no incluye necesariamente la restauración de los derechos, privilegios y responsabilidades como miembro del cuerpo ministerial.

**Acusación**: Documento firmado por lo menos por dos miembros de la Iglesia del Nazareno en el que se acusa a un miembro de la Iglesia del Nazareno de conducta la cual, de ser probada, causaría que el miembro fuese sujeto a disciplina bajo los términos del Manual.

**Conocimiento**: Estar al tanto de hechos que uno ha conocido por medio del ejercicio de sus propios sentidos.

**Información**: Hechos que uno ha conocido por medio de otras personas.

**Creencia**: Conclusión a la que se ha llegado de buena fe, basada en conocimiento e información.

**Comité de investigación**: Comité nombrado de acuerdo con el *Manual* para que recabe información en cuanto a una supuesta conducta impropia o de la cual se sospeche.

**Cargos**: Documento que describe específicamente la conducta de un miembro de la Iglesia del Nazareno la cual, de ser probada, sería la base de medida disciplinaria bajo los términos del *Manual*.

**Suspensión**: Un tipo de acción disciplinaria la cual niega temporalmente a un miembro del cuerpo ministerial sus derechos, privilegios y responsabilidades como miembro de dicho cuerpo.

**En buenas relaciones con la iglesia**: La condición de un miembro del cuerpo ministerial que no tenga acusaciones pendientes sin resolver, que no esté en el momento bajo disciplina, y cuya credencial no ha sido entregada, removida, o renunciado a ella.

**435.1.** En caso de que un miembro del cuerpo ministerial, sin la aprobación por escrito de la Junta Consultora de Distrito del distrito de asamblea del cual es miembro o sin la aprobación por escrito de la Junta de Superintendentes Generales, lleve a cabo regularmente actividades eclesiásticas independientes que no estén bajo la dirección de la Iglesia del Nazareno o actúe como miembro del personal de una iglesia independiente de otro grupo religioso estará sujeto a disciplina. (435.11, 505.1)

**435.2.** Todo miembro del cuerpo ministerial siempre debe dar la debida consideración al consejo combinado del superintendente de distrito y la Junta Consultora de Distrito. (417)

**435.3.** Cualquier demanda de un miembro del cuerpo ministerial y/o miembros de su familia que dependan de él o de ella, para participar de algún plan o fondo que tenga la iglesia, o que tuviere después, para ayuda o manutención de los ministros incapacitados o ancianos, se basará solamente en el servicio regular activo rendido por el ministro como pastor o evangelista asignado o en otra función reconocida, con la sanción de la asamblea de distrito. Por esta regla quedan excluidos de esta participación los que dediquen al ministerio sólo parte de su tiempo y los que presten servicios ocasionalmente.

**435.4.** El ministro licenciado activamente asignado como pastor o pastor asociado o pastor ayudante de una Iglesia del Nazareno será miembro votante de la asamblea de distrito. (201)

**435.5.** El candidato electo a las órdenes de presbítero o de diácono será ordenado por la imposición de las manos del superintendente general y de los presbíteros con los ejercicios religiosos apropiados, bajo la dirección del superintendente general que preside. (307.4)

**435.6.** El superintendente general que tenga jurisdicción extenderá a la persona así ordenada un certificado de ordenación firmado por el superintendente general en jurisdicción, por el superintendente de distrito y por el secretario de distrito. (432.1)

**435.7.** En caso de que las credenciales de un presbítero o diácono se hayan extraviado, mutilado o destruido, se le puede extender un certificado duplicado por recomendación de la Junta Consultora de Distrito. Tal recomendación deberá hacerse directamente al superintendente general en jurisdicción y, después de su aprobación, el secretario general emitirá un duplicado del certificado. En el reverso del certificado deberá incluirse el número original junto con la palabra duplicado. Si el superintendente general o el secretario de distrito que firmaron el certificado original no están disponibles, lo firmarán el superintendente general en jurisdicción, el superintendente de distrito y el secretario de distrito, del distrito que solicita el certificado duplicado. En el reverso deberá incluirse la siguiente declaración, manuscrita o impresa, o en ambas formas, y deberán firmarla el superintendente general en jurisdicción, el superintendente de distrito y el secretario de distrito.

Este certificado se extiende en lugar del certificado de ordenación otorgado anteriormente a _____ (nombre), el _____ (día) de _____(mes) de 20____ (año), por _____ (organización que lo ordenó), fecha en la cual fue ordenado(a), y su certificado original de ordenación fue firmado por _____y por _____.
El certificado anterior fue (extraviado, mutilado, destruido).
_____ Superintendente General
_____ Superintendente de Distrito
_____ Secretario de Distrito

**435.8.** Todos los presbíteros y diáconos serán miembros de alguna iglesia local. Si un presbítero o un diácono no es miembro de una iglesia local en el distrito en el que tiene sus credenciales su nombre puede ser borrado de la lista de presbíteros o diáconos. (420)

**435.9.** Todos los presbíteros y diáconos serán miembros ministeriales de la asamblea de distrito en la que tienen su afiliación, a la cual le rendirán un informe anual. Si un presbítero o diácono no presentara su informe a la asamblea de distrito por dos años consecutivos, personalmente o por carta, dejará de ser miembro de ella si así lo decidiera la asamblea. (30, 201, 203.3, 419, 433.1)

**435.10.** En caso de que un presbítero se haya afiliado a otra iglesia o denominación diferente a la Iglesia del Nazareno o participe en otro ministerio cristiano sin la aprobación de la Junta Consultora del distrito donde él o ella tiene su membresía ministerial, o la aprobación por escrito de la Junta de Superintendentes Generales, su membresía en la iglesia y su membresía ministerial en la Iglesia del Nazareno cesarán de inmediato debido a este hecho. La asamblea de distrito hará que se anote en las actas la siguiente declaración: "Han cesado su membresía y ministerio en la Iglesia del Nazareno por haberse unido a otra iglesia, denominación o ministerio". (107, 112)

**435.11.** Ningún ministro ordenado podrá llevar a cabo regularmente actividades eclesiásticas independientes que no estén bajo la dirección de la Iglesia del Nazareno o llevar a cabo misiones independientes o actividades eclesiásticas no autorizadas o unirse al personal de una iglesia independiente o de otro grupo religioso o denominación, sin la aprobación anual escrita de la Junta Consultora de Distrito o la aprobación escrita de la Junta de Superintendentes Generales. Cuando dichas actividades se lleven a cabo en más de un distrito o en un distrito que no sea aquel en el cual el ministro tiene su membresía ministerial debe obtenerse la aprobación escrita de la Junta de Superintendentes Generales antes de participar en dichas actividades. La Junta de Superintendentes Generales notificará a las respectivas juntas consultoras de distrito que la petición para tal aprobación está pendiente ante su junta.

Si un ministro ordenado no cumple estos requisitos, por el voto favorable de dos terceras partes de la membresía de la Junta de Credenciales Ministeriales y por el voto de la asamblea de distrito, puede ser retirado de la membresía de la Iglesia del Nazareno. La determinación final en cuanto a la clasificación de una actividad específica como "misión independiente" o "actividad eclesiástica no autorizada" recaerá sobre la Junta de Superintendentes Generales. (112-112.1)

**435.12.** Un ministro asignado puede organizar una iglesia local cuando haya sido autorizado a hacerlo por el superintendente de distrito o el superintendente general en jurisdicción. El superintendente de distrito deberá enviar los informes oficiales a la oficina del secretario general. (100, 208.1)

**435.13.** La membresía en la asamblea de distrito se obtendrá en virtud de ser pastor u otro ministro asignado que sirva activamente y mantenga empleo en tal ministerio como su vocación primordial en una de las funciones ministeriales asignadas que se definen en los párrafos 404-425.

**435.14.** Todo ministro de la Iglesia del Nazareno tendrá la responsabilidad de guardar en confianza y discreción cualquier comunicación confidencial que le haga algún miembro de la congregación en el desempeño de su carácter profesional como ministro licenciado u ordenado de la Iglesia del Nazareno. Se reprueba por completo la diseminación pública de tal comunicación sin el consentimiento expreso escrito del declarante. Cualquier ministro nazareno que viole dicha regulación queda sujeto a las sanciones disciplinarias establecidas en los párrafos 505-507.2 de este *Manual*.

**435.15.** Se espera que todos los presbíteros y diáconos participen en el proceso de aprendizaje de toda la vida y que cada año completen dos créditos de educación continua, o su equivalente, bajo la administración de la Junta de Estudios Ministeriales de Distrito. (426.6)

## I. La renuncia o remoción del ministerio

**436.** El secretario general está autorizado para recibir y guardar bajo custodia las credenciales de los miembros del cuerpo ministerial que están en buenas relaciones con la iglesia y que, debido a inactividad en el ministerio por cierto tiempo, deseen archivarlas. En el momento de archivar la credencial, el miembro del cuerpo ministerial certificará al secretario general que la credencial no está siendo archivada con el propósito de evitar medidas disciplinarias. Archivar una credencial no impedirá que un miembro del cuerpo ministerial sea sujeto a disciplina como miembro de dicho cuerpo. Los miembros del cuerpo ministerial que archiven sus credenciales en la oficina del secretario general podrán solicitar que se les devuelvan según lo provisto en el párrafo 437.2.

**436.1.** Cuando un miembro del cuerpo ministerial, que esté en buenas relaciones con la iglesia, deje de prestar servicios en un ministerio asignado para dedicarse a otro llamamiento o vocación ajeno a los del cuerpo ministerial en la Iglesia del Nazareno, puede renunciar a los derechos, privilegios y responsabilidades del cuerpo ministerial y devolver la credencial a la asamblea de distrito de la cual es miembro, la cual será enviada al secretario general. En las actas del distrito deberá constar que fue "borrado de la Lista de Ministros, por haber renunciado a su orden". Un miembro del cuerpo ministerial que renuncie de esta manera podrá pedir que se le devuelva su credencial de acuerdo con lo provisto en el párrafo 437.3.

**436.2.** Cuando un miembro del cuerpo ministerial no cumpla con las responsabilidades de dicho cuerpo al permanecer sin asignación por un largo período, de cuatro años o más no se considerará más parte del cuerpo ministerial. En tales casos, se le requerirá a tal persona archivar su credencial. La Junta de Credenciales Ministeriales de Distrito informará a la asamblea de distrito que "la credencial de (el presbítero o diácono del caso) ha sido archivada por la Junta de Credenciales Ministeriales de Distrito". Esta acción no se considerará perjudicial al carácter del ministro, a quien se le podrá restablecer su credencial de acuerdo con las provisiones del párrafo 437.2.

**436.3.** Un miembro del cuerpo ministerial podrá ser borrado de la lista de ministros si recibe una carta de recomendación de su iglesia local y no la usa para afiliarse a otra Iglesia del Nazareno para el tiempo de la siguiente asamblea de distrito o si declara por escrito que se ha retirado de la Iglesia del Nazareno o si cambia la dirección de la residencia que está registrada sin que le provea a la Junta de Credenciales Ministeriales de Distrito una nueva dirección para el registro, dentro del plazo de un año, o si se afilia a otra denominación como miembro o ministro o si no presenta un informe anual como se estipula en los párrafos 429.8 y 435.9; la Junta de Credenciales Ministeriales de Distrito podrá recomendar y la asamblea de distrito ordenar que su nombre sea removido de la lista de membresía de la iglesia local y de la lista de ministros de la Iglesia del Nazareno.

**436.4.** Un miembro del cuerpo ministerial que no esté en buenas relaciones podrá renunciar a sus credenciales, por recomendación de la Junta Consultora de Distrito. (437)

**436.5.** Un miembro del cuerpo ministerial podrá ser expulsado del ministerio en la Iglesia del Nazareno ya sea por la entrega de su credencial o mediante acción disciplinaria de acuerdo con los párrafos 505-508.

**436.6.** Cuando a un presbítero o diácono se le haya expulsado, la credencial del miembro del cuerpo ministerial será enviada al secretario general, quien la catalogará y conservará de acuerdo a la orden de la asamblea de distrito del distrito donde el presbítero o diácono tenía membresía en el momento de la expulsión. (326.5)

**436.7.** Los pastores, juntas locales de iglesias, y otras instancias que determinen asignaciones en la iglesia no utilizarán miembro alguno del cuerpo ministerial que no esté en buenas relaciones con la iglesia, en ninguna posición de confianza y autoridad como la de pastor interino, director de música, maestro de escuela dominical u otro, sino hasta que su credencial le sea restaurada. Las excepciones a esta prohibición requieren la aprobación escrita del superintendente del distrito en el que perdió su credencial y del superintendente general en jurisdicción de ese distrito. (437.5-437.6)

**436.8.** Cuando un presbítero o diácono no jubilado deje el servicio activo como miembro del cuerpo ministerial y tome un empleo secular de tiempo completo, después de un período de dos años, la Junta de Credenciales Ministeriales de Distrito podrá pedirle que renuncie a la ordenación o que archive su credencial y la devuelva al secretario general. Este período de dos años comenzará en la asamblea de distrito subsecuente al cese de la actividad como miembro del cuerpo ministerial. La Junta de Credenciales Ministeriales de Distrito deberá informar de su acción a la asamblea de distrito. Esta acción no se considerará perjudicial al carácter del ministro.

**436.9.** Separación/divorcio. Cualquier miembro del cuerpo ministerial, dentro de las 48 horas después de haber presentado una solicitud de divorcio o de terminación/separación legal de su matrimonio, o dentro de las 48 horas después de la separación física del ministro y su cónyuge con el propósito de descontinuar la cohabitación física, el ministro deberá:

(a) ponerse en contacto con el superintendente de distrito para notificarle la acción que ha tomado;

(b) acceder a reunirse con el superintendente de distrito y un miembro de la Junta Consultora de Distrito en el tiempo y lugar de mutuo acuerdo o si no se logra el mutuo acuerdo sobre tiempo y lugar, en el tiempo y lugar designados por el superintendente de distrito; y

(c) explicar, (en la reunión designada en la subsección b), las circunstancias de la acción tomada y explicar el conflicto marital, así como las bases bíblicas para justificar por qué se le debería permitir que continúe sirviendo como miembro del cuerpo ministerial en buenas relaciones con la iglesia. Si un miembro de dicho cuerpo no cumple con lo estipulado en las subsecciones anteriores, dicho incumplimiento será causa para medida disciplinaria. Todos los ministros ya sea que sean activos, inactivos, o jubilados, asignados o sin asignación, están sujetos a estas disposiciones y deben demostrar consideración a los consejos conjunto del superintendente de distrito y de la Junta Consultora de Distrito. Ningún ministro activo o asignado podrá continuar en cualquier papel ministerial sin el voto afirmativo de la Junta Consultora de Distrito.

## J. La restauración de miembros del cuerpo ministerial a la membresía de la iglesia y a la condición de buenas relaciones con la iglesia

**437**. Cualquier miembro del cuerpo ministerial que haya sido expulsado, o que haya retirado su nombre de la lista de miembros de una iglesia local cuando no estaba en buenas relaciones con la iglesia, podrá afiliarse de nuevo a la Iglesia del Nazareno sólo con el consentimiento de la asamblea de distrito, del distrito del cual se retiró o fue expulsado. Si se le negaran dos apelaciones de restauración, ya sea a la membresía de la iglesia o a la condición ministerial, la Junta de Superintendentes Generales podrá conceder una solicitud para transferir la responsabilidad de la restauración a otro distrito en el que podría considerarse su colocación. Si todas las apelaciones para la restauración de la credencial son denegadas, un ministro ordenado puede volver a la condición de laico, con tal que tenga la aprobación de la Junta Consultora de Distrito. (436.4)

**437.1**. Si por alguna razón borran el nombre de un presbítero o diácono de la lista de miembros de una asamblea de distrito, tal presbítero o diácono no podrá ser reconocido por ningún otro distrito sin el consentimiento escrito de la asamblea de distrito que borró su nombre, excepto por lo provisto en el párrafo 437. (La Junta Consultora de Distrito puede actuar en una petición de transferencia de jurisdicción entre asambleas.)

**437.2**. Cuando un presbítero o diácono en buenas relaciones con la iglesia haya archivado su credencial, dicha credencial le podrá ser devuelta en cualquier tiempo si lo ordena la asamblea de distrito con la cual la archivó, siempre y cuando el presbítero o diácono esté en buenas relaciones con la iglesia y la devolución de su credencial haya sido recomendada por el superintendente de distrito y la Junta Consultora de Distrito.

**437.3.** Cuando un presbítero o diácono en buenas relaciones con la iglesia haya renunciado a su orden de ministerio de acuerdo con los párrafos 436.1 y 436.8, podrá ser restaurado a dicha orden por la asamblea de distrito, después de llenar el Cuestionario para Ordenación/Reconocimiento de credenciales, reafirmar los votos de ministerio, ser examinado por la Junta de Credenciales Ministeriales de Distrito y recibir la recomendación de ésta, y previa aprobación del superintendente general en jurisdicción.

**437.4.** Cuando fallezca un ministro ordenado cuya credencial fue archivada, encontrándose en buenas relaciones con la iglesia en el momento de su muerte, su familia podrá recibir el certificado de ordenación de dicho ministro, previa solicitud escrita al secretario general y la aprobación del superintendente de distrito, del distrito donde fue archivada la credencial.

**437.5.** En el momento en que un miembro del cuerpo ministerial pierda la prerrogativa para ejercer los derechos y privilegios de dicho cuerpo, la Junta de Credenciales Ministeriales preparará un informe escrito referente a los hechos y las circunstancias en lo que respecta al cambio de condición. El informe incluirá las recomendaciones de la Junta de Credenciales Ministeriales en lo referente a si es apropiado o no un plan de rehabilitación. Se insta a cada distrito a elaborar un plan escrito en armonía con las directrices del *Manual*, que ayude en el proceso de respuesta, rehabilitación, reconciliación y posible restauración al ministerio, del ministro culpable de conducta impropia de un ministro. Si es apropiado un plan de rehabilitación, la Junta de Credenciales Ministeriales deberá, hasta donde sea práctico, trabajar con el individuo en el diseño del plan de rehabilitación. El objetivo del plan aplicado por el distrito deberá ser que el individuo pueda regresar a una posición de salud espiritual, emocional, mental y física. La responsabilidad primordial para la realización del plan recaerá sobre el individuo que está siendo rehabilitado, pero el facilitador o los facilitadores que representen a la iglesia deberán proveer apoyo y ayuda. El facilitador o los facilitadores, o aquel o aquellos a quienes éstos designen, informarán a la Junta de Credenciales Ministeriales una vez por trimestre, sobre el progreso hacia la rehabilitación. La forma de presentación del informe será determinada por la Junta de Credenciales Ministeriales. La Junta de Credenciales Ministeriales puede revisar el plan de rehabilitación de tiempo en tiempo, según las circunstancias lo justifiquen.

**437.6.** Un miembro del cuerpo ministerial que no esté en buenas relaciones con la iglesia no podrá predicar, ser maestro de escuela dominical, o tener posición alguna de confianza o autoridad en la iglesia o en sus cultos, ni se le asignará función ministerial alguna, a menos que la Junta Consultora de Distrito, la Junta de Credenciales Ministeriales, el superintendente de distrito y el superintendente general en jurisdicción determinen que el individuo ha progresado lo suficiente en la rehabilitación como para justificar que se le permita de nuevo ser útil en alguna posición de confianza y autoridad. Los que estén considerando dar la aprobación tomarán en cuenta cuidadosamente si el individuo que perdió la condición de buenas relaciones con la iglesia se ha arrepentido verdaderamente de su conducta impropia. El verdadero arrepentimiento incluye un sentido profundo de culpa personal, que precede a un cambio de conducta que se prolonga durante un tiempo lo suficientemente largo como para que resulte evidente que el cambio probablemente será permanente. La aprobación para servir en una posición de confianza o autoridad podrá concederse con o sin restricciones. (505.1-500.2, 505.5, 505.11-505.12)

**437.7.** Un miembro del cuerpo ministerial que ha perdido la condición de buenas relaciones con la iglesia puede ser restaurado a ella y su credencial también puede ser restaurada, sólo por la acción de la Junta de Superintendentes Generales, previa recomendación de restauración de parte de la asamblea de distrito donde perdió la condición. Una recomendación de restauración requerirá la aprobación del superintendente de distrito, la Junta de Credenciales Ministeriales de Distrito y la aprobación por el voto de dos terceras partes de los miembros de la Junta Consultora de Distrito.

El progreso en el plan de rehabilitación deberá ser la cuestión primordial al considerar si se recomienda o no la restauración de una credencial, no obstante, deberá considerarse también el tiempo que haya pasado.

Sin embargo, en caso de que un miembro del cuerpo ministerial haya incurrido en conducta sexual impropia, no será elegible para solicitar restauración antes que hayan pasado cuatro años. Un miembro del cuerpo ministerial que ha perdido su buena relación como resultado de conducta sexual impropia debe mostrar avance satisfactorio en un plan de rehabilitación por un mínimo de cuatro años, antes de que sea restaurada su buena relación. (505.1-500.2, 500.5, 505.11-505.12)

**437.8.** Dado que ciertos tipos de conducta impropia, tal como aquella en donde están implicados niños, o la que es de naturaleza homosexual, o repetida infidelidad marital, raramente son resultado de un desliz moral que ocurre una sola vez, los individuos que sean culpables de conducta sexual impropia que implique una alta probabilidad de conducta impropia reincidente no deberán ser restaurados a la condición de buenas relaciones con la iglesia. A estos individuos tampoco se les permitirá servir en alguna posición de liderazgo, confianza o ministerio en la iglesia local. (505.1-500.2, 505.5, 505.11-505.12)

# PARTE VI

# Administración Judicial

INVESTIGACIÓN DE POSIBLE CONDUCTA IMPROPIA Y
DISCIPLINA DE LA IGLESIA

RESPUESTA A PROBABLE CONDUCTA IMPROPIA

RESPUESTA A CONDUCTA IMPROPIA DE UNA PERSONA
EN POSICIÓN DE CONFIANZA O AUTORIDAD

APELACIÓN DE LA DISCIPLINA DE UN LAICO

APELACIÓN DE LA DISCIPLINA DE UN MIEMBRO DEL
CUERPO MINISTERIAL

REGLAS DE PROCEDIMIENTO

CORTE DE APELACIONES DE DISTRITO

CORTE GENERAL DE APELACIONES

CORTE REGIONAL DE APELACIONES

GARANTÍA DE DERECHOS

# I. INVESTIGACIÓN DE POSIBLE CONDUCTA IMPROPIA Y DISCIPLINA DE LA IGLESIA

**500.** Los objetivos de la disciplina eclesiástica consisten en sostener la integridad de la Iglesia del Nazareno, proteger a los inocentes contra daños, proteger la eficacia del testimonio de la iglesia, advertir y corregir a los negligentes, conducir al culpable hacia la salvación, rehabilitar al culpable, restaurar al servicio eficaz a los rehabilitados y proteger la reputación y recursos de la iglesia. Los miembros de la iglesia que violen El Pacto de Carácter Cristiano o el Pacto de Conducta Cristiana, o que continúen y voluntariamente violen sus votos de membresía deben ser tratados amable pero fielmente según la gravedad de sus ofensas. Puesto que la norma del Nuevo Testamento es la santidad de corazón y vida, la Iglesia del Nazareno insiste en un ministerio limpio y requiere que los que portan sus credenciales como miembros del cuerpo ministerial tengan una doctrina ortodoxa y una vida santa. Por tanto, el propósito de la disciplina no es punitivo o de castigo sino que tiene el fin de alcanzar estos objetivos. El proceso de disciplina también tiene la finalidad de determinar la categoría y la relación continua con la iglesia.

# II. RESPUESTA A PROBABLE CONDUCTA IMPROPIA

**501.** Una respuesta es apropiada en cualquier momento en que una persona con autoridad para responder recibe información que una persona prudente aceptaría como creíble y la cual haría que una persona prudente creyera que se le haría daño a la iglesia, a víctimas potenciales de conducta impropia, o a cualquier otra persona como resultado de conducta impropia de una persona en posición de confianza o autoridad dentro de la Iglesia.

**501.1.** Cuando una persona sin autoridad para responder a nombre de la iglesia recibe información que una persona prudente aceptaría como creíble y la cual haría que una persona prudente creyera que una persona en posición de confianza o autoridad fuera culpable de conducta impropia dentro de la iglesia, esa persona con tal información deberá trasmitírsela al representante de la iglesia con autoridad para responder.

**501.2.** La persona con autoridad para responder es determinada por la posición dentro de la iglesia de la persona o personas que probablemente sean culpables de conducta impropia de la siguiente manera:

**Persona Implicada:** *Persona con Autoridad Para Responder*

**Persona que no es miembro de la iglesia:** *Pastor de la iglesia local en la que ocurre el caso de conducta impropia*

**Laico**: *Pastor de la iglesia de la que el laico es miembro*

**Miembro del cuerpo ministerial**: *Superintendente del distrito en el que es miembro la persona implicada o el pastor de la iglesia local en la que es miembro del personal*

**Superintendente de distrito**: *Superintendente general en jurisdicción*

**Otros casos no definidos**: *Secretario general*

La persona con autoridad para responder puede solicitar la ayuda de otras personas en la búsqueda de datos o respuesta.

**501.3.** Si no existe acusación alguna de por medio, el propósito de la investigación consistirá en determinar si se necesita tomar alguna acción para prevenir daño o reducir el impacto del daño que se haya hecho de antemano. En circunstancias bajo las que una persona prudente cree que no es necesario tomar alguna acción para prevenir daño o reducir el impacto del mismo ya no seguirá la investigación, a menos que se haya presentado una acusación. Los datos compilados durante una investigación pueden constituir la base de una acusación.

## III. RESPUESTA A CONDUCTA IMPROPIA DE UNA PERSONA EN POSICIÓN DE CONFIANZA O AUTORIDAD

**502.** Cuando una persona autorizada para responder recibe información en la que se indica que personas inocentes han sido dañadas por la conducta impropia de una persona en posición de confianza o autoridad se debe tomar acción para que la iglesia responda apropiadamente. Una respuesta apropiada consistiría en prevenir algún daño adicional a víctimas de la conducta impropia, tratar de suplir las necesidades de las víctimas, del acusado y de otras personas que sufrirían como resultado de la conducta impropia. Se deberá dar atención particular a las necesidades del cónyuge y la familia del acusado. La respuesta también deberá dar atención a las necesidades de la iglesia local, el distrito y la iglesia general respecto a relaciones públicas, protección contra riesgos legales y protección de la integridad de la iglesia.

Quienes responden a nombre de la iglesia deben comprender que lo que dicen y hacen puede acarrear consecuencias bajo la ley civil. El deber de la iglesia de responder se basa en la caridad cristiana. Nadie tiene la autoridad de aceptar responsabilidad financiera a nombre de una iglesia local sin acción previa de la junta de la iglesia o a nombre de un distrito sin acción previa de la Junta Consultora de Distrito. Si no se sabe con certeza qué acción apropiada se debe tomar se ha de buscar el consejo de personal profesional adecuado.

**502.1.** En cada iglesia local, es apropiado que la junta de la iglesia prepare una respuesta para cualquier crisis que pueda surgir; sin embargo, quizá sea necesario responder aun antes de que se pueda convocar a una reunión de la junta. Es sabio que cada iglesia local cuente con un plan de emergencia para responder.

**502.2.** En cada distrito la responsabilidad primordial de responder ante una crisis recae sobre la Junta Consultora de Distrito; sin embargo, quizá sea necesario responder aun antes de que se pueda convocar a una reunión de la junta. Es sabio que un distrito adopte un plan de emergencia para responder. El plan podrá incluir el nombramiento, por parte de la Junta Consultora de Distrito, de un equipo de respuesta compuesto de personas con cualidades especiales tales como consejeros, trabajadores sociales, quienes han sido capacitados en comunicaciones, y aquellos que están familiarizados con las leyes aplicables.

**503. Resolución de asuntos disciplinarios por acuerdo mutuo.** El proceso disciplinario descrito en este *Manual* tiene la finalidad de proveer un proceso apropiado para acusaciones de conducta impropia cuando éstas sean apeladas por el acusado. En muchas situaciones, es apropiado resolver asuntos disciplinarios por acuerdo mutuo. Cuando sea práctico, se debe tratar de resolver asuntos disciplinarios por este método.

**503.1.** Cualquier asunto que esté bajo la jurisdicción de una Junta de Disciplina Local puede resolverse por un acuerdo mutuo escrito entre la persona acusada y el pastor, si así lo aprueban la junta de la iglesia y el superintendente de distrito. Los términos de dicho acuerdo mutuo deberán tener el mismo efecto de una acción de una Junta de Disciplina Local.

**503.2.** Cualquier asunto que esté bajo la jurisdicción de una Junta de Disciplina de Distrito puede resolverse por un acuerdo mutuo escrito entre la persona acusada y el superintendente de distrito, si el acuerdo lo aprueban la Junta Consultora de Distrito y el superintendente general en jurisdicción. Los términos de dicho acuerdo mutuo deberán tener el mismo efecto de una acción de una Junta de Disciplina de Distrito.

## IV. APELACIÓN DE LA DISCIPLINA DE UN LAICO

**504.** Si un miembro laico es acusado de conducta inmoral, las acusaciones deberán presentarse por escrito y ser firmadas, por lo menos, por dos miembros que hayan asistido a la iglesia fielmente, por lo menos durante seis meses. El pastor designará un comité de investigación compuesto de tres miembros de la iglesia local, sujeto a la aprobación del superintendente de distrito. El comité presentará un informe escrito de su investigación. Dicho informe deberá ser firmado por una mayoría y presentado a la junta de la iglesia.

Después de la investigación y de acuerdo con los resultados de la misma, dos miembros que estén en buenas relaciones con la iglesia local pueden firmar las acusaciones y presentarlas a la junta de la iglesia. Entonces la junta de la iglesia designará, sujeta a la aprobación del superintendente de distrito, una Junta Local de Disciplina formada por cinco miembros que no tengan prejuicios en cuanto al caso, que puedan oír y decidir de manera justa e imparcial. Si en opinión del superintendente de distrito no es práctico seleccionar a cinco miembros de la iglesia local debido a su tamaño, a la naturaleza de las acusaciones o a la posición de influencia del acusado, el superintendente de distrito podrá, después de consultar con el pastor, nombrar a cinco laicos de otras iglesias del mismo distrito para conformar la Junta de Disciplina. Dicha junta llevará a cabo una audiencia tan pronto como sea factible y determinará los asuntos implicados. Después de oír el testimonio de los testigos y de considerar las evidencias presentadas, la Junta de Disciplina podrá absolver al acusado o administrar la disciplina apropiada de acuerdo a los hechos. La decisión debe ser unánime. La disciplina puede administrarse en forma de reprimenda, suspensión o expulsión de la membresía de la iglesia local.

**504.1.** Dentro del término de 30 días, la decisión de la Junta de Disciplina Local podrá ser apelada ante la Corte de Apelaciones de Distrito, ya sea por el acusado o por la junta local.

**504.2.** Cuando un laico haya sido expulsado de la membresía de la iglesia local por una Junta Local de Disciplina, podrá afiliarse nuevamente a la Iglesia del Nazareno en el mismo distrito sólo si obtiene la aprobación de la Junta Consultora de Distrito. Si le conceden tal aprobación será recibido en la membresía de esa iglesia local usando la forma aprobada para la recepción de miembros de la iglesia. (27; 33-39; 112.1-4; 801)

# V. APELACIÓN DE LA DISCIPLINA DE UN MIEMBRO DEL CUERPO MINISTERIAL

**505**. La perpetuidad y eficacia de la Iglesia del Nazareno dependen en gran parte de las cualidades espirituales, el carácter y la forma de vida de sus ministros. Los miembros del cuerpo ministerial aspiran a un alto llamado y se desempeñan como personas ungidas sobre quienes la iglesia ha depositado su confianza. Aceptan su llamado a sabiendas de que las personas a las que ministran esperan de ellos altas normas personales. Debido a las altas expectativas puestas en ellos, los ministros y su ministerio son peculiarmente vulnerables a acusaciones de conducta impropia. Se pide, por tanto, a los miembros que usen los siguientes procedimientos con la sabiduría bíblica y la madurez apropiadas del pueblo de Dios.

**505.1.** Si un miembro del cuerpo ministerial es acusado de conducta impropia de un ministro o de enseñar doctrinas contrarias a las declaraciones doctrinales de la Iglesia del Nazareno o de descuido grave en la ejecución de El Pacto de Carácter Cristiano o el Pacto de Conducta Cristiana de la iglesia, tal acusación será formulada por escrito y firmada, por lo menos, por dos miembros de la Iglesia del Nazareno que al momento estén en buenas relaciones con la iglesia. Las acusaciones de inmoralidad sexual no podrán ser firmadas por una persona que haya consentido en participar en la supuesta conducta impropia. La acusación escrita deberá ser entregada a la Junta Consultora de Distrito del distrito del cual es miembro ministerial el acusado. Esta acusación formará parte del expediente del caso.

Tan pronto como sea posible la Junta Consultora de Distrito le notificará por escrito al acusado que se han presentado acusaciones en su contra, y deberá entregar dicha notificación personalmente. Cuando dicho método de notificación no sea posible se le hará saber de la manera en que se acostumbre notificar legalmente en la localidad. El acusado y su defensor tendrán derecho de examinar las acusaciones y de recibir de inmediato una copia escrita de las mismas cuando la soliciten. (437.6-37.8)

**505.2.** La firma de una persona en una acusación contra un miembro del cuerpo ministerial constituye una certificación de parte del firmante de que, según su conocimiento, la información y la convicción a la que ha llegado después de investigación razonable, la acusación está basada en hechos. (437.6-37.8)

**505.3.** Cuando se presente una acusación escrita, la Junta Consultora de Distrito nombrará un comité de tres o más ministros ordenados asignados y no menos de dos personas laicas como considere recomendable para investigar los hechos y las circunstancias del caso y entregar un informe escrito del resultado de la investigación, con la firma de la mayoría del comité. Si después de considerar el informe del comité pareciera haber base probable para los cargos, tales cargos se formularán y serán firmados por dos presbíteros. La Junta Consultora de Distrito le notificará de ello al acusado tan pronto como sea práctico por cualquier método de notificación. Cuando no sea práctico dicho método de notificación se le hará saber de la manera en que se acostumbre notificar legalmente en la localidad. El acusado y su defensor tendrán derecho de examinar las acusaciones y especificaciones y de recibir de inmediato una copia de las mismas cuando la soliciten. Ningún acusado tendrá que responder a cargos de los que no se le haya informado en la forma estipulada. (222.3)

**505.4**. Si después de la investigación pareciera no haber base concreta para los cargos y si es evidente que las acusaciones fueron presentadas de mala fe, la presentación de la acusación podrá constituir la base para una sanción apropiada contra los que firmaron la acusación.

**505.5**. Si los cargos se presentan, la Junta Consultora de Distrito nombrará a cinco presbíteros asignados del distrito y no menos de dos personas laicas como considere recomendable para escuchar el caso y determinar los asuntos a tratar; estos cinco presbíteros así nombrados constituirán la Junta de Disciplina de Distrito para llevar a cabo la audiencia y resolver el caso de acuerdo con las leyes de la iglesia. Ningún superintendente de distrito fungirá como fiscal o como ayudante del fiscal en el juicio de un presbítero o de un ministro licenciado. Esta Junta de Disciplina tendrá facultad para vindicar y absolver al acusado en conexión con los cargos mencionados o para administrar la disciplina apropiada de acuerdo con  la ofensa. Tal disciplina podrá ejercerse con el propósito de conducir a la salvación y rehabilitación del culpable. La disciplina podría incluir arrepentimiento, confesión, restitución, suspensión, recomendación de remoción de la credencial, expulsión del ministerio o de la membresía de la iglesia, o ambas, reprensión pública o privada, o cualquier otra disciplina apropiada, incluso la suspensión o el aplazamiento de la disciplina durante  un período de prueba. (222.4, 437.6-37.8, 505.11-5.12)

**505.6**. Si el acusado o la Junta Consultora de Distrito lo solicita, la Junta de Disciplina será una Junta Regional de Disciplina. La Junta Regional de Disciplina para cada caso será designada por el superintendente general con jurisdicción del distrito del que es miembro el acusado.

**505.7**. Ningún distrito de Fase 1 como tal podrá tomar acción disciplinaria contra un misionero.

**505.8**. La decisión de una Junta de Disciplina será unánime, presentada por escrito y firmada por todos los miembros e incluirá el veredicto de "culpable" o "no culpable" de cada una de las acusaciones y especificaciones.

**505.9**. Toda audiencia que realice una Junta de Disciplina como se estipula aquí se llevará a cabo siempre dentro de los límites del distrito en el que se hayan presentado las acusaciones, en el lugar que asigne la junta de referencia que escuchará las acusaciones.

**505.10**. El procedimiento en cualquier audiencia debe ser de acuerdo con las Reglas de Procedimiento que aquí se señalan. (222.3-22.4, 429.9, 435.11, 508)

**505.11**. Cuando un ministro sea acusado de conducta impropia de un ministro y admita su culpabilidad, o confiese su culpabilidad sin que se presenten los cargos, la Junta Consultora de Distrito podrá aplicar cualquiera de las disciplinas estipuladas en el párrafo 505.5. (437.6-37.8)

**505.12**. Cuando un ministro sea acusado de conducta impropia de un ministro y admita su culpabilidad, o la confiese antes de ser llamado a comparecer ante una Junta de Disciplina, la Junta Consultora de Distrito podrá aplicar cualquiera de las disciplinas estipuladas en el párrafo 505.5. (437.6-37.8)

**506**. Después de la decisión de una Junta de Disciplina, el acusado, la Junta Consultora de Distrito o los que firmaron las acusaciones tendrán derecho de apelar ante la Corte General de Apelaciones, si viven en los Estados Unidos o Canadá, o ante la Corte Regional de Apelaciones en otras regiones del mundo. Esta apelación deberá iniciarse dentro de los 30 días siguientes a la decisión y la corte revisará todo el expediente del caso y las medidas que se tomaron. Si la corte descubre algún error sustancial en perjuicio del derecho de cualquiera de las partes corregirá dicho error ordenando una nueva audiencia, conducida de tal manera que corrija el perjuicio de la parte afectada por la decisión y el procedimiento previos.

**507**. Cuando la decisión de una Junta de Disciplina sea adversa al ministro acusado y tal decisión estipule que sea suspendido del ministerio o que su credencial sea cancelada, el ministro suspenderá inmediatamente toda actividad ministerial, y en caso de que rehúse hacerlo, no tendrá derecho de apelar.

**507.1**. Cuando la decisión de una Junta de Disciplina estipule la suspensión o cancelación de las credenciales y el ministro acusado desee apelar, notificará de tal apelación al secretario de la corte ante la cual apelará y al mismo tiempo le entregará su credencial como ministro para archivarla, de manera que su derecho de apelación dependerá del cumplimiento de este requisito. Cuando la credencial haya sido archivada de esta manera, el secretario la guardará cuidadosamente hasta la conclusión del caso, cuando será enviada al secretario general o devuelta al ministro de acuerdo con las instrucciones de la corte.

**507.2**. Respecto a las decisiones de una Corte Regional de Apelaciones, las apelaciones a la Corte General de Apelaciones las podrá hacer el acusado o la Junta de Disciplina. Tales apelaciones estarán sujetas a las mismas reglas y procedimientos de las otras apelaciones ante la Corte General de Apelaciones.

## VI. REGLAS DE PROCEDIMIENTO

**508**. La Corte General de Apelaciones adoptará Reglas de Procedimiento uniformes que regirán en todos los trámites ante las juntas de disciplina y las cortes de apelaciones. Cuando dichos reglamentos sean adoptados y publicados constituirán la autoridad final en todos los procedimientos judiciales. Estas Reglas de Procedimiento podrán conseguirse solicitándolas al secretario general. La Corte General de Apelaciones podrá cambiar o enmendar tales reglas en cualquier tiempo y cuando éstas se adopten y publiquen, tendrán efectividad y autoridad en todos los casos. Por tanto, toda medida que se tome después en cualquier procedimiento deberá estar en completo acuerdo con tal cambio o enmienda. (505.1)

# VII. CORTE DE APELACIONES DE DISTRITO

**509.** Todo distrito organizado tendrá una Corte de Apelaciones de Distrito compuesta de dos laicos y tres presbíteros asignados, incluyendo al superintendente de distrito, electos por la asamblea de distrito de acuerdo con el párrafo 203.22. Esta corte deberá oír las apelaciones de los miembros de cualquier iglesia local concernientes a alguna decisión de las juntas locales de disciplina. El apelante deberá notificar por escrito en cuanto a su apelación dentro de los 30 días siguientes a la decisión o tan pronto como el apelante haya tenido noticia de ella. Esta notificación se enviará a la Corte de Apelaciones de Distrito o a un miembro de ella, enviando una copia al pastor de la iglesia local y al secretario de la junta de la iglesia a que se refiere la apelación. (203.22)

**509.1.** La Corte de Apelaciones de Distrito tendrá jurisdicción para oír y decidir todas las apelaciones de miembros laicos e iglesias en relación con la decisión de una Junta de Disciplina nombrada para disciplinar a un miembro laico.

# VIII. CORTE GENERAL DE APELACIONES

**510.** La Asamblea General elegirá a cinco presbíteros asignados que servirán como miembros de la Corte General de Apelaciones durante el próximo cuatrienio o hasta que sus sucesores sean electos y acreditados. Esta corte tendrá jurisdicción de la siguiente manera:

**510.1.** Para oír y decidir todas las apelaciones contra acciones o decisiones de cualquier Junta de Disciplina de Distrito o Corte Regional de Apelaciones. Cuando estas apelaciones sean decididas por dicha corte, la decisión será autoritativa y definitiva. (305.7).

**511.** Las vacantes que ocurran en la Corte General de Apelaciones durante el intervalo entre asambleas generales, serán cubiertas por designación de la Junta de Superintendentes Generales. (317.6)

**512.** Los viáticos y gastos de estancia de los miembros de la Corte General de Apelaciones serán los mismos que los de los miembros de la Junta General de la iglesia, cuando los miembros de la corte estén en cumplimiento de negocios oficiales de dicha corte, y el pago lo hará el tesorero general.

**513**. El secretario general se encargará de conservar todos los archivos y decisiones permanentes de la Corte General de Apelaciones. (325.4)

## IX. CORTE REGIONAL DE APELACIONES

**514**. Se establecerá una Corte Regional de Apelaciones en cada región fuera de los Estados Unidos y Canadá. Cada Corte Regional de Apelaciones consistirá de cinco presbíteros asignados electos por la Junta de Superintendentes Generales después de cada Asamblea General. Las vacantes serán cubiertas por la Junta de Superintendentes Generales. Las Reglas de Procedimiento para las cortes regionales de apelaciones serán las mismas de la Corte General de Apelaciones, tanto en el *Manual* de la iglesia como en el *Manual Judicial*.

## X. GARANTÍA DE DERECHOS

**515**. No se deberá negar ni posponer indebidamente una audiencia justa e imparcial concerniente a cargos pendientes contra un ministro o laico. Las acusaciones escritas se presentarán en audiencia tan pronto como sea posible a fin de que el inocente sea absuelto y el culpable sea disciplinado. Cada acusado tiene derecho a que se le considere inocente en tanto no se demuestre que es culpable. En cuanto a cada acusación y especificación, el fiscal tendrá que probar la culpabilidad con certidumbre moral y fuera de toda duda razonable.

**515.1**. El costo de preparación del archivo de un caso, incluyendo una transcripción palabra por palabra de todo el testimonio que se dé durante el juicio, con el propósito de apelación ante la Corte General de Apelaciones, será pagado por el distrito en el que se celebró la audiencia y en el que se tomó la decisión disciplinaria. El ministro que apele tendrá derecho de presentar oralmente y por escrito los argumentos de su apelación, pero el acusado puede renunciar por escrito a este derecho.

**515.2**. Todo ministro o laico acusado de conducta indebida o de cualquier violación del *Manual* de la iglesia y contra quien existan acusaciones pendientes tendrá derecho de reunirse personalmente con sus acusadores e interrogar a los testigos de la parte acusadora.

**515.3**. El testimonio de cualquier testigo ante la Junta de Disciplina no tendrá validez ni será considerado como evidencia, a menos que dicho testimonio haya sido dado bajo juramento o bajo afirmación solemne.

**515.4**. Todo ministro o laico que deba presentarse ante una Junta de Disciplina con el fin de responder a acusaciones tendrá siempre el derecho de estar representado por un consejero o defensor que él mismo haya escogido, siempre y cuando dicho consejero o defensor sea miembro en buenas relaciones con la Iglesia del Nazareno. Cualquier miembro en plena comunión de una iglesia regularmente organizada y contra quien no haya acusaciones escritas pendientes será considerado miembro en buenas relaciones con la iglesia.

**515.5.** Ningún ministro o laico estará obligado a responder ante acusaciones por algún acto que haya ocurrido más de cinco años antes de presentarse estas acusaciones y en ninguna audiencia se considerará evidencia de algún asunto que haya ocurrido más de cinco años antes de presentarse los cargos. Sin embargo, si la persona agraviada por tal acto tenía menos de 18 años de edad o estaba mentalmente incapacitada para hacer una acusación o presentar cargos, esos períodos de cinco años de límite no entrarán en vigencia sino hasta que el agraviado haya cumplido 18 años o haya llegado a ser mentalmente competente. En el caso de abuso sexual de un menor de edad, no se aplicará ningún límite de tiempo.

Si un ministro es hallado culpable de algún delito por un juzgado con jurisdicción competente deberá entregar su credencial al superintendente de distrito. A solicitud de tal ministro, y si la Junta de Disciplina no ha participado en el caso previamente, la Junta Consultora de Distrito investigará las circunstancias de la acusación y podrá restaurarle la credencial si lo considera apropiado.

**515.6.** Ningún ministro o laico será juzgado dos veces por la misma ofensa. No se considerará, sin embargo, que ese haya sido el caso en cualquier audiencia o procedimiento en que la corte de apelaciones haya descubierto algún error reversible cometido durante el procedimiento original ante una Junta de Disciplina.

## 800. EL SACRAMENTO DEL BAUTISMO

### 800.1. El bautismo de creyentes

MUY AMADOS: El bautismo es la señal y el sello del nuevo pacto de gracia y San Pablo da fe de este significado al escribir lo siguiente en su epístola a los Roma-nos:

"¿O no sabéis que todos los que hemos sido bautizados en Cristo Jesús, hemos sido bautizados en su muerte?, porque somos sepultados juntamente con él para muerte por el bautismo, a fin de que como Cristo resucitó de los muertos por la gloria del Padre, así también nosotros andemos en vida nueva. Si fuimos plantados juntamente con él en la semejanza de su muerte, así también lo seremos en la de su resurrección" (Romanos 6:3-5).

La más antigua y sencilla declaración de la fe cristiana en la cual ahora venís a bautizaros es el Credo de los Apóstoles, que dice así:

"Creo en Dios Padre Todopoderoso, Creador del cielo y de la tierra;

"Y en Jesucristo, su único Hijo, Señor nuestro; que fue concebido del Espíritu Santo, nació de la virgen María, padeció bajo Poncio Pilato; fue crucificado, muerto y sepultado; al tercer día resucitó de entre los muertos; subió al cielo, y está sentado a la diestra de Dios Padre Todopoderoso. Y desde allí vendrá al fin del mundo a juzgar a los vivos y a los muertos.

"Creo en el Espíritu Santo, la Santa Iglesia Universal, la comunión de los santos, el perdón de los pecados, la resurrección del cuerpo y la vida perdurable".

¿Deseáis ser bautizados en esta fe? Si es así, contestad: "Sí".

*Respuesta:* "Sí".

¿Reconocéis a Jesucristo como vuestro Salvador personal y estáis seguros en este momento de que Él os salva?

*Respuesta:* "Sí".

¿Obedeceréis la santa voluntad de Dios y guardaréis sus mandamientos andando en ellos todos los días de vuestra vida?

*Respuesta:* "Sí".

El ministro, repitiendo el nombre completo de la persona y usando la forma de bautismo preferida —aspersión, afusión o inmersión— dirá:

_____, yo os bautizo en el nombre del Padre, del Hijo y del Espíritu Santo. Amén.

## 800.2. El bautismo de bebés o infantes

Cuando los testigos hayan pasado adelante con el niño (o niños), el ministro dirá:

MUY AMADOS: Aun cuando no sostenemos que el bautismo imparte la gracia regeneradora de Dios creemos que Cristo dio este sacramento santo como una señal y sello del nuevo pacto. El bautismo cristiano significa para este(a) niño(a) la aceptación de gracia de parte de Dios sobre la base de su gracia preveniente en Cristo y señala hacia la apropiación personal que el niño (la niña) hará de los beneficios de la expiación cuando llegue a la edad de responsabilidad moral y ejercite una consciente fe salvadora en Cristo.

Al presentar a este(a) niño(a) para el bautismo estáis testificando de vuestra propia fe personal cristiana y de vuestro propósito de guiarle en su vida temprana al conocimiento de Cristo como Salvador. Para lograr este fin será vuestro deber enseñarle, tan pronto como él (ella) pueda comprender, la naturaleza y propósito de este santo sacramento, vigilar su educación para que no se extravíe, dirigir sus pies al templo, refrenarlo(a) en cuanto a malas compañías y costumbres, y hasta donde sea posible, criarlo(a) en las enseñanzas y amonestaciones del Señor.

¿Os esforzaréis a hacerlo con la ayuda de Dios? Si es así, contestad: "Sí, lo haremos".

El ministro entonces pedirá a los padres o tutores que le den el nombre del niño; después bautizará al niño, repitiendo su nombre completo y diciendo:

_____, yo te bautizo en el nombre del Padre, del Hijo y del Espíritu Santo. Amén.

*Pastor:* Ahora os pregunto a vosotros, la congregación: ¿Prometéis, como Cuerpo de Cristo, apoyar y alentar a estos padres (tutores) en el cumplimiento de su

responsabilidad para con este(a) niño(a) y prometéis ayudar a _____ (nombre del niño o niña) contribuyendo en su crecimiento hacia la madurez espiritual?
*Congregación:* Sí.

El ministro entonces hará la siguiente oración u otra oración apropiada improvisada.

Padre celestial, humildemente te pedimos que tomes a este(a) niño(a) bajo tu amoroso cuidado. Enriquécelo(a) abundantemente con tu gracia celestial; guíalo(a) a salvo a través de los peligros de la niñez; líbralo(a) de las tentaciones de la juventud; guíalo(a) para que llegue a conocer personalmente a Cristo como su Salvador; ayúdalo(a) a crecer en sabiduría, en estatura y en gracia para contigo y los hombres y a que persevere hasta el fin. Sostén a sus padres con cuidado amoroso, para que con su sabio consejo y santo ejemplo puedan cumplir fielmente la responsabilidad que tienen contigo y con este(a) niño(a). Te lo pedimos en el nombre de Jesucristo, Señor nuestro. Amén.

## 800.3. La dedicación de bebés o infantes

Cuando los padres o tutores hayan pasado adelante con el niño (o niños), el ministro dirá:

"Entonces le fueron presentados unos niños para que pusiera las manos sobre ellos y orara; pero los discípulos los reprendieron. Entonces Jesús dijo: 'Dejad a los niños venir a mí y no se lo impidáis, porque de los tales es el reino de los cielos'" (Mateo 19:13-14).

Al presentar a este(a) niño(a) para que sea dedicado(a) no sólo indicáis vuestra fe en la religión cristiana, sino también vuestro deseo de que él (ella) conozca y siga la voluntad de Dios en su temprana edad, que viva y muera cristianamente, y que llegue a la felicidad perdurable.

Para lograr este fin santo será vuestro deber como padres (tutores) enseñarle a temer a Dios en su temprana edad; vigilar su educación para que no se extravíe; dirigir su mente juvenil a las Sagradas Escrituras y sus pies al templo; refrenarlo(a) en cuanto a malas compañías y costumbres; y hasta donde sea posible, criarlo(a) en las enseñanzas y amonestaciones del Señor.

¿Os esforzaréis a hacerlo con la ayuda de Dios? Si es así, contestad: "Sí, lo haremos".

*Pastor:* Ahora os pregunto a vosotros, la congregación: ¿Prometéis, como Cuerpo de Cristo, apoyar y alentar a estos padres (tutores) en el cumplimiento de su responsabilidad para con este(a) niño(a) y prometéis ayudar a _____ (nombre del niño o niña) contribuyendo en su crecimiento hacia la madurez espiritual?

*Congregación:* Sí.

*Pastor:* Nuestro amante Padre celestial, aquí y en este momento te dedicamos a _____ en el nombre del Padre, del Hijo y del Espíritu Santo. Amén.

El ministro entonces hará la siguiente oración u otra oración apropiada improvisada.

Padre celestial, humildemente te pedimos que tomes a este(a) niño(a) bajo tu amoroso cuidado. Enriquécelo(a) abundantemente con tu gracia celestial; guíalo(a) a salvo a través de los peligros de la niñez; líbralo(a) de las tentaciones de la juventud, guíalo(a) para que llegue a conocer personalmente a Cristo como su Salvador; ayúdalo(a) a crecer en sabiduría, en estatura y en gracia para contigo y los hombres y a que persevere hasta el fin. Sostén a sus padres con cuidado amoroso, para que con su sabio consejo y santo ejemplo puedan cumplir fielmente la responsabilidad que tienen contigo y con este(a) niño(a). Te lo pedimos en el nombre de Jesucristo, Señor nuestro. Amén.

## 800.4. La dedicación de bebés o infantes

(Ritual para madre, padre o tutor soltero o solo)

Cuando la madre, el padre o el tutor haya pasado adelante con el niño (o niños), el ministro dirá:

"Entonces le fueron presentados unos niños para que pusiera las manos sobre ellos y orara; pero los discípulos los reprendieron. Entonces Jesús dijo: 'Dejad a los niños venir a mí y no se lo impidáis, porque de los tales es el reino de los cielos'" (Mateo 19:13-14).

Al presentar a este(a) niño(a) para que sea dedicado(a) no sólo indicáis vuestra fe en la religión cristiana, sino también vuestro deseo de que él (ella) conozca y siga la voluntad de Dios en su temprana edad, que viva y muera cristianamente y que llegue a la felicidad perdurable.

Para lograr este fin santo será vuestro deber como padre (madre, tutor) enseñarle a temer a Dios en su temprana edad; vigilar su educación para que no se extravíe; dirigir su mente juvenil a las Sagradas Escrituras y sus pies al templo; refrenarlo(a) en cuanto a malas compañías y costumbres; y hasta donde sea posible, criarlo(a) en las enseñanzas y amonestaciones del Señor.

¿Os esforzaréis a hacerlo con la ayuda de Dios? Si es así, contestad: "Sí, lo haré".

*Pastor:* Ahora os pregunto a vosotros, la congregación: ¿Prometéis, como Cuerpo de Cristo, apoyar y alentar a este padre (madre, tutor) en el cumplimiento de su responsabilidad para con este(a) niño(a) y prometéis ayudar a _____ (nombre del niño o niña) contribuyendo en su crecimiento hacia la madurez espiritual?

*Congregación:* Sí.

*Pastor:* Nuestro amante Padre celestial, aquí y en este momento te dedicamos a _____ en el nombre del Padre, del Hijo y del Espíritu Santo. Amén.

El ministro entonces hará la siguiente oración u otra oración apropiada improvisada.

Padre celestial, humildemente te pedimos que tomes a este(a) niño(a) bajo tu amoroso cuidado. Enriquécelo(a) abundantemente con tu gracia celestial; guíalo(a) a salvo a través de los peligros de la niñez; líbralo(a) de las tentaciones de la juventud; guíalo(a) para que llegue a conocer personalmente a Cristo como su Salvador; ayúdalo(a) a crecer en sabiduría, estatura y en gracia para contigo y los hombres y a que persevere hasta el fin. Sostén a su padre (madre, tutor) con cuidado amoroso, para que con su sabio consejo y santo ejemplo pueda cumplir fielmente la responsabilidad que tiene contigo y con este(a) niño(a). Te lo pedimos en el nombre de Jesucristo, Señor nuestro. Amén.

## 801. LA RECEPCIÓN DE MIEMBROS EN LA IGLESIA

Las personas que deseen ser recibidas como miembros pasarán al frente y, cuando estén de pie ante el altar de la iglesia, el pastor les dirá lo siguiente:

MUY AMADOS: Los privilegios y las bendiciones que gozamos al unirnos en la iglesia de Jesucristo son muy sagrados y preciosos.

En ella se encuentra una comunión tan santa que no se puede experimentar de otra manera. Sólo en la iglesia se recibe la ayuda de la atención y el consejo fraternal.

En ella se da el cuidado piadoso de los pastores, con las enseñanzas de la Palabra de Dios y la inspiración provechosa del culto congregacional. La iglesia propicia la cooperación en el servicio a los demás, efectuando lo que de otra manera no se puede efectuar. Las doctrinas fundamentales de la iglesia tocante a la experiencia cristiana son breves:

### NOTA:
**El ministro puede escoger una de las siguientes opciones de credo.**

## OPCIÓN 1:

Creemos en Dios Padre, Hijo y Espíritu Santo. Hacemos hincapié especial en la deidad de Jesucristo y en la personalidad del Espíritu Santo.

Creemos que el ser humano nace en pecado, que necesita el perdón por medio de Cristo y el nuevo nacimiento por el Espíritu Santo, que después de la regeneración sigue la obra más profunda de la purificación del corazón o entera santificación que se efectúa cuando recibe la plenitud del Espíritu Santo y, que de cada una de estas obras, el Espíritu Santo da testimonio.

Creemos que nuestro Señor Jesucristo regresará, que los muertos resucitarán y que todos comparecerán en el juicio final con sus recompensas y castigos. ¿Creéis estas verdades sinceramente? Si es así, contestad: "Sí".

¿Reconocéis a Jesucristo como vuestro Salvador personal y tenéis ahora la seguridad de que Él os salva?

*Respuesta:* "Sí".

Deseando uniros a la Iglesia del Nazareno, ¿prometéis dedicaros a la comunión y a la obra de Dios en relación con ella, según se declara en El Pacto de Carácter Cristiano y en el Pacto de Conducta Cristiana de la Iglesia del Nazareno? ¿Os esforzaréis en toda forma posible para glorificar a Dios, por medio de una conducta humilde, conversación piadosa y servicio santo; contribuyendo devotamente con vuestros bienes; asistiendo fielmente a los medios de gracia; y, apartándoos de todo mal, ¿procuraréis sinceramente perfeccionar la santidad de corazón y vida en el temor de Dios?

*Respuesta:* "Sí".

El ministro entonces dirá a la persona o personas:

Os doy la bienvenida a esta iglesia, a su comunión sagrada, sus obligaciones y privilegios. Que el Señor nuestro, Jesucristo, la gran Cabeza de la iglesia, os bendiga y os guarde y os ayude a ser fiel en toda buena obra.

El ministro entonces le dará la mano a cada uno y con palabras apropiadas de saludo personal, le dará la bienvenida a la iglesia.

### (Ritual para recibir miembros que se afilian por carta de traslado)

_____, quien anteriormente fue miembro de la Iglesia del Nazareno en _____, viene a unirse a la comunión de esta congregación local.

Dándole la mano a cada uno, o dirigiéndose al grupo, el ministro dirá:

Me alegra mucho, en nombre de esta iglesia, daros la bienvenida a nuestra feligresía. Confiamos en que podamos ser una fuente de estímulo y fortaleza para vosotros y que, a su vez, vosotros podáis ser una fuente de bendición y ayuda para nosotros. Que el Señor os bendiga ricamente y os use para la salvación de almas y para el avance de su reino.

## OPCIÓN 2:

Creemos: En un Dios —Padre, Hijo y Espíritu Santo.

Que las Escrituras del Antiguo y Nuevo Testamentos, dadas por inspiración plenaria, contienen toda la verdad necesaria para la fe y la vida cristiana.

Que el ser humano nace con una naturaleza caída y está, por tanto, inclinado al mal y esto de continuo.

Que los finalmente impenitentes están perdidos sin esperanza por la eternidad.

Que la expiación por medio de Jesucristo es para toda la raza humana, y que quien se arrepiente y cree en el Señor Jesucristo es justificado, regenerado y salvo del dominio del pecado.

Que los creyentes son enteramente santificados, subsecuente a la regeneración, por medio de la fe en el Señor Jesucristo.

Que el Espíritu Santo da testimonio del nuevo nacimiento y también de la entera santificación de los creyentes.

Que nuestro Señor regresará, los muertos resucitarán y que tendrá lugar el juicio final. (Párrafos 26.1-8).

¿Creéis de todo corazón estas verdades?, si es así, responded: Sí.

¿Reconocéis a Jesucristo como vuestro Salvador personal y tenéis ahora la seguridad de que Él os salva?

*Respuesta:* Sí.

Deseando uniros a la Iglesia del Nazareno, ¿prometéis dedicaros a la comunión y a la obra de Dios en relación con ella, según se declara en las Reglas Generales y en el

Pacto de Conducta Cristiana de la Iglesia del Nazareno? ¿Os esforzaréis en toda forma posible para glorificar a Dios, por medio de una conducta humilde, conversación piadosa y servicio santo; contribuyendo devotamente con vuestros bienes; asistiendo fielmente a los medios de gracia; y, apartándoos de todo mal, ¿procuraréis sinceramente perfeccionar la santidad de corazón y vida en el temor de Dios?

*Respuesta:* "Sí".

El ministro entonces dirá a la persona o personas: Os doy la bienvenida a esta iglesia, a su comunión sagrada, sus obligaciones y privilegios. Que el Señor nuestro, Jesucristo, la gran Cabeza de la iglesia, os bendiga y os guarde y os ayude a ser fiel en toda buena obra, que vuestra vida y testimonio sea eficaz para guiar a otros a Cristo.

El ministro entonces le dará la mano a cada uno y con palabras apropiadas de saludo personal, le dará la bienvenida a la iglesia.

### (Ritual para recibir a miembros que se afilian por carta de traslado)

_____, quien anteriormente fue miembro de la Iglesia del Nazareno en _____, viene a unirse a la comunión de esta congregación local.

Dándole la mano a cada uno, o dirigiéndose al grupo, el ministro dirá:

Me alegra mucho, en nombre de esta iglesia, daros la bienvenida a nuestra feligresía. Confiamos en que podamos ser una fuente de estímulo y fortaleza para vosotros y que, a su vez, vosotros podáis ser una fuente de bendición y ayuda para nosotros. Que el Señor os bendiga ricamente y os use para la salvación de almas y para el avance de su reino.

## 802. EL SACRAMENTO DE LA SANTA CENA

La administración de la Santa Cena podrá ser introducida con un sermón apropiado y la lectura de 1 Corintios 11:23-29; Lucas 22:14-20, u otro pasaje adecuado. Después el ministro hará la invitación siguiente:

El Señor mismo ordenó este sacramento santo. Él mandó a sus discípulos que participasen del pan y del vino, que son emblemas de su cuerpo roto y de su sangre derramada. Esta es la mesa del Señor. Esta fiesta es para sus discípulos. Todos vosotros que con verdadero arrepentimiento habéis abandonado vuestros pecados y habéis creído en Cristo para salvación, acercaos y tomad de estos emblemas y, por la fe, participad de la vida de Jesucristo para la consolación y gozo de vuestras almas. Acordémonos que es la conmemoración de la pasión y muerte de nuestro Señor y que también es señal de su segunda venida. No nos olvidemos de que somos uno, en una misma mesa con el Señor.

El ministro puede ofrecer una oración de confesión y súplica, concluyendo con la siguiente oración de consagración:

Omnipotente Dios, Padre nuestro celestial, que por tu tierna misericordia entregaste a tu único Hijo, Jesucristo, para sufrir muerte en la cruz por nuestra redención: óyenos, te suplicamos humildemente. Concédenos que al recibir estos elementos del pan y del vino, según la institución santa de tu Hijo, nuestro Salvador Jesucristo, en memoria de su pasión y muerte, seamos hechos participantes de los beneficios de su muerte expiatoria.

Nos acordamos de que la misma noche en que nuestro Señor fue entregado, tomó pan y, habiendo dado gracias, lo partió y dio a sus discípulos, diciendo: "Esto es mi cuerpo, que por vosotros es dado; haced esto en memoria de mí". Asimismo, después de haber cenado, tomó la copa y, habiendo dado gracias, dio a sus discípulos, diciendo: "Esta copa es el nuevo pacto en mi sangre, que por vosotros se derrama". "Haced esto todas las veces que la bebáis, en memoria de mí".

Permítenos venir delante de ti con verdadera humildad y fe al participar de este santo sacramento. Por Jesucristo Señor nuestro. Amén.

Entonces el ministro, habiendo participado primero, administrará la comunión a la congregación con la ayuda de algún ministro o ministros presentes, o cuando sea necesario, de los mayordomos.

Mientras se distribuye el pan, el ministro dirá:

El cuerpo de nuestro Señor Jesucristo, que fue dado por vosotros, os preserve irreprensibles para la vida eterna. Tomad y comed este pan, en memoria de que Cristo murió por vosotros.

Mientras se reparten las copas, el ministro dirá:

La sangre de nuestro Señor Jesucristo, que fue derramada por vosotros, os preserve irreprensibles para la vida eterna. Bebed de esta copa, en memoria de que la sangre de Cristo fue derramada por vosotros y sed agradecidos. Después que todos hayan participado, el ministro podrá ofrecer una oración final de acción de gracias y consagración. (34.5, 413.4, 413.11, 427.7, 428.2, 429.1)

**NOTA: Sólo jugo de uva sin fermentar deberá usarse en el sacramento de la Santa Cena.**

## 803. EL MATRIMONIO

En el día y la hora señalados para celebrar el matrimonio, los contrayentes (después de haber cumplido con los requisitos de la ley civil y después de haber recibido el consejo y orientación apropiados del ministro) estarán de pie ante el ministro, el hombre a la derecha y la mujer a la izquierda, y el ministro dirá a la congregación:

AMADOS HERMANOS: Nos hemos reunido aquí en la presencia de Dios y de estos testigos para unir a este hombre y a esta mujer en santo matrimonio, estado honroso, instituido por Dios cuando el hombre era aún inocente, y que simboliza para nosotros la unión mística que existe entre Cristo y su iglesia. Cristo adornó y hermoseó este estado santo con su presencia y con el primer milagro que hizo en Canaá de Galilea y San Pablo lo recomendó diciendo que es honroso en todos. Por tanto, no se debe contraer inconsideradamente, sino con reverencia, discreción y en el temor de Dios.

En este santo estado vienen a unirse estas dos personas.

Dirigiéndose a los contrayentes, el ministro les dirá:

_____ y _____, os requiero y encargo, estando vosotros en la presencia de Dios, que recordéis que el compromiso del matrimonio es un compromiso permanente. Dios estableció el matrimonio con el propósito de que sea de por vida y que sólo la muerte os separe.

Si guardáis sin violar los votos que intercambiáis hoy y si procuráis siempre conocer y hacer la voluntad de Dios, vuestras vidas serán bendecidas con la presencia de Él y vuestro hogar estará en paz.

Después de la amonestación, el ministro le dirá al hombre:

(Nombre) _____, ¿quieres tomar a esta mujer por tu legítima esposa, para vivir con ella conforme a la ordenanza de Dios en el santo estado del matrimonio? ¿La amarás, la consolarás, la honrarás, la cuidarás en tiempo de enfermedad y de salud; y renunciando a todas las demás, te conservarás sólo para ella mientras los dos viviereis?

*Respuesta:* "Sí".

Después el ministro le dirá a la mujer:

(Nombre) _____,

¿quieres tomar a este hombre por tu legítimo esposo, para vivir con él conforme a la ordenanza de Dios en el santo estado del matrimonio?

¿Le amarás, le honrarás, le cuidarás en tiempo de enfermedad y de salud; y renunciando a todos los demás, te conservarás sólo para él mientras los dos viviereis?

*Respuesta:* "Sí".

Luego el ministro preguntará:

¿Quién entrega a esta mujer para ser desposada con este hombre?

*Respuesta (por el padre o quien entregue a la novia):* "Yo".

Viéndose cara a cara y tomándose de la mano derecha, el novio y la novia se dirán el uno al otro los siguientes votos. El hombre repetirá después del ministro:

Yo, _____, te tomo a ti, _____, para que seas mi legítima esposa; para vivir unidos desde este día en adelante, para bien o para mal, en riqueza y en pobreza, en enfermedad y en salud; para amarte y cuidarte, hasta que la muerte nos separe, de acuerdo con la santa ordenanza de Dios; y en prueba de ello te empeño mi fe.

La mujer repetirá después del ministro:

Yo, _____, te tomo a ti, _____, para que seas mi legítimo esposo; para vivir unidos desde este día en adelante, para bien o para mal, en riqueza y en pobreza, en enfermedad y en salud; para amarte y cuidarte, hasta que la muerte nos separe, de acuerdo con la santa ordenanza de Dios; y en prueba de ello te empeño mi fe.

Si se desea, se puede llevar a cabo la ceremonia del anillo en este punto. El ministro recibe el anillo de manos del padrino y, a su vez, se lo entrega al novio. Al poner éste el anillo en el dedo de la novia, repetirá después del ministro:

Te doy este anillo como prenda de mi amor y como voto de mi fidelidad constante.

Repítase esta ceremonia si la novia entrega anillo al novio.

Entonces la pareja se arrodillará y el ministro ofrecerá la siguiente oración, o bien la que él improvise:

Dios eterno, Creador y conservador del género humano, dador de toda gracia espiritual, autor de la vida eterna bendice a estos siervos tuyos, este hombre y esta mujer, a quienes en tu nombre bendecimos a fin de que, como Isaac y Rebeca vivieron fielmente juntos, así estos cónyuges cumplan y guarden siempre los votos y promesas que se han hecho el uno al otro y que continúen en amor y en paz juntos, mediante Jesucristo nuestro Señor. Amén.

Entonces el ministro dirá:

Por cuanto este hombre y esta mujer han consentido en su santo matrimonio y lo han testificado delante de Dios y de estos testigos y lo han manifestado por la unión de las manos, los declaro esposo y esposa en el nombre del Padre, del Hijo y del Espíritu Santo. "Lo que Dios juntó no lo separe el hombre". Amén.

El ministro añadirá su bendición:

Que Dios el Padre, el Hijo y el Espíritu Santo os bendiga, preserve y guarde; que el Dios misericordioso os conceda su favor y os llene de toda bendición espiritual y gracia. Y que viváis juntos en esta vida de tal manera que en el mundo venidero gocéis de la vida eterna. Amén.

El ministro puede concluir con una oración y/o bendición improvisada.
(427.7)

## 804. EL SERVICIO FÚNEBRE

MUY AMADOS: Nos hemos reunido hoy para dar nuestro tributo final de respeto a lo que era mortal de nuestro ser amado y amigo fallecido. A vosotros, los miembros de la familia que lamentáis vuestra pérdida, os ofrecemos especialmente nuestra sincera y profunda condolencia. Permitidnos compartir con vosotros el consuelo que la Palabra de Dios brinda para una ocasión como esta:

"No se turbe vuestro corazón; creéis en Dios, creed también en mí. En la casa de mi Padre muchas moradas hay; si así no fuera, yo os lo hubiera dicho; voy, pues, a preparar lugar para vosotros. Y si me voy y os preparo lugar, vendré otra vez y os tomaré a mí mismo, para que donde yo esté, vosotros también estéis" (Juan 14:1-3).

"Yo soy la resurrección y la vida; el que cree en mí, aunque esté muerto, vivirá. Y todo aquel que vive y cree en mí, no morirá eternamente" (Juan 11:25-26).

### INVOCACIÓN

(en las palabras del ministro, o las siguientes):

Dios todopoderoso, Padre nuestro celestial, venimos a este santuario de dolor, dándonos cuenta de nuestra dependencia total de ti. Sabemos que nos amas y puedes cambiar aun la sombra de muerte en la luz de la mañana. Ayúdanos ahora a esperar ante ti con corazones reverentes y sumisos.

Tú eres nuestro refugio y fortaleza, oh Dios, nuestra ayuda presente en tiempos de dificultad. Impártenos tu abundante misericordia. Que los que hoy lloran encuentren en tu gracia el consuelo y el bálsamo que sana las heridas. Humildemente traemos estas peticiones en el nombre de nuestro Señor Jesucristo. Amén.

## HIMNO O CANTO ESPECIAL

## PASAJES APROPIADOS DE LAS ESCRITURAS

"Bendito el Dios y Padre de nuestro Señor Jesucristo, que según su gran misericordia nos hizo renacer para una esperanza viva, por la resurrección de Jesucristo de los muertos, para una herencia incorruptible, incontaminada e inmarchitable, reservada en los cielos para vosotros, que sois guardados por el poder de Dios, mediante la fe, para alcanzar la salvación que está preparada para ser manifestada en el tiempo final. Por lo cual vosotros os alegráis, aunque ahora por un poco de tiempo, si es necesario, tengáis que ser afligidos en diversas pruebas, para que, sometida a prueba vuestra fe, mucho más preciosa que el oro (el cual, aunque perecedero, se prueba con fuego), sea hallada en alabanza, gloria y honra cuando sea manifestado Jesucristo. Vosotros, que lo amáis sin haberlo visto, creyendo en él aunque ahora no lo veáis, os alegráis con gozo inefable y glorioso, obteniendo el fin de vuestra fe, que es la salvación de vuestras almas" (1 Pedro 1:3-9).

(Otros pasajes que se pueden usar son los siguientes: Mateo 5:3-4, 6, 8; Salmos 27:3-5, 11, 13-14; 46:1-6, 10-11.)

## SERMÓN

## HIMNO O CANTO ESPECIAL

## ORACIÓN FINAL

* * *

## EN EL CEMENTERIO

Cuando la gente se haya reunido alrededor del sepulcro, el ministro puede leer uno de los siguientes pasajes, o todos:

"Yo sé que mi Redentor vive, y que al fin se levantará sobre el polvo, y que después de deshecha esta mi piel, en mi carne he de ver a Dios. Lo veré por mí mismo; mis ojos lo verán, no los de otro" (Job 19:25-27).

"Os digo un misterio: No todos moriremos; pero todos seremos transformados, en un momento, en un abrir y cerrar de ojos, a la final trompeta, porque se tocará la trompeta, y los muertos serán resucitados incorruptibles y nosotros seremos transformados... entonces se cumplirá la palabra que está escrita: 'Sorbida es la muerte en victoria'. ¿Dónde está, muerte, tu aguijón? ¿Dónde, sepulcro, tu victoria?, porque el aguijón de la muerte es el pecado, y el poder del pecado es la Ley. Pero gracias sean dadas a Dios, que nos da la victoria por medio de nuestro Señor Jesucristo.

"Así que, hermanos míos amados, estad firmes y constantes, creciendo en la obra del Señor siempre, sabiendo que vuestro trabajo en el Señor no es en vano" (1 Corintios 15:51-52, 54-58).

"Y oí una voz que me decía desde el cielo: 'Escribe: "Bienaventurados de aquí en adelante los muertos que mueren en el Señor". Sí, dice el Espíritu, descansarán de sus trabajos, porque sus obras con ellos siguen'" (Apocalipsis 14:13).

Al ser colocado el féretro en la sepultura, el ministro leerá una de las siguientes declaraciones:

*Para un convertido:*

Puesto que el espíritu de nuestro ser amado ha regresado a Dios quien lo dio, nosotros, por lo tanto, tiernamente depositamos su cuerpo en el sepulcro, con plena confianza y segura esperanza de la resurrección de los muertos y la vida del mundo venidero, por medio de nuestro Señor Jesucristo, quien nos dará nuevos cuerpos como su cuerpo glorioso. "Bienaventurados los que mueren en el Señor".

*Para un inconverso:*

Hemos venido ahora a entregar el cuerpo de nuestro amigo al polvo del que fue formado. Su espíritu lo dejamos en manos de Dios, puesto que sabemos que el Juez misericordioso de toda la tierra hará lo correcto. Nosotros, los que quedamos aquí, dediquémonos de nuevo a vivir en el temor y en el amor de Dios, a fin de que obtengamos entrada franca en el reino celestial.

*Para un niño:*

Con la plena y segura esperanza de la resurrección a la vida eterna por medio de nuestro Señor Jesucristo, depositamos el cuerpo de este niño en el sepulcro. Y así como el Señor Jesús, durante su ministerio terrenal, tomó a los niños en sus brazos y los bendijo, que ahora reciba a esta querida criatura en su seno, pues, tal como Él mismo dijo, de ellos es el reino de los cielos.

## ORACIÓN

Nuestro Padre celestial, Dios de toda misericordia, en este momento de dolor y angustia ponemos nuestros ojos en ti. Consuela a estas queridas personas cuyos corazones están apesadumbrados y tristes. Acompáñalos, sostenlos y guíalos en los días venideros. Concede, oh Señor, que ellos puedan amarte y servirte y obtener la plenitud de tus promesas en el mundo venidero.

"Que el Dios de paz, que resucitó de los muertos a nuestro Señor Jesucristo, el gran pastor de las ovejas, por la sangre del pacto eterno, os haga aptos en toda obra buena para que hagáis su voluntad, haciendo él en vosotros lo que es agradable delante de él por Jesucristo; al cual sea la gloria por los siglos de los siglos. Amén" (Hebreos 13:20-21).

# 805. LA ORGANIZACIÓN DE UNA IGLESIA LOCAL

*El Superintendente de Distrito*: Muy amados en Cristo, nos reunimos en este día del Señor con el propósito especial de organizar oficialmente la Iglesia del Nazareno (*nombre de la iglesia*). De hecho ya son iglesia, pero hoy su congregación llega a un nuevo nivel al aceptar los derechos, privilegios y responsabilidades de una congregación plenamente organizada en conformidad con la Constitución y la política de la Iglesia del Nazareno.

A nombre de la familia global de la Iglesia del Nazareno, los felicito por su visión, su fe y su labor diligente ya que ustedes han trabajado mano a mano y corazón a corazón para ser una comunidad de fe que vive como una auténtica expresión del reino de Dios en el mundo. Con este acto de organización, ustedes declaran su intención de compartir con la familia global de la Iglesia del Nazareno el cumplimiento de nuestra misión común de: "Hacer discípulos semejantes a Cristo en las naciones".

Tres valores medulares nos guían en esta misión:

Somos un pueblo cristiano. Nos unimos a los cristianos en todas partes en la afirmación de los credos trinitarios históricos, y valoramos profundamente nuestra herencia singular de la tradición wesleyana de la santidad. Vemos la Biblia como nuestra principal fuente de la verdad, ya que proclama a Cristo, y "todo lo necesario para nuestra salvación".

Somos un pueblo de santidad. Creemos que la gracia de Dios provee no sólo el perdón de los pecados, sino también la purificación de nuestros corazones por la fe. Con este acto de gracia del Espíritu Santo, somos santificados y

capacitados para vivir una vida como la de Cristo en el
mundo.

Somos un pueblo misional. Creemos que Dios nos llama
a la participación en la misión del reino de la reconciliación. Hacemos esto mediante la predicación del evangelio,
por los actos de compasión y justicia, y haciendo discípulos según el modelo de Jesús.

*Superintendente de Distrito al pastor (o su representante)*:
Pastor, por favor, presente ahora aquellos que serán
miembros fundadores de la  Iglesia del Nazareno (*nombre*)

*Pastor*: (*nombre del superintendente de distrito*), tengo el
honor de presentarle a los miembros fundadores de esta
congregación. Los entrego a usted como hermanos y hermanas en Cristo comprometidos con nuestra misión común como miembros de la Iglesia del Nazareno.

(*El pastor lee los nombres y presenta a cada miembro o familia.*)

*El Superintendente de Distrito*: Hermanos y hermanas, les
pido ahora que reafirmen sus votos de membresía.

¿Reconocen ustedes a Jesucristo como su Salvador personal, y reconocen que Él les salva ahora mismo?

*Respuesta*: Sí.

¿Reafirman ustedes la "Pactada declaración de fe de la
Iglesia del Nazareno"?

*Respuesta*: Sí.

¿Se comprometen ustedes a entregarse a la comunión y a
la obra de Dios en relación con la Iglesia del Nazareno
como lo establece el Pacto del Carácter Cristiano y el Pacto de Conducta Cristiana? ¿Se esforzarán en todo para
glorificar a Dios, caminando en humildad, en conversación piadosa, y servicio santo; entregando devotamente
sus recursos; cumpliendo fielmente todos los medios de

gracia, y, absteniéndose de todo mal, buscarán sinceramente la perfección de la santidad de corazón y de vida en el temor del Señor?

*Respuesta*: Lo haremos.

*Superintendente de Distrito*: Por lo tanto, por la autoridad que se me ha conferido como superintendente del Distrito (*nombre*) de la Iglesia del Nazareno, declaro a la Iglesia del Nazareno (*nombre*) oficialmente organizada. Bienvenidos a la familia global de congregaciones de la Iglesia del Nazareno. Que el Señor en su gran misericordia los llene diariamente de toda buena dádiva y don perfecto para hacer su voluntad y que la paz de Dios guarde sus corazones y su mente en Cristo Jesús.

## 806. INSTALACIÓN DE OFICIALES

Después de cantar un himno apropiado, pida que el secretario lea los nombres y las posiciones de los oficiales que serán instalados. Estas personas pueden pasar al frente y permanecer de pie ante el altar de la iglesia, viendo al ministro. Entonces el ministro dirá:

Puesto que reconocemos el método divino de apartar a ciertos obreros para áreas específicas de servicio cristiano venimos en este momento a instalar a estos oficiales (y/o maestros) que han sido debidamente escogidos para servir en nuestra iglesia durante el año venidero. Consideremos las instrucciones que Dios nos da en su Santa Palabra.

"Por lo tanto, hermanos, os ruego por las misericordias de Dios que presentéis vuestros cuerpos como sacrificio vivo, santo, agradable a Dios, que es vuestro verdadero culto. No os conforméis a este mundo, sino transformaos por medio de la renovación de vuestro entendimiento, para que comprobéis cuál es la buena voluntad de Dios, agradable y perfecta" (Romanos 12:1-2).

"Procura con diligencia presentarte a Dios aprobado, como obrero que no tiene de qué avergonzarse, que usa bien la palabra de verdad" (2 Timoteo 2:15).

"La palabra de Cristo habite en abundancia en vosotros. Enseñaos y exhortaos unos a otros con toda sabiduría. Cantad con gracia en vuestros corazones al Señor, con salmos, himnos y cánticos espirituales" (Colosenses 3:16).

"El que es enseñado en la palabra haga partícipe de toda cosa buena al que lo instruye" (Gálatas 6:6).

Llegamos ahora a este importante momento, cuando ustedes, los que están ante este altar, han de aceptar la tarea de velar por los intereses de la iglesia y Misiones Nazarenas Internacionales (MNI), la Juventud Nazarena Internacional (JNI), y Ministerios Internacionales de Escuela Dominical y Discipulado (MIEDD). Esperamos que consideren las asignaciones que ahora asumen como oportunidades especiales para servir a nuestro Señor y que encuentren gozo y bendiciones espirituales en el desempeño de sus respectivos deberes.

La tarea que aceptan no es una carga liviana, pues la marcha de la iglesia y el destino de almas están en sus manos. El desarrollo del carácter cristiano es su responsabilidad y conducir a los inconversos hacia Jesucristo es su meta más alta.

Que Dios les conceda sabiduría y fuerza mientras realizan la obra del Señor para la gloria de Él. Leamos juntos el Pacto del Obrero Cristiano y, al hacerlo, hagamos de ello un acto de compromiso personal.

## PACTO DEL OBRERO CRISTIANO

Para corresponder a la confianza que la iglesia ha depositado en mí al elegirme para el cargo que ahora asumo, hago un pacto por el que me comprometo a:

Mantener una norma alta de vida y ejemplo cristianos, en armonía con los ideales y normas de la Iglesia del Nazareno.

Cultivar mi experiencia cristiana personal apartando cada día un tiempo definido para orar y leer la Biblia.

Estar presente en la escuela dominical, en los cultos matutino y nocturno del domingo y en el de oración durante la semana, a menos que no me sea posible.

Asistir fielmente a todas las reuniones debidamente convocadas de los diversos comités, juntas y concilios a los que haya sido o sea asignado.

Notificarle a mi supervisor o superior cuando no me sea posible llegar a una actividad a la hora señalada o desempeñar las responsabilidades de este cargo.

Leer ampliamente las publicaciones de la denominación, así como otros libros y revistas que me ayuden a cumplir mejor los deberes de mi cargo.

Procurar mi desarrollo personal y aumentar mi capacidad participando en los Cursos de Discipulado Cristiano, según tenga oportunidad.

Dedicarme a dirigir a otros a Jesucristo, manifestando un interés activo en el bienestar espiritual de otros y, apoyando y asistiendo a todas las reuniones evangelísticas de la iglesia.

> El ministro ofrecerá entonces una oración apropiada. Se puede cantar un himno especial de dedicación, después del cual el ministro dirá:

Habiendo dedicado sus corazones y sus manos a la tarea de llevar adelante la misión de esta iglesia en sus asignaciones respectivas, los instalo en los cargos para los cuales han sido nombrados o elegidos. Ahora ustedes constituyen una parte vital de la organización y del liderazgo de esta iglesia. Confiamos que por medio de su ejemplo, palabras y servicio diligente, sean obreros fructíferos en la viña del Señor.

> El ministro le pedirá a la congregación que se ponga de pie y les dirigirá la palabra diciendo:

Ustedes han oído la promesa y el pacto que han hecho las personas que serán sus líderes durante el próximo año. Ahora los exhorto a que, como congregación, los apoyen con lealtad. Las cargas que hemos puesto sobre ellos hoy son pesadas y necesitarán la ayuda y las oraciones de todos nosotros. Esperamos que ustedes siempre los comprendan cuando ellos enfrenten problemas y que sean tolerantes ante sus aparentes fracasos. Estén listos a cooperar alegremente cuando ellos se lo pidan, para que, al trabajar juntos, hagamos que nuestra iglesia sea un instrumento eficaz para ganar a los perdidos para Cristo.

> El ministro guiará a la congregación en una oración final, o puede pedir que la congregación repita el Padrenuestro al unísono.

## 807. DEDICACIÓN DEL TEMPLO

*Ministro:* Ya que la mano del Señor nos ha prosperado y nos ha capacitado por su gracia y la fuerza que nos ha dado a fin de completar este edificio para la gloria de su nombre, ahora estamos en la presencia de Dios para dedicarlo al servicio de su reino.

Para la gloria de Dios nuestro Padre, de quien desciende toda buena dádiva y todo don perfecto; para la honra de Jesucristo, nuestro Señor y Salvador; y para la alabanza del Espíritu Santo, la fuente de luz, vida y poder — nuestro Santificador,

*Congregación:* Humildemente dedicamos este edificio, con gozo y gratitud.

*Ministro:* En memoria de todos los que han amado a esta iglesia y la han servido, afirmando la herencia de que ahora disfrutamos, y que ahora forman parte de la iglesia victoriosa,

*Congregación:* Con gratitud dedicamos este edificio (templo, escuela, salón social, etc.).

*Ministro:* Para adorar a Dios con oración y cantos, para predicar la Palabra, para enseñar las Escrituras y para la comunión de los santos,

*Congregación:* Solemnemente dedicamos esta casa de Dios.

*Ministro:* Para el consuelo de los que lloran, para fortalecer a los débiles, para ayudar a los que son tentados, y para dar esperanza y valor a todos los que entren en este recinto,

*Congregación:* Dedicamos este lugar de comunión y oración.

*Ministro:* Para compartir las buenas nuevas de salvación del pecado, para difundir la santidad bíblica; para instruir en justicia y para servir a nuestros semejantes,

*Congregación:* Reverentemente dedicamos este edificio.

*Todos al unísono:* Nosotros, como colaboradores juntamente con Dios, unimos nuestras manos y corazones, y dedicamos de nuevo nuestras vidas a los propósitos sublimes y santos para los que ha sido dedicado este edificio. Prometemos nuestra devoción leal, nuestra mayordomía fiel y nuestro servicio diligente con el fin de que en este lugar sea glorificado el nombre de nuestro Señor y avance su reino. En el nombre de Jesucristo Señor nuestro. Amén.

# PARTE VIII

# Constituciones auxiliares

JUVENTUD NAZARENA INTERNACIONAL

MISIONES NAZARENAS INTERNACIONALES

REGLAMENTO INTERIOR DE LA ESCUELA DOMINICAL

# CAPÍTULO I

## 810. Estatuto de la Juventud Nazarena Internacional

*"Ninguno tenga en poco tu juventud, sino sé ejemplo de los creyentes en palabra, conducta, amor, espíritu, fe y pureza" (1 Timoteo 4:12).*

### 810.1 Nuestra misión
La misión de la Juventud Nazarena Internacional es llamar a nuestra generación a una vida dinámica en Cristo.

### 810.2 Nuestros miembros
La membresía de la Juventud Nazarena Internacional incluye a toda persona que participe en el ministerio nazareno juvenil y que comparta nuestra visión y valores establecidos.

### 810.3 Nuestra visión
La Iglesia del Nazareno cree que los jóvenes forman una parte integral de la iglesia. La Juventud Nazarena Internacional existe para guiar a los jóvenes hacia una relación con Cristo que perdure toda la vida y para facilitar su crecimiento como discípulos en el servicio cristiano.

### 810.4 Nuestros valores
1. Valoramos a los jóvenes... personas importantes en el reino de Dios.
2. Valoramos la Biblia... la verdad inmutable de Dios para nuestra vida.
3. Valoramos la oración... la comunicación vital interactiva con nuestro Padre celestial.
4. Valoramos a la iglesia... una comunidad de santidad global de fe, diversa en culturas, pero una en Cristo.
5. Valoramos la adoración... encuentros con un Dios íntimo que cambian la vida.
6. Valoramos el discipulado... un estilo de vida de semejanza a Cristo.
7. Valoramos a la comunidad... establecer relaciones que contribuyan a la unión entre nosotros y con Dios.
8. Valoramos el ministerio... extender la gracia de Dios a nuestro mundo.
9. Valoramos ser testigos... compartir el amor de Dios en palabras y hechos.
10. Valoramos la santidad... una obra de gracia en la que Dios, por medio de la obra de su Espíritu Santo, nos capacita para tener una vida que represente a Cristo en lo que somos y en todo lo que hacemos.

Estos valores son dimensiones importantes de la vida santa y deben reflejarse en la vida y ministerio de la JNI en cada nivel de la iglesia. (Para obtener más información sobre estos valores, véanse los "Artículos de Fe" en el Manual de la Iglesia del Nazareno). Al reflejar estos valores, reconocemos los siguientes principios directrices.

## 810.5 Nuestros principios directrices

### 1. La JNI existe para los jóvenes.

La Juventud Nazarena Internacional existe para atraer, capacitar y dar autoridad a los jóvenes para servir en el reino de Dios y facilitar su integración en la Iglesia del Nazareno.

### 2. La JNI se enfoca en Cristo.

Cristo es el centro de lo que somos; la Palabra de Dios es la fuente de autoridad de todo lo que hacemos y la santidad es el patrón que moldea nuestra vida.

### 3. La JNI se basa en un ministerio de relaciones entre la juventud en la iglesia local.

El ministerio eficaz entre los jóvenes en la iglesia local es crucial para el bienestar y la vitalidad de la JNI. Las relaciones y el ministerio de encarnación forman la base del ministerio juvenil nazareno, y guían a los jóvenes hacia la madurez espiritual en Cristo.

### 4. La JNI desarrolla y guía a líderes jóvenes.

La JNI le brinda oportunidades a líderes emergentes para desarrollarse y utilizar sus dones en un ambiente de cuidado y apoyo, lo cual asegura un liderazgo capacitado para la Iglesia del Nazareno. La capacitación de líderes, el rendir cuentas, y los mecanismos para la evaluación y modificación del ministerio son funciones vitales de la JNI.

### 5. La JNI está capacitada para guiar.

Un ministerio relevante entre los jóvenes requiere que la responsabilidad para el  ministerio y las decisiones organizacionales recaigan en el liderazgo de la JNI y los cuerpos de gobierno apropiados en cada nivel. Algunos ingredientes claves para la capacitación de los jóvenes por medio de la JNI son un sentimiento de pertenencia y propiedad,  una pasión por el servicio y su participación en la toma de decisiones.

### 6. La JNI acepta la unidad y la diversidad en Cristo.

La JNI se compromete a comprender y celebrar las diferencias y diversidad en idiomas, color, raza, cultura, clase socioeconómica y sexo. Nuestras diferencias no reducen la unidad, sino que aumentan nuestro potencial y eficacia. Compartir las buenas nuevas de Jesucristo en forma culturalmente relevante siempre debe ser una alta prioridad.

### 7. La JNI crea relaciones y asociaciones.

Nuestras relaciones se caracterizan por un ambiente de cooperación en cada nivel de la JNI. Las relaciones dentro de la iglesia mejoran el desarrollo y envío de jóvenes para el servicio; la JNI participa activamente en este tipo de esfuerzos de cooperación.

### 810.6 Estructura de nuestro ministerio

El Estatuto de la Juventud Nazarena Internacional provee la base para organizar, planificar e implementar el ministerio entre los jóvenes en cada nivel de la Iglesia del Nazareno. Proveemos planes estandarizados para el ministerio. Y exhortamos a los grupos de la JNI local, distrital y regional que los adapten como una respuesta a las necesidades del ministerio entre los jóvenes en su propio ambiente ministerial. Los planes para el ministerio en cada nivel deben estar de acuerdo con el Estatuto de la JNI y el *Manual* de la Iglesia del Nazareno.

### 810.7 Revisiones

El Estatuto de la JNI puede ser enmendado mediante resoluciones aprobadas por la convención de la JNI Global, según el Plan de Ministerio Global.

## A. PLAN DE MINISTERIO LOCAL

### Membresía y enfoque de ministerio

### 810.50 Composición y responsabilidad

1. La membresía de la JNI está compuesta por los que se afilian a un grupo de la JNI al participar de sus ministerios y unirse al grupo local.
2. La JNI local mantendrá una lista precisa de todos los miembros activos.
3. La JNI local le rinde cuentas a sus miembros, a la junta de la iglesia local y al pastor.
4. La JNI local rendirá un informe mensual a la junta de la iglesia y a la reunión anual de la iglesia.

### 810.51 Enfoque de ministerio

1. Tradicionalmente el ministerio de la JNI local se enfoca en los jóvenes de 12 años de edad en adelante, estudiantes universitarios y jóvenes adultos. Un concilio de la JNI local podrá modificar el enfoque del ministerio según lo considere necesario, con la aprobación del pastor y la junta de la iglesia local.
2. Con fines de representación y programación, el concilio de la JNI local establecerá los grupos de edades según las necesidades del ministerio local entre los jóvenes.

# Liderazgo

### 810.52 Oficiales

1. Los oficiales de la JNI local serán un presidente y hasta tres personas electas por la reunión anual de la JNI con responsabilidades de ministerio asignadas según las necesidades de la iglesia local. Estos oficiales servirán en el comité ejecutivo.

2. Los oficiales de la JNI local deberán ser miembros de la iglesia local a la que pertenece la JNI en la que sirven, deberán estar activos en el ministerio local entre los jóvenes y ser líderes en ejemplo personal y servicio. 3. En las iglesias donde no hubiera una JNI organizada (donde no hay Concilio de la JNI local), el pastor, con la aprobación de la junta de la iglesia, podrá nombrar al presidente de la JNI de manera que la iglesia pueda comenzar a alcanzar a los jóvenes para Cristo y responder a sus necesidades de crecimiento espiritual.

### 810.53 Elecciones

1. Los oficiales serán electos anualmente por los miembros de la JNI local en la reunión anual y servirán hasta que sus sucesores sean electos y asuman su función de ministerio.

2. Un comité nominativo nominará a los oficiales de la JNI. El comité nominativo será asignado por el pastor y consistirá de miembros de la JNI, así como el pastor y el presidente de la JNI. Todas las nominaciones deberán ser aprobadas por el pastor y la junta de la iglesia. Las personas nominadas para presidente de la JNI local deberán haber cumplido 15 años de edad al momento de su elección.

3. Los oficiales serán electos por un voto de mayoría absoluta de los miembros de la JNI presentes en la reunión anual de la JNI. Cuando sólo haya un nominado para un puesto se usará una cédula de "sí" o "no", con la aprobación de un voto de dos terceras partes. Sólo los que también sean miembros de la Iglesia del Nazareno local podrán votar por el presidente.

4. Un oficial en funciones podrá ser reelecto por voto de "sí" o "no" cuando este voto sea recomendado por el concilio de la JNI al comité nominativo, sea aprobado por el pastor y la junta de la iglesia, y sea aprobado por un voto de dos terceras partes en la reunión anual de la JNI.

5. Una vacante ocurrirá cuando un oficial cambie su membresía de la iglesia, renuncie, o sea destituido de su cargo por un voto de dos terceras partes del concilio debido al descuido de sus responsabilidades o a una conducta impropia. Si ocurriera una vacante entre los oficiales, el concilio de la JNI llenará la vacante por un voto de dos terceras partes si hay un solo nominado, o por un vo-

to de mayoría absoluta en caso haber dos o más nominados. Si la vacante ocurriera en el puesto del presidente de la JNI, la reunión para elecciones será presidida por el pastor, el pastor de jóvenes o la persona que designe.

## 810.54 Responsabilidades

1. Las responsabilidades del presidente de la JNI incluyen:
    a. Presidir el concilio de la JNI para establecer una visión de ministerio entre los jóvenes en la iglesia.
    b. Facilitar el desarrollo del ministerio entre los jóvenes y trabajar con el concilio de la JNI para definir el enfoque del ministerio en respuesta a las necesidades de sus jóvenes.
    c. Servir en la junta de la iglesia y presentar un informe mensual a la junta. La junta de la iglesia local podrá establecer antes de la elección anual la edad mínima para el presidente de la JNI que servirá en la junta de la iglesia. Si el presidente fuera más joven, el concilio de la JNI podrá nombrar a un suplente para que represente a la JNI ante la junta de la iglesia, y esto está sujeto a la aprobación de la junta de la iglesia.
    d. Presentar un informe anual del ministerio y las finanzas ante la reunión anual de la iglesia.
    e. Recomendar el presupuesto para la JNI local, según sea aprobado por el concilio de la JNI, a la junta de la iglesia. f. Servir como miembro ex officio en la Junta de Ministerios Internacionales de Escuela Dominical y Discipulado para coordinar la escuela dominical/ estudios bíblicos/grupos pequeños de jóvenes en la iglesia
    g. Servir como delegado ante la convención de la JNI de distrito y la asamblea de distrito. En caso de que el presidente no pudiera asistir, un representante electo por el concilio de la JNI, y aprobado por el pastor y la junta de la iglesia, podrá servir como suplente.
2. Las responsabilidades de los otros oficiales de la JNI incluirán:
    a. Capacitar y designar a líderes para los diversos ministerios de la JNI local.
    b. Ser modelos y guías espirituales para los jóvenes dentro y fuera de la iglesia.
    c. Definir y asignar puestos y responsabilidades en el ministerio entre los jóvenes como una respuesta a las necesidades de la iglesia local.
    d. Distribuir las siguientes responsabilidades para garantizar la rendición de cuentas y la eficacia:
        1) Mantener un archivo correcto de todas las reuniones del concilio de la JNI y atender todos los asuntos relacionados con la correspondencia de la JNI local.

2) Distribuir y recibir los fondos de la JNI y mantener un registro de los mismos según los reglamentos de la junta de la iglesia.

3) Recopilar un informe financiero anual de todo el dinero recaudado y distribuido para presentarlo ante la junta anual de la iglesia.

4) Trabajar con el presidente de la JNI para establecer un presupuesto anual y presentarlo al concilio y a la junta de la iglesia para su aprobación.

e. Cooperar con el presidente en todo lo posible para facilitar el ministerio de la JNI local.

f. Llevar a cabo otros ministerios según le sean asignados por el concilio de la JNI.

## 810.55 Personal asalariado

1. Cuando un pastor de jóvenes sea empleado en la iglesia, el pastor, en consulta con la junta de la iglesia y el concilio de la JNI podrá asignar la responsabilidad de dirigir la JNI al pastor de jóvenes. En ese caso, algunas de las responsabilidades que de otra manera serían designadas al presidente de la JNI local serán desempeñadas por el pastor de jóvenes. Sin embargo, la importancia del presidente de la JNI sigue igual, en el sentido de ofrecer un liderazgo laico vital, apoyo y representación para el ministerio local entre los jóvenes. El pastor, el pastor de jóvenes y el concilio de la JNI trabajarán en conjunto para definir las funciones y las responsabilidades de los dos puestos y cómo trabajarán en conjunto para el beneficio del ministerio entre los jóvenes de la iglesia.

2. El pastor de jóvenes no podrá fungir como presidente de la JNI.

3. El pastor de jóvenes sirve como miembro ex officio en el concilio de la JNI, el comité ejecutivo, y el comité nominativo de la JNI.

4. El pastor de jóvenes podrá servir como el designado por el pastor para cumplir con las responsabilidades relacionadas con la JNI.

5. Si una iglesia tuviera a varios empleados asalariados ministrando a grupos específicos de varias edades dentro de la JNI, la iglesia podrá nombrar algunos oficiales para cada grupo de edades y determinar de entre esos oficiales cómo será representada la JNI en la junta de la iglesia.

## Concilio

## 810.56 Composición

1. El concilio de la JNI local se compondrá de los oficiales de la JNI, otro miembro vocal joven electo o nombrado y líderes de ministerio según sea necesario y el pastor y/o el pastor de jóvenes, quienes colectivamente establecerán la visión para el ministerio local entre los jóvenes.

2. Los miembros del concilio de la JNI deberán ser miembros de la Juventud Nazarena Internacional local. La membresía en la iglesia local es muy recomendable  y se espera que los miembros del concilio de la JNI se afilien como miembros de la iglesia.

### 810.57 Elecciones

1. El comité nominativo de la JNI nominará a los miembros de la JNI local para que sean electos ante el concilio de la JNI.

2. Después, los miembros de la JNI elegirán a los miembros del concilio de la JNI de las nominaciones presentadas por voto de mayoría absoluta en la reunión anual de la JNI.

3. Una vacante ocurrirá cuando un miembro del concilio cambie su membresía de la iglesia, renuncie o sea destituido de su cargo por un voto de dos terceras partes del concilio debido al descuido de sus responsabilidades o a una conducta impropia. Si ocurriera una vacante entre los miembros del concilio, el concilio de la JNI llenará la vacante por un voto de dos terceras partes si hay un solo nominado o por un voto de mayoría absoluta en caso de haber dos o más nominados.

4. Si una iglesia tiene menos de siete miembros de la JNI, el pastor podrá asignar a los miembros del concilio de la JNI de manera que se desarrolle el ministerio entre los jóvenes y sean alcanzados para Cristo.

### 810.58 Responsabilidades

1. El concilio de la JNI será el responsable de planificar y organizar todo el ministerio para los jóvenes en la iglesia local y, mediante sus oficiales y directores, iniciará y dirigirá ministerios y actividades para alcanzar a los jóvenes para Cristo y para responder a sus necesidades de crecimiento espiritual en armonía con el liderazgo de la iglesia local.

2. El concilio de la JNI definirá el enfoque de ministerio de la JNI local en respuesta a las necesidades del ministerio local entre los jóvenes, así mismo desarrollará y asignará puestos y descripciones de trabajo para los directores de ministerios.

3. El concilio de la JNI proveerá el liderazgo para el área juvenil de la escuela dominical promoviendo el crecimiento en la matrícula y asistencia de jóvenes, nominando maestros de escuela dominical y líderes de jóvenes y proveyéndoles capacitación, así como recomendando un currículum de estudio y recursos para ser usados en colaboración con la junta de Ministerios Internacionales de Escuela Dominical y Discipulado.

4. El concilio de la JNI coopera con el concilio de la JNI de distrito promoviendo los ministerios de la JNI de distrito, regional y global entre los jóvenes de la iglesia.

5. El concilio de la JNI establece y comunica el proceso para presentar las modificaciones al plan de ministerio local.

### 810.59 Comités

1. El comité ejecutivo de la JNI se compondrá de los oficiales electos de la JNI y el pastor de la iglesia o el pastor de jóvenes. El comité ejecutivo llevará a cabo los negocios del concilio de la JNI cuando sea necesario. Todas las acciones del comité ejecutivo serán comunicadas a los miembros restantes del concilio y estarán sujetas a la aprobación de todo el concilio en su próxima reunión.
2. El concilio de la JNI podrá establecer los comités de ministerios específicos o de grupos de edades que considere como respuesta a las necesidades del ministerio entre los jóvenes.

### 810.60  Personal asalariado

1. El pastor de la iglesia asignará las responsabilidades del pastor de jóvenes en consulta con la junta de la iglesia y el concilio de la JNI.
2. El concilio de la JNI y el pastor de jóvenes trabajarán en colaboración y armonía.
3. Si una iglesia tuviera a varios empleados asalariados ministrando grupos específicos de varias edades dentro de la JNI podrán crear concilios o comités para cada grupo de edad bajo el liderazgo del personal. La iglesia podrá decidir si usa un concilio coordinador para los diversos grupos.

### Reuniones

### 810.61  Reuniones de la JNI local

1. Una variedad de reuniones de la JNI local ayudará a proveer un ministerio eficaz entre los jóvenes.
2. El grupo de la JNI local participará en las reuniones de la JNI de distrito, regional y global que realcen el ministerio entre los jóvenes de la iglesia.

### 810.62  Reuniones del concilio de la JNI

1. El concilio de la JNI se reunirá con regularidad para cumplir la misión y visión de la JNI.
2. Las reuniones del concilio podrán ser programadas o convocadas por el presidente o el pastor.

### 810.63  Reunión anual

1. La reunión anual de la JNI local se celebrará dentro de los 60 días previos a la convención de la JNI de distrito, de acuerdo con el *Manual* de la Iglesia del Nazareno.

2. Los oficiales y miembros del concilio y delegados de la JNI a la convención de la JNI de distrito serán electos en la reunión anual de la JNI.
3. El plan de ministerio local de la JNI podrá ser modificado por un voto de dos terceras partes en la reunión anual de la JNI.

## Ministerios

### 810.4 Evangelismo
La JNI desarrollará e implementará una variedad de ministerios continuos y eventos especiales para alcanzar a los jóvenes para Cristo.

### 810.5 Discipulado
La JNI desarrollará e implementará una variedad de ministerios continuos y eventos especiales para edificar y desafiar a los jóvenes a crecer como discípulos de Cristo en la devoción personal, la adoración, el compañerismo, el ministerio y el guiar a otros hacia Cristo.

### 810.65 Desarrollo de liderazgo
La JNI desarrollará e implementará una variedad de ministerios continuos y eventos especiales para guiar y capacitar a los jóvenes a fin de que lleguen a ser líderes para Cristo y su iglesia.

## Revisiones

### 810.67 Provisiones
1. Este plan de ministerio local provee un formato estándar para la organización, función y liderazgo de la JNI a nivel local. El grupo de la JNI local podrá adaptar el plan en respuesta a las necesidades del ministerio entre los jóvenes de la iglesia local, de acuerdo con el Estatuto de la Juventud Nazarena Internacional y el *Manual* de la Iglesia del Nazareno.
2. Cualquier área que no estuviera cubierta por este plan de ministerio quedará bajo la autoridad del Concilio de la JNI local.

### 810.68 Proceso
1. El concilio de la JNI establecerá y dará a conocer el proceso para adaptar y modificar el plan de ministerio local y deberá aprobar las propuestas antes de presentarlas ante la reunión anual de la JNI.
2. Las revisiones propuestas del plan de ministerio local deberán ser distribuidas a los miembros de la JNI antes de la reunión anual de la JNI.
3. Las revisiones deberán ser aprobadas por voto mayoritario de dos terceras partes de todos los miembros de la JNI presentes y con derecho a voto en la reunión anual de la JNI y estarán sujetas a la aprobación de la junta de la iglesia.

4. Todo cambio en el plan de ministerio local entrará en vigor a más tardar 30 días después de la reunión anual de la JNI. El plan revisado deberá ser quedar por escrito antes de ponerse en efecto.

## B. PLAN DE MINISTERIO DE DISTRITO

### Membresía y enfoque de ministerio

### 810.100 Composición y rendición de cuentas

1. Todos los grupos locales y miembros de la JNI dentro de los límites del distrito formarán la Juventud Nazarena Internacional de distrito.
2. La JNI de distrito rendirá cuentas a sus miembros, al superintendente de distrito y a la Junta Consultora de Distrito. 3. La JNI de distrito informará anualmente a la convención de la JNI de distrito y a la asamblea de distrito por medio del presidente de la JNI de distrito.

### 810.101 Enfoque de ministerio

1. Tradicionalmente el ministerio de la JNI de distrito se enfoca en los jóvenes de 12 años de edad en adelante, estudiantes universitarios y jóvenes adultos. Un concilio de la JNI de distrito podrá modificar el enfoque del ministerio según lo considere necesario con la aprobación del superintendente de distrito y la Junta Consultora de Distrito.
2. Con fines de representación y programación, el concilio de la JNI de distrito establecerá los grupos de edad según las necesidades del ministerio entre los jóvenes en el distrito.

### Liderazgo

### 810.102 Oficiales

1. Los oficiales de la JNI de distrito serán el presidente, el vicepresidente, el secretario y el tesorero.
2. Los oficiales de la JNI de distrito deberán ser miembros de una Iglesia del Nazareno local dentro del territorio del distrito cuando éstos sean electos, estar activos en el ministerio local y de distrito entre los jóvenes y ser considerados como líderes ejemplares en lo personal y en su ministerio.
3. Los oficiales de la JNI de distrito servirán sin sueldo. El financiamiento de los gastos administrativos de los oficiales de la JNI de distrito será designado como parte del presupuesto de la JNI de distrito.
4. En el caso de un distrito que aún no tuviera una JNI organizada (donde no haya convención de la JNI de distrito), el superintendente de distrito podrá asignar a un presidente de la JNI de distrito de manera que las iglesias locales reciban ayuda para alcanzar a

los jóvenes para Cristo y para responder a las necesidades de su crecimiento espiritual.

## 810.103 Elecciones

1. Los oficiales de la JNI de distrito serán electos por la convención de la JNI de distrito para servir por un período de un año, desde la clausura de la convención hasta que sus sucesores sean electos y asuman su cargo de ministerio. Un oficial podrá ser electo por dos años, con la recomendación del comité nominativo de la JNI de distrito y con la aprobación del superintendente de distrito.

2. El comité nominativo de la JNI de distrito nominará a los oficiales de la JNI de distrito. El comité nominativo será asignado por el concilio de la JNI de distrito y se compondrá de por lo menos cuatro miembros de la JNI de distrito y también incluirá al superintendente de distrito y al presidente de la JNI de distrito. Todos los nominados deberán ser aprobados por el concilio de la JNI de distrito y el superintendente de distrito.

3. Después, los oficiales serán electos por cédula por un voto de mayoría absoluta en la convención anual de la JNI. Cuando sólo haya un nominado para un puesto se usará una cédula de "sí" o "no", con la aprobación de un voto de dos terceras partes. Si el comité nominativo lo recomienda, la convención votará para permitir al concilio de la JNI de distrito que asigne al secretario y al tesorero de la JNI de distrito.

4. Un oficial titular podrá ser reelecto por voto de "sí" o "no" cuando dicho voto haya sido recomendado por el concilio de la JNI de distrito, con la aprobación del superintendente de distrito y sea aprobado por un voto de dos terceras partes de la convención de la JNI de distrito.

5. Una vacante ocurrirá cuando un oficial cambie su membresía a otro distrito, renuncie, o sea destituido de su cargo por un voto de dos terceras partes del concilio debido al descuido de sus responsabilidades o conducta impropia. Si ocurriera una vacante en el puesto de presidente de la JNI de distrito, el vicepresidente asumirá las responsabilidades del presidente hasta la siguiente convención de la JNI de distrito. Si ocurriera una vacante entre otros oficiales, el concilio de la JNI de distrito llenará la vacante por un voto de dos terceras partes si hay un solo nominado, o por un voto de mayoría relativa en caso de haber dos o más nominados.

## 810.104 Responsabilidades

1. Las responsabilidades del presidente de distrito de la JNI incluyen:
   a. Dar liderazgo y dirección a la JNI de distrito trabajando en cooperación con la JNI y el liderazgo del distrito.

b. Presidir el concilio de la JNI de distrito para establecer una visión para el ministerio entre los jóvenes en el distrito.

c. Facilitar el desarrollo del ministerio entre los jóvenes en el distrito y trabajar con el concilio de la JNI de distrito para definir el enfoque del ministerio de la JNI de distrito según las necesidades.

d. Presidir la convención de la JNI de distrito.

e. Apoyar el desarrollo del ministerio de la JNI en cada iglesia local en el distrito.

f. Representar los intereses de la JNI en todas las juntas y comités apropiados del distrito.

g. Presentar un informe anual ante la convención de la JNI de distrito y la asamblea de distrito.

h. Presentar un presupuesto anual al comité de finanzas de distrito (o a la instancia apropiada del distrito) y la convención de la JNI de distrito para su aprobación.

i. Servir como delegado a la convención de la JNI Global. En caso de que el presidente no pueda asistir, un representante electo por el concilio de la JNI de distrito y aprobado por el superintendente de distrito y la Junta Consultora de Distrito, podrá suplir al presidente.

j. Servir como miembro del concilio de la JNI regional, si así lo designa el plan de ministerio de la región.

2. Las responsabilidades del vicepresidente incluyen:

a. Cooperar con el presidente en todas las formas posibles para desempeñar un ministerio eficaz entre los jóvenes del distrito.

b. Cumplir con las responsabilidades del presidente en su ausencia.

c. Desempeñar otras responsabilidades según le sean asignadas por el concilio y la convención de la JNI de distrito.

d. En caso de una vacante en el puesto de presidente de la JNI de distrito asumirá las funciones del presidente hasta que se elija y sea instalado un sucesor.

3. Las responsabilidades del secretario incluyen:

a. Mantener un archivo correcto de todas las actividades del concilio de la JNI de distrito, del comité ejecutivo y de la convención de la JNI de distrito.

b. Atender todos los asuntos relacionados con la correspondencia de la JNI de distrito.

c. Notificar a la oficina de ministerios de la JNI Global y al presidente de la JNI regional los nombres y direcciones de los diversos oficiales y directores de ministerios de la JNI de distrito tan pronto como sea posible después de su elección.

d. Desempeñar otras obligaciones según le sean asignadas por el concilio y la convención de la JNI de distrito.

4. Las responsabilidades del tesorero incluyen:
    a. Distribuir y recibir los fondos de la JNI de distrito y mantener un archivo de los mismos.
    b. Recopilar un informe financiero anual de todo el dinero recaudado y distribuido para presentarlo ante la convención de la JNI de distrito anual.
    c. Trabajar con el presidente a fin de crear un presupuesto anual para presentarlo a las instancias apropiadas.

5. Se pueden asignar otras responsabilidades a los oficiales según las necesidades de ministerio entre los jóvenes del distrito.

## 810.105 Personal asalariado

1. Cuando un pastor de jóvenes sea empleado por un distrito, el superintendente de distrito, en consulta con la Junta Consultora de Distrito y el concilio de la JNI de distrito podrán asignarle la responsabilidad de dirigir la JNI de distrito al pastor de jóvenes del distrito. En ese caso, algunas de las responsabilidades que serían designadas al presidente de la JNI de distrito podrán ser desempeñadas por el pastor de jóvenes del distrito. Sin embargo, la importancia del presidente de la JNI de distrito sigue siendo la misma, en el sentido de que debe proveer liderazgo adicional, apoyo y representación al ministerio entre los jóvenes del distrito. El concilio de la JNI de distrito y el superintendente de distrito trabajarán en conjunto para definir las funciones y responsabilidades de los dos puestos y cómo trabajarán juntos para beneficio del ministerio entre los jóvenes del distrito.

2. Un pastor de jóvenes de distrito no podrá fungir como presidente de la JNI de distrito.

3. El pastor de jóvenes de distrito sirve como miembro ex officio en el concilio de la JNI de distrito, el comité ejecutivo, y el comité nominativo de la JNI de distrito.

4. El pastor de jóvenes de distrito podrá servir como designado del superintendente de distrito para llevar a cabo responsabilidades relacionadas con la JNI.

# Concilio

## 810.106 Composición

1. El concilio de la JNI de distrito se compondrá de los oficiales de la JNI de distrito, otros miembros vocales jóvenes electos o asignados y líderes de ministerios según consideren necesario el concilio y el superintendente de distrito y/o el pastor de jóvenes del distrito.

2. Sólo los miembros de la JNI que sean miembros de la Iglesia del Nazareno en el distrito podrán servir como miembros del concilio de la JNI de distrito.

### 810.107 Elecciones

1. El comité nominativo de la JNI de distrito nominará a los miembros de la JNI de distrito para ser electos ante el concilio de la JNI de distrito.

2. Después, la convención de la JNI de distrito elige a los miembros del concilio de la JNI de distrito de entre las nominaciones presentadas por voto de mayoría absoluta.

3. Una vacante ocurrirá cuando un miembro del concilio cambie su membresía a otro distrito, renuncie, o sea destituido de su cargo por un voto de dos terceras partes del concilio debido al descuido de sus responsabilidades o conducta impropia. Si ocurriera una vacante entre los miembros del concilio, el concilio de la JNI de distrito llenará la vacante por un voto de dos terceras partes si hay un solo nominado, o por un voto de mayoría absoluta en caso de haber dos o más nominados.

4. El comité nominativo podrá autorizar al concilio de la JNI de distrito para asignar directores de ministerios en el distrito.

### 810.108 Responsabilidades

1. El concilio de la JNI de distrito será el responsable de planificar y organizar el ministerio total para los jóvenes en el distrito así mismo, por medio de sus oficiales y directores, iniciará y dirigirá ministerios y actividades para alcanzar a los jóvenes para Cristo y para responder a sus necesidades de crecimiento espiritual, en armonía con el liderazgo del distrito.

2. El concilio de la JNI de distrito definirá el enfoque de ministerio de la JNI de distrito en respuesta a las necesidades del ministerio entre los jóvenes y asignará los nombres de los cargos y las responsabilidades a los directores de ministerios de la JNI de distrito.

3. El concilio de la JNI de distrito apoyará y capacitará a las iglesias locales del distrito para desarrollar un ministerio eficaz entre los jóvenes.

4. El concilio de la JNI de distrito dará liderazgo al área juvenil de la escuela dominical del distrito al promover el crecimiento en la matrícula y asistencia de jóvenes y al proveer capacitación para maestros de escuela dominical y líderes de jóvenes en colaboración con la Junta Internacional de Ministerios de Escuela Dominical y Discipulado de distrito.

5. El concilio de la JNI de distrito promoverá los ministerios y programas de la JNI regional y global ante los grupos locales de la JNI.

6. El concilio de la JNI de distrito hará recomendaciones a la convención de la JNI de distrito sobre el ministerio de la JNI. La convención podrá revisar las recomendaciones antes de aprobarlas.
7. El concilio de la JNI de distrito establecerá y comunicará el proceso para enmendar el plan de ministerio del distrito.

## 810.109 Comités

1. El comité ejecutivo de la JNI se compondrá de los oficiales electos de la JNI de distrito y el superintendente de distrito y/o el pastor de jóvenes del distrito. En caso de que el secretario y el tesorero sean nombrados como miembros del concilio, el concilio podrá elegir por mayoría absoluta de voto a dos miembros más del concilio de la JNI de distrito para servir en el comité ejecutivo. Todas las acciones del comité ejecutivo serán comunicadas a los miembros restantes del concilio y estarán sujetas a la aprobación de todo el concilio en su próxima reunión.
2. El concilio de la JNI de distrito podrá establecer comités de ministerios específicos o de grupos de edades como respuesta a las necesidades de ministerio entre los jóvenes del distrito.

## 810.110 Zona de la JNI

1. En colaboración con el liderazgo del distrito, el concilio de la JNI de distrito podrá autorizar la creación de varias zonas dentro de la estructura actual del distrito para organizar el liderazgo de la JNI, de manera que coordinen y desarrollen al máximo el ministerio de la JNI en el distrito.
2. Un concilio de la JNI de zona podrá ser organizado para que asuma la responsabilidad de ministerios y actividades específicas en la zona.
3. Un presidente o representante de cada zona podrá servir en el concilio de la JNI de distrito, si así lo especifica la convención de la JNI de distrito.

## 810.111 Personal asalariado

1. El superintendente de distrito designará las responsabilidades del pastor de jóvenes de distrito, en consulta con la Junta Consultora de Distrito y el concilio de la JNI de distrito.
2. El concilio de la JNI de distrito y el pastor de jóvenes del distrito trabajarán en colaboración y armonía.

## Reuniones

## 810.112 Reuniones de la JNI de distrito

1. Una variedad de reuniones de la JNI de distrito ayudará a proveer un ministerio eficaz entre los jóvenes.

2. La JNI de distrito también apoyará y realzará el ministerio de la JNI local al reunirse con grupos de la JNI local en todo el distrito a fin de capacitarlos para un ministerio eficaz.

3. La JNI de distrito participará en reuniones de la JNI regional y global que realcen el ministerio eficaz entre los jóvenes en todo el distrito.

### 810.113 Reuniones del concilio de la JNI de distrito

1. El concilio de la JNI de distrito se reunirá con regularidad para cumplir la misión y visión de la JNI de distrito.

2. Las reuniones del concilio podrán ser programadas o convocadas por el presidente de la JNI de distrito o el superintendente de distrito.

### 810.114 Convención de la JNI de distrito

1. La convención anual de la JNI hará provisión para tener  programas de inspiracións para el avance del ministerio entre los jóvenes del distrito. En la convención se recibirán informes, se elegirán líderes y se tratará cualquier asunto legislativo relacionado con la obra de la JNI. También se elegirán delegados a la convención de la JNI Global de acuerdo con el plan de ministerio de la JNI Global.

2. El concilio de la JNI de distrito organiza y supervisa la convención de la JNI de distrito en cooperación con el superintendente de distrito. La convención se convocará según la fecha y lugar designados por el concilio de la JNI de distrito, con la aprobación del superintendente de distrito y dentro de 90 días previos a la asamblea de distrito.

3. La convención de la JNI de distrito se compondrá de los miembros del concilio de la JNI de distrito, el superintendente de distrito, pastores locales, otros ministros ordenados asignados por el distrito que participen en el ministerio de la JNI y delegados de la JNI local.

4. Todos los delegados de la JNI local ante la convención de la JNI de distrito deberán ser miembros de la Iglesia del Nazareno que representan.

5. El total de delegados de la JNI local por cada iglesia se determinará según las cifras de membresía en el informe de pastores local más reciente antes de la asamblea de distrito. El liderazgo de la JNI de distrito instruirá a las iglesias locales que hagan arreglos necesarios para cubrir los gastos de los delegados que asistan a la convención de la JNI de distrito.

6. La delegación de la JNI local ante la convención de la JNI de distrito para iglesias de 30 o menos miembros de la JNI se compondrá de:

a. El pastor y el pastor de jóvenes o cualquier personal asalariado de tiempo completo que participe en el ministerio de la JNI;

b. El presidente de la JNI local recién electo;

c. Un máximo de cuatro delegados electos, y por lo menos la mitad de ellos estarán dentro del enfoque de ministerio de la JNI ya establecido en el distrito.

d. Las iglesias locales podrán agregar un delegado más por cada 30 miembros adicionales de la JNI local y/o por más de la mitad de esos 30 miembros (por ejemplo: 16-29 miembros). Por lo menos la mitad de los delegados adicionales deben estar dentro del enfoque del plan de ministerio de la JNI ya establecido.

7. Un delegado podrá ser asignado por el pastor de cualquier iglesia local o por el director de un centro de ministerios nazarenos de compasión aprobado que no tenga una JNI organizada. *

5-45 miembros — 4 delegados
46-75 miembros —5 delegados
76-105 miembros —6 delegados
106-135 miembros —7 delegados
136-165 miembros —8 delegados
166-195 miembros —9 delegados
196-225 miembros —10 delegados
226-255 miembros —11 delegados

## Ministerios

### 810.115 Evangelismo
La JNI de distrito desarrollará e implementará una variedad de ministerios continuos y eventos especiales para alcanzar a los jóvenes para Cristo.

### 810.116 Discipulado
La JNI de distrito desarrollará e implementará una variedad de ministerios continuos y eventos especiales para edificar y desafiar a los jóvenes a crecer como discípulos de Cristo en devoción personal, adoración, compañerismo, ministerio y guiar a otros hacia Cristo.

### 810.117 Desarrollo de liderazgo
La JNI de distrito desarrollará e implementará una variedad de ministerios continuos y eventos especiales para guiar y capacitar a los jóvenes a fin de que lleguen a ser líderes para Cristo y su iglesia.

---

* El número de delegados electos de una JNI de distrito no incluye delegados ex officio (presidente de la JNI de distrito, presidentes y coordinadores de la JNI regional, oficiales y miembros vocales globales de un distrito, etc.).

**Revisiones**

**810.118  Provisiones**
1. Este plan de ministerio de distrito provee un formato estándar para la organización, función y liderazgo de la JNI a nivel distrital. La JNI de distrito podrá adaptar y modificar el plan en respuesta a las necesidades del ministerio entre los jóvenes del distrito, de acuerdo con el Estatuto de la Juventud Nazarena Internacional y el Manual de la Iglesia del Nazareno.
2. Cualquier área que no estuviera cubierta por este plan de ministerio quedará bajo la autoridad del concilio de la JNI de distrito.

**810.119  Proceso**
1. El concilio de la JNI de distrito establecerá y dará a conocer el proceso para adaptar y modificar el plan de ministerio de distrito y deberá aprobar las revisiones propuestas antes de presentarlas ante la convención de la JNI de distrito.
2. Las revisiones propuestas por el plan de ministerio de distrito deberán ser distribuidas por escrito a los grupos de la JNI local antes de la convención de la JNI de distrito.
3. Las revisiones deberán ser aprobadas por un voto de dos terceras partes de todos los delegados y miembros presentes y con derecho a voto en la convención de la JNI de distrito y estarán sujetas a la aprobación del superintendente de distrito y la Junta Consultora de Distrito.
4. Todo cambio en el plan de ministerio de distrito entrará en vigor no más de 60 días después de la convención. El documento revisado deberá distribuirse por escrito antes de que éste entre en vigor.

# C. PLAN DE MINISTERIO REGIONAL

**Membresía y enfoque de ministerio**

**810.150  Composición y responsabilidad**
1. Todas las organizaciones de la JNI local, ministerios de distrito de la JNI y los miembros de la JNI dentro de los linderos de la región constituirán la Juventud Nazarena Internacional regional.
2. La JNI regional rendirá cuentas a sus miembros y al concilio de la JNI Global. Donde se aplique, la JNI regional también podrá responder ante el director regional y ante el concilio consultivo regional.
3. La JNI regional rendirá un informe ante el concilio de la JNI Global anualmente y, si se aplica, ante el director regional y ante el Concilio consultivo regional de manera regular.

### 810.151 Enfoque de ministerio

1. Tradicionalmente el ministerio de la JNI regional se enfoca en los jóvenes de 12 años de edad en adelante, estudiantes universitarios y jóvenes adultos. Un concilio de la JNI regional podrá modificar el enfoque del ministerio según lo considere necesario, con la aprobación de los distritos de la región y, si se aplica, del director regional.
2. Con fines de representación y programación, el concilio de la JNI regional establecerá las divisiones por edad según las necesidades del ministerio entre los jóvenes de la región.

## Liderazgo

### 810.152 Oficiales

1. Los oficiales de la JNI regional serán el presidente y hasta tres personas más seleccionadas por el comité electoral regional en la convención de la JNI Global, con títulos y responsabilidades de ministerio asignadas según las necesidades regionales. Estos oficiales fungirán en el comité ejecutivo.
2. Los oficiales de la JNI regional deberán residir en la región y ser miembros de la Iglesia del Nazareno dentro de los linderos de la misma en el momento de la elección, estar activos en el ministerio entre los jóvenes y ser considerados como líderes en ejemplo personal y ministerio.
3. Los oficiales de la JNI regional servirán sin sueldo. El financiamiento de los gastos administrativos de los oficiales de la JNI regional será designado como parte de los fondos regionales.
4. El presidente de la JNI regional servirá en su puesto no más de dos periodos completos.

### 810.153 Elección

1. Todos los oficiales de la JNI regional serán electos por el comité electoral regional de la convención de la JNI Global y serán aprobados por la convención. Los oficiales servirán por un periodo de cuatro años, desde la clausura de la asamblea general hasta la clausura de la siguiente asamblea general.
2. El comité nominativo de la JNI regional nominará a los oficiales de la JNI regional. El comité nominativo es asignado por el concilio de la JNI regional y se constituye de por lo menos cuatro miembros de la JNI regional, incluyendo al presidente de la JNI regional y director regional (si se aplica). Por lo menos dos nombres se presentan al comité regional electoral por cada puesto. Todas las nominaciones deberán ser aprobadas por el Concilio de la JNI regional y el director regional (si se aplica).

3. El presidente de la JNI regional será electo por un voto de mayoría absoluta del comité electoral regional en la convención de la JNI Global y aprobado por voto mayoritario de la convención, según el plan de ministerio de la JNI Global. Otros oficiales serán electos por un voto de mayoría absoluta por cédula del comité electoral regional.

4. Un presidente de la JNI en funciones que sea elegible para un segundo periodo puede ser reelecto por voto de "sí" o "no" cuando dicha elección sea recomendada por el concilio de la JNI regional, aprobada por el director regional (si se aplica) y aprobada por voto favorable de dos terceras partes por cédula del comité electoral regional en la convención de la JNI Global.

5. Una vacante ocurrirá cuando un oficial cambie su membresía fuera de la región, renuncie, o sea destituido de su cargo por voto mayoritario de dos terceras partes del concilio de la JNI Global debido al descuido de sus responsabilidades o conducta impropia. Si ocurriera una vacante entre los oficiales, el concilio de la JNI regional llenará la vacante por un voto de dos terceras partes si hay un solo nominado, o por un voto de mayoría absoluta en caso de haber dos o más nominados. En caso de una vacante en el cargo de presidente de la JNI regional, la región elegirá un nuevo presidente de acuerdo con el plan de ministerio de la JNI Global.

**810.154 Responsabilidades**

1. Las responsabilidades del presidente de la JNI regional incluirán:

   a. Dar liderazgo y dirección a la JNI regional, trabajando en cooperación con el liderazgo regional y de la JNI.

   b. Presidir el concilio de la JNI regional para presentar su visión del ministerio entre los jóvenes de la región.

   c. Facilitar el desarrollo del ministerio entre los jóvenes en la región y trabajar con el concilio de la JNI regional para definir el enfoque del ministerio de la JNI regional según las necesidades.

   d. Presidir el comité electoral regional en la convención de la JNI Global.

   e. Impulsar el desarrollo del ministerio de la JNI en cada distrito o área dentro de la región.

   f. Representar los intereses de la JNI regional en las juntas y comités regionales apropiados y, cuando se aplique, en los comités multirregionales.

   g. Presentar un informe anual ante el concilio de la JNI regional, el director regional y el concilio consultivo regional (si se aplica) y el concilio de la JNI Global.

   h. Recomendar un presupuesto anual ante el concilio de la JNI regional y la oficina regional (si se aplica).

i. Fungir como delegado ante la convención de la JNI Global y como miembro del concilio de la JNI Global, excepto en los Estados Unidos, donde dos representantes electos de los presidentes de la JNI regional sirven como miembros del concilio de la JNI Global. En caso de que el presidente no pueda asistir, un representante electo por el concilio de la JNI regional, y aprobado por el director regional (si se aplica), podrá proveer representación suplente.

j. Servir como enlace entre la JNI regional y las instituciones nazarenas de educación superior en la región para promover comunicación, cooperación y asociación de ministerio.

2. Las responsabilidades de los oficiales de la JNI regional incluyen:

a. Desarrollar y designar líderes para los diversos ministerios de la JNI regional.

b. Definir y asignar títulos de cargos y responsabilidades de ministerios entre los jóvenes según las necesidades de la región.

c. Distribuir los siguientes deberes para asegurar responsabilidad y eficacia:

1) Mantener un archivo correcto de todas las reuniones del Concilio de la JNI regional y atender todos los asuntos de correspondencia de la JNI regional.

2) Distribuir y recibir los fondos de la JNI regional, y mantener un archivo de los mismos, según las normas del concilio de la JNI Global, la Junta General y la política de la oficina regional.

3) Ayudar al presidente a recopilar un informe financiero anual de todo el dinero recaudado y desembolsado para presentarlo ante el concilio de la JNI Global y otros cuerpos apropiados.

4) Trabajar con el presidente para elaborar un presupuesto anual y presentarlo ante el concilio de la JNI regional y ante el director regional (si se aplica) para su aprobación.

5) Notificar a la oficina de la JNI y a la oficina regional (si se aplica) los nombres y las direcciones de los diversos oficiales de la JNI regional y directores de ministerios tan pronto como sea posible después de las elecciones o nombramientos.

d. Cooperar con el presidente en todas las formas posibles para facilitar el ministerio regional entre los jóvenes.

e. Desempeñar otros ministerios según sean asignados por el concilio de la JNI regional o el comité electoral regional.

### 810.155 Personal asalariado

1. Cuando un coordinador de la JNI regional sea empleado por la región, el director regional, en consulta con el concilio consultivo

regional y el concilio de la JNI regional, le asignará la responsabilidad de la JNI regional al coordinador de la JNI regional. En ese caso, algunas de las responsabilidades que podrían ser asignadas a un presidente de la JNI regional podrán ser desarrolladas por el coordinador de la JNI regional. Sin embargo, la importancia del presidente de la JNI regional seguirá siendo la misma al proveer liderazgo, apoyo y representación para el ministerio regional entre los jóvenes. El concilio de la JNI regional y el director regional trabajarán en conjunto para definir las funciones y responsabilidades de los dos puestos y cómo trabajarán juntos para beneficio del ministerio entre los jóvenes de la región.

2. El coordinador de la JNI regional no podrá fungir como presidente de la JNI regional.

3. El coordinador de la JNI regional sirve como ex officio en el concilio de la JNI regional, el comité ejecutivo, y el comité nominativo de la JNI regional.

4. El coordinador de la JNI regional puede servir como el designado del director regional para responsabilidades relacionadas con la JNI.

## Concilio

### 810.156 Composición

1. El Concilio de la JNI regional se compondrá de los oficiales de la JNI regional, otros miembros vocales jóvenes electos o asignados y líderes de ministerios según considere necesario el concilio, y, si se aplica, el director regional y/o el coordinador de la JNI regional.

2. Sólo los miembros de la JNI que sean miembros de la Iglesia del Nazareno en la región podrán fungir como miembros del concilio de la JNI regional.

3. Cuando se aplique, los representantes de las universidades nazarenas responsables de compartir los ministerios con la JNI regional también podrán servir en el concilio de la JNI regional.

### 810.157 Elecciones

1. Un comité nominativo de la JNI regional nomina a los miembros de la JNI regional para ser electos ante el concilio de la JNI regional.

2. Entonces el comité electoral regional en la convención de la JNI Global elige por voto mayoritario a los miembros del concilio de la JNI regional de las nominaciones presentadas. El comité electoral regional puede autorizar al concilio de la JNI regional para asignar directores de ministerio regionales.

3. Una vacante ocurrirá cuando un miembro cambie su membresía fuera de la región, renuncie, o sea destituido de su cargo por un

voto de dos terceras partes del concilio debido al descuido de sus responsabilidades o conducta impropia. Si ocurriera una vacante entre los miembros del concilio electos o asignados por el concilio, el concilio de la JNI regional llenará la vacante por un voto de dos terceras partes si hay un solo nominado, o por un voto de mayoría en caso de haber dos o más nominados. En caso de una vacante entre miembros representantes de un distrito en la región, la vacante será cubierta de acuerdo con el plan de ministerio de ese distrito.

### 810.158 Responsabilidades

1. El concilio de la JNI regional será responsable de planificar y organizar el ministerio total para los jóvenes dentro de la región y, por medio de sus oficiales y directores, iniciará y dirigirá ministerios y actividades para alcanzar a los jóvenes para Cristo y para responder a sus necesidades de crecimiento espiritual, en armonía con el liderazgo regional.

2. El concilio de la JNI regional definirá el enfoque de ministerio de la JNI regional en respuesta a las necesidades del ministerio regional entre los jóvenes, y desarrollará y asignará títulos y responsabilidades a los directores de ministerios de la JNI regional.

3. El concilio de la JNI regional apoyará y capacitará a los distritos de la región para desarrollar un ministerio eficaz entre los jóvenes.

4. El concilio de la JNI regional dará liderazgo al área juvenil de la escuela dominical en la región al promover el crecimiento en la matrícula y asistencia de jóvenes y al proveer capacitación para maestros de escuela dominical y líderes de jóvenes en colaboración con Ministerios Internacionales de Escuela Dominical y Discipulado.

5. El concilio de la JNI regional promoverá los ministerios y programas de la JNI Global ante la membresía regional.

6. El concilio de la JNI regional canalizará el uso de fondos provistos a la región por medio de eventos y asociaciones de la JNI.

7. El concilio de la JNI regional hará recomendaciones sobre el ministerio de la JNI ante el comité electoral regional en la convención de la JNI Global. El concilio también asignará un máximo de dos personas para servir en la región como miembros del comité de resoluciones en la convención de la JNI Global, de acuerdo con el Plan de Ministerio Global.

8. El concilio de la JNI regional establecerá y comunicará el proceso para enmendar el plan de ministerio regional.

### 810.159 Comités

1. El comité ejecutivo de la JNI se compondrá de los oficiales electos de la JNI regional y el director regional y/o coordinador regional

de la JNI (si se aplica). El comité ejecutivo podrá llevar a cabo los negocios del concilio de la JNI regional cuando no sea práctico o posible reunir a todo el concilio. Todas las acciones del comité ejecutivo se comunicarán a los miembros restantes del concilio y estarán sujetas a la aprobación de todo el concilio en su próxima reunión.

2. El concilio de la JNI regional podrá establecer comités de ministerio específicos según las necesidades del ministerio regional entre los jóvenes.

3. En países donde haya muchos distritos, la región podrá organizar liderazgo de la JNI nacional para coordinar y facilitar el ministerio entre los jóvenes de dicho país.

### 810. 160 La JNI de área

1. Donde se aplique y en cooperación con el liderazgo de la iglesia regional, el concilio de la JNI regional podrá organizar liderazgo de la JNI en las áreas dentro de la estructura regional existente, para coordinar y llevar al máximo el ministerio de la JNI en toda la región.

2. Un concilio de la JNI de área podrá ser creado para asumir la responsabilidad de ministerios y actividades específicos en el área.

3. Un presidente o representante electo de cada área podrá servir en el concilio de la JNI regional, si así lo especifica el comité electoral regional.

### 810.161 Personal asalariado

1. El director regional designará las responsabilidades del coordinador de la JNI regional, en consulta con el concilio consultivo regional y el concilio regional de la JNI.

2. El concilio de la JNI regional y el coordinador de la JNI regional trabajarán en colaboración y armonía mutuas.

### Reuniones

### 810.162 Reuniones de la JNI regional

1. Una variedad de reuniones de la JNI ayudará a proveer un ministerio eficaz entre los jóvenes de la región.

2. La JNI regional también apoyará y realzará el ministerio de la JNI de distrito al reunirse con grupos de la JNI de distrito en toda la región a fin de capacitarlos para un ministerio eficaz.

3. La JNI regional participará en reuniones de la JNI Global que realcen el ministerio eficaz entre los jóvenes en toda la región.

### 810.163 Reuniones del concilio de la JNI regional

1. El concilio de la JNI regional se reunirá con regularidad para cumplir la misión y visión de la JNI regional.

2. Las reuniones del concilio podrán ser programadas o convocadas por el presidente de la JNI regional, el director regional (si se aplica), un oficial de la JNI Global o el director de la JNI.

### 810.164 Comité electoral regional

1. El comité electoral regional será convocado durante la convención de la JNI Global. El comité electoral regional hará provisión para sesiones y programas inspiradores para el avance del ministerio entre los jóvenes de toda la región. Durante la reunión del comité electoral se recibirán informes, se elegirán líderes, y se tratará cualquier asunto legislativo relacionado con la obra de la JNI en la región. El comité electoral regional también nomina hasta dos nombres para cada puesto de miembro vocal juvenil en el concilio de la JNI Global, de acuerdo con el Plan de Ministerio Global.

2. El concilio de la JNI regional, en colaboración con el concilio de la JNI Global, hará los arreglos pertinentes y supervisará al comité electoral regional.

3. El comité electoral regional se compondrá de los miembros del concilio de la JNI regional, el director regional y/o el coordinador de la JNI regional (si se aplica), y los delegados de la región ante la convención de la JNI Global que sean electos, de acuerdo con el Plan de Ministerio Global.

4. El comité electoral regional se reunirá durante la convención de la JNI Global a la hora y en el lugar designados por el concilio de la JNI Global. Cuando sea aprobado por el concilio de la JNI regional, el director regional (si se aplica), y el concilio de la JNI Global, se podrá convocar un comité electoral regional por correo postal o electrónico dentro de seis meses antes de la convención de la JNI Global a fin de que se puedan tratar los asuntos de la JNI regional cuando las circunstancias no permitan que la mayoría de los delegados electos asistan a la convención de la JNI Global.

## Ministerios

### 810.165 Evangelismo

La JNI regional desarrollará e implementará una variedad de ministerios continuos y eventos especiales para alcanzar a los jóvenes para Cristo.

### 810.166 Discipulado

La JNI regional desarrollará e implementará una variedad de ministerios continuos y eventos especiales para edificar y desafiar a los jóvenes a crecer como discípulos de Cristo en devoción personal, adoración, compañerismo, ministerio y guiando a otros hacia Cristo.

### 810.167 Desarrollo de liderazgo

La JNI regional desarrollará e implementará una variedad de ministerios continuos y eventos especiales para guiar y capacitar a los jóvenes a fin de que lleguen a ser líderes para Cristo y su iglesia.

**Revisiones**

### 810.168 Provisiones

1. El plan de ministerio regional provee un formato estándar para la organización, función y liderazgo de la JNI a nivel regional. La JNI regional podrá adaptar y modificar el plan en respuesta a las necesidades del ministerio entre los jóvenes de la región, de acuerdo con el Estatuto de la Juventud Nazarena Internacional y el Manual de la Iglesia del Nazareno.
2. Cualquier área que no estuviera cubierta por este plan de ministerio quedará bajo la autoridad del concilio de la JNI regional.

### 810.169 Proceso

1. El concilio de la JNI regional, en colaboración con el director regional (si se aplica), establecerá y darán a conocer el proceso para adaptar y modificar el plan de ministerio regional y deberán aprobar las revisiones propuestas antes de presentarlas ante el comité electoral regional.
2. Las revisiones propuestas del plan de ministerio regional deberán ser distribuidas por escrito a los concilios de la JNI de distrito antes de la reunión del comité electoral regional en la convención de la JNI Global.
3. Las revisiones deberán ser aprobadas por un voto de dos terceras partes de todos los delegados y miembros presentes y con derecho a voto en el comité electoral regional y estarán sujetas a la aprobación del director regional y del concilio consultivo regional (si se aplica).
4. Todo cambio en el plan de ministerio regional entrará en vigor no más de 90 días después de la convención de la JNI Global. El documento revisado deberá distribuirse por escrito antes de que éste entre en vigor.

## D. PLAN DE MINISTERIO GLOBAL

**Membresía y enfoque en el ministerio**

### 810.200 Composición y rendición de cuentas

1. Todos los grupos locales de la JNI, ministerios de la JNI distrital y regional y sus miembros constituyen la Juventud Nazarena Internacional a nivel global.
2. La JNI Global responde ante la membresía de la JNI, ante el superintendente general en jurisdicción de la JNI, y ante el Comité

de Ministerios Internacionales de Escuela Dominical y Discipulado y la JNI de la Junta General.

3. La JNI Global informa anualmente ante la Junta General por medio del Comité de Ministerios  Internacionales de Escuela Dominical  y Discipulado y la JNI, y da su informe cada cuatrienio ante la convención de la JNI Global y ante la asamblea general de la Iglesia del Nazareno.

4. El director de la JNI tiene la responsabilidad de la coordinación y supervisión general del desarrollo del ministerio entre la juventud de la Iglesia del Nazareno a través de la Juventud Nazarena Internacional.

5. Las oficinas de la JNI de todo el mundo trabajan en conjunto con el concilio de la JNI Global para la implementación eficaz del ministerio entre los jóvenes de la Iglesia del Nazareno a nivel global.

**810.201 Enfoque de ministerio**

1. El ministerio de la Juventud Nazarena Internacional se enfoca en los jóvenes de 12 años de edad en adelante, estudiantes universitarios y jóvenes adultos. Los concilios de la JNI regional, distrital y local podrán modificar el enfoque del ministerio según lo consideren necesario, de acuerdo con el plan de ministerio de ese nivel.

2. Con fines de representación y programación, la Juventud Nazarena Internacional a nivel global establecerá tres divisiones — adolescentes, jóvenes, y universitarios/jóvenes adultos— para ofrecer un ministerio eficaz entre los jóvenes a nivel global.

**Liderazgo**

**810.202 Oficiales**

1. Los oficiales electos de la JNI Global serán un presidente y un vicepresidente.

2. Los oficiales de la JNI Global deberán ser miembros de la JNI y de la Iglesia del Nazareno, estar activos en el ministerio entre los jóvenes y ser líderes en ejemplo personal y ministerio.

3. Los oficiales de la JNI Global servirán sin sueldo. El financiamiento de los gastos administrativos de los oficiales de la JNI global será asignado como parte de los fondos de la JNI.

4. Un oficial de la JNI Global podrá fungir en su cargo sólo por un período completo.

**810.203 Elecciones**

1. Los oficiales de la JNI Global serán electos por la convención de la JNI Global. Los oficiales electos servirán por un período de cuatro años, desde la clausura de la asamblea general hasta la clausura de la siguiente asamblea general.

2. Los comités electorales regionales en la convención de la JNI Global nominarán a los oficiales de la JNI Global. Un comité electoral podrá presentar dos nominaciones por cada cargo, seleccionados por voto mayoritario del comité electoral regional. Los oficiales entonces serán electos por cédula y por voto de mayoría absoluta de la convención entre los nominados presentados por cada comité electoral regional.

3. Se declara una vacante en el puesto de presidente o vicepresidente de la JNI Global cuando él/ella renuncia a su cargo o es destituido del cargo por voto mayoritario de dos terceras partes del concilio de la JNI Global debido al descuido de sus responsabilidades o conducta impropia. En caso de presentarse una vacante entre los oficiales de la JNI Global durante el cuatrienio, estas vacantes se llenarán de acuerdo con la siguiente secuencia:

   a. El comité ejecutivo del concilio de la JNI Global, en función de comité nominativo, presenta dos o más nominaciones al superintendente general en jurisdicción de la JNI;

   b. Después de consultar con la Junta de Superintendentes Generales, el superintendente general en jurisdicción lleva la cédula de nominaciones aprobadas al concilio de la JNI Global;

   c. La elección se da por un voto de dos terceras partes de los miembros del concilio de la JNI Global.

## 810.204 Responsabilidades

1. Las responsabilidades del presidente de la JNI Global incluyen:

   a. Proveer visión y liderazgo a la JNI en colaboración con el director de la JNI y líderes de la JNI y de la iglesia en cada nivel.

   b. Presidir las reuniones de la convención de la JNI Global y las reuniones del concilio de la JNI Global.

   c. Avanzar los intereses de la JNI Global y la obra de la JNI en todo el mundo.

   d. Representar a la JNI como miembro de la Junta General de la Iglesia del Nazareno, con la aprobación de la asamblea general después de la elección.

   e. Representar a la JNI como miembro de la asamblea general al terminar su período de servicio.

   f. Desempeñar otras responsabilidades según le sean asignadas por el concilio y la convención de la JNI Global.

2. Las responsabilidades del vicepresidente de la JNI Global incluyen:

   a. Cooperar con el presidente de todas las formas posibles para desempeñar un ministerio eficaz entre los jóvenes a nivel global.

   b. Asegurarse de que se conserven archivos precisos de todas las actas de la convención de la JNI Global y de todas las reuniones del concilio de la JNI Global para presentarlos ante la Junta General por medio del Comité de Ministerios Internacionales de Escuela Dominical y Discipulado y la JNI, y ante la asamblea general.

c. Presidir el concilio de la JNI Global, proveer representación suplente en cualquier junta o concilio, y cumplir con cualquier obligación designada en caso de que el presidente de la JNI esté ausente.

d. Dirigir la elección de un nuevo presidente de la JNI Global en caso de una vacante, o ayudar a alguna región en la elección de un nuevo presidente de la JNI regional. En caso de una vacante en el puesto del vicepresidente de la JNI Global, el presidente de la JNI Global cumplirá con esta función.

e. Desempeñar otras responsabilidades según le sean asignadas por el concilio y la convención de la JNI Global.

f. Presidir la reunión de los nuevos presidentes de la JNI regionales de E.U.A. electos durante la Convención de la JNI global para elegir dos representantes de E.U.A. ante el concilio de la JNI Global.

## 810. 205  Personal asalariado

1. El superintendente general en jurisdicción de la JNI, y la Junta General asignan la responsabilidad de la JNI Global al director de la JNI. El director de la JNI está sujeto a la supervisión de la Junta de Superintendentes Generales. La importancia del presidente de la JNI Global sigue igual, al proveer liderazgo adicional, apoyo y representación global de la JNI. El director de la JNI y el presidente de la JNI Global, en consulta con el superintendente general en jurisdicción de la JNI y el concilio de la JNI Global, trabajan en conjunto para definir cómo trabajarán juntos para beneficio del ministerio entre los jóvenes.

2. La Junta de Superintendentes Generales elige al director de la JNI. Cuando ocurra una vacante en la posición se llenará de acuerdo con la siguiente secuencia:

   a. El superintendente general en jurisdicción de la JNI hace la nominación del director de la JNI, en consulta con el Concilio de la JNI Global y la Junta de Superintendentes Generales.

   b. Después se presenta una cédula al concilio de la JNI Global para su aprobación por voto mayoritario. Se procede a presentar la cédula al Comité de Ministerios Internacionales de Escuela Dominical y Discipulado y la JNI de la Junta General para su aprobación por voto mayoritario, y finalmente a la Junta de Superintendentes Generales para su elección.

3. El concilio de la JNI Global aprueba por voto mayoritario la nominación, presentada por el superintendente general en jurisdic-

ción de la JNI, de un director de la JNI en funciones durante la primera reunión programada después de la asamblea general, quien después es aprobado por voto mayoritario del Comité de Ministerios Internacionales de Escuela Dominical y Discipulados y la JNI de la Junta General y electo por la Junta de Superintendentes Generales.

4. El director de la JNI no podrá servir como oficial electo de la JNI Global.

5. El director de la JNI sirve como ex officio en el concilio de la JNI Global, el Comité Ejecutivo, el Comité de E.U.A./Canadá, y otros comités de la JNI Global según sea nombrado.

## Concilio

### 810.206 Composición

1. El concilio de la JNI Global se compone de los oficiales de la JNI Global, el director de la JNI, todos los presidentes regionales de la JNI fuera de los Estados Unidos, y dos presidentes regionales de la JNI que representan regiones dentro de los Estados Unidos.

2. Tres miembros vocales jóvenes también sirven como miembros del Concilio de la JNI Global. Uno de los miembros vocales debe tener entre 12 y 14 años inclusive en el momento de su elección, otro entre 15 y 18 años inclusive en el momento de su elección, y otro más entre 19 y 23 años inclusive en el momento de su elección.

3. Los coordinadores regionales de la JNI y el coordinador de la JNI de Estados Unidos sirven como ex officio en el concilio de la JNI Global. El concilio de la JNI Global puede asignar a otras personas según considere necesario para servir como miembros del concilio sin derecho a votar.

4. Todos los miembros del Concilio de la JNI Global deberán ser miembros de la JNI y de la Iglesia del Nazareno.

### 810.207 Elecciones

1. Los presidentes regionales de la JNI son electos por voto mayoritario del comité electoral regional durante la convención de la JNI Global y son aprobados por un voto de mayoría absoluta de la convención. Se presentan por lo menos dos nombres al comité electoral por cada puesto. Cuando las circunstancias no permitan que la mayoría de los delegados electos asistan a la convención de la JNI Global se puede realizar una elección por cédula, por correo postal o electrónico, de los delegados electos de una región dentro de seis meses antes de la convención de la JNI Global, siempre y cuando sea aprobado por el concilio de la JNI Regional, el director regional (si se aplica) y el concilio de la JNI Global.

2. Un presidente de la JNI regional en funciones que ha servido por un periodo puede ser electo por voto de "sí" o "no", cuando dicho voto sea recomendado por el Concilio de la JNI regional y sea aprobado por un voto de dos terceras partes del comité electoral regional y por la convención. Ninguna persona puede servir en el puesto de presidente de la JNI regional por más de dos períodos completos.

3. Los miembros vocales jóvenes del concilio de la JNI Global son nominados por los comités electorales regionales durante la convención de la JNI Global. Cada comité electoral regional puede presentar hasta dos nominados para cada puesto, seleccionados por voto mayoritario del comité electoral regional. Se procede a elegir a los miembros vocales del concilio por voto mayoritario por cédula de la convención de las nominaciones presentadas. Ninguna persona puede servir como miembro vocal juvenil por más de un período.

4. Los miembros del concilio de la JNI Global sirven hasta la clausura de la siguiente asamblea general.

5. Ocurre una vacante entre los miembros del concilio de la JNI global cuando algún miembro renuncia, es destituido de su puesto por un voto de dos terceras partes del concilio de la JNI Global debido al descuido de sus responsabilidades o conducta impropia, o, en el caso de los presidentes regionales de la JNI, si cambia su domicilio o membresía de la iglesia fuera de la región o es removido de su puesto por el concilio de la JNI Regional. Si hay una vacante entre los miembros vocales juveniles, el concilio de la JNI Global llena la vacante por un voto de dos o más nominaciones presentadas por el comité ejecutivo, actuando como comité nominativo. Si hay una vacante en el puesto de presidente de la JNI regional durante el cuatrienio, la región elige a un nuevo presidente de la siguiente manera:

   a. Cuando es posible celebrar una reunión especial del concilio de la JNI regional se puede celebrar dicha reunión para la elección. Un comité nominativo de la JNI regional asignado por el vicepresidente de la JNI Global presenta por lo menos dos nominaciones al concilio de la JNI regional para la elección por un voto de dos terceras partes. Esta reunión especial es presidida por el vicepresidente de la JNI Global o la persona que él/ella haya asignado, o el director regional (si se aplica).

   b. Cuando no se pueda convocar a una reunión especial, el vicepresidente de la JNI Global puede llevar a cabo la votación por medio de correo postal, electrónico o por teléfono.

c. Si hay una vacante en el puesto de uno de los dos presidentes regionales de la JNI que representan a los Estados Unidos en el concilio de la JNI Global se puede llenar por voto mayoritario de los presidentes regionales de la JNI de los Estados Unidos.

### 810.208 Responsabilidades

1. El concilio de la JNI Global, en colaboración con el director de la JNI y el personal de la JNI, establece procedimientos para programas y eventos globales de la JNI y da dirección y apoyo al desarrollo de recursos para el ministerio entre los jóvenes en todos los niveles de la JNI, sujeto a la aprobación del superintendente general en jurisdicción de la JNI y la Junta General. Estos programas, eventos y recursos de ministerios de la JNI diseñados para alcanzar a los jóvenes para Cristo y responder a sus necesidades de crecimiento espiritual son facilitados por el director de la JNI y el liderazgo de la JNI de todo el mundo.

2. El concilio de la JNI Global provee un foro para apoyar y desarrollar programas, eventos y recursos eficaces para el ministerio juvenil a nivel regional, en armonía con la misión y visión de la JNI.

3. El concilio de la JNI Global provee una avenida para la representación de la JNI regional, distrital y local por medio de miembros del concilio ante el personal de la JNI. Los miembros del concilio también representan a la JNI Global al entablar contacto con sus regiones, distritos e iglesias locales a nombre del concilio de la JNI Global y la oficina de la Juventud Nazarena Internacional.

4. El concilio de la JNI Global ayuda en la planificación y administración de la convención de la JNI Global cuatrienal.

5. El concilio de la JNI Global brinda su aporte al área juvenil de la escuela dominical y ayuda a promover el crecimiento en la matrícula y asistencia de los jóvenes y la capacitación para maestros de escuela dominical y líderes de jóvenes de todo el mundo, en colaboración con Ministerios Internacionales de Escuela Dominical y Discipulado.

6. El concilio de la JNI Global analiza el presupuesto anual y gastos de la oficina de la JNI provistos por medio de la Junta General.

7. El concilio de la JNI Global dirige y analiza el gasto de fondos provistos por medio de eventos y asociaciones de la JNI sujetos a la aprobación del superintendente general en jurisdicción.

### 810.209 Comités

1. El comité ejecutivo se compondrá de los oficiales de la JNI global, el director de la JNI y tres miembros más del concilio elegidos por voto de mayoría absoluta del concilio. El comité ejecutivo podrá llevar a cabo los negocios del concilio de la JNI Global cuando no

sea práctico o posible reunir a todo el concilio. Todas las acciones del comité ejecutivo se comunicarán a los miembros restantes del concilio y estarán sujetas a la aprobación

2. El concilio de la JNI Global puede establecer comités para ministerios específicos, según sea necesario para avanzar su obra.

### 810.210  Personal asalariado

1. El director de la JNI está sujeto a la supervisión de la Junta de Superintendentes Generales e informará al comité global de servicios ministeriales. El concilio de la JNI Global podrá recomendar al superintendente general responsable de la JNI que revise estos deberes.

2. El director de la JNI, en consulta con el concilio de la JNI Global, designará las responsabilidades del personal asalariado de la JNI, incluyendo aquellos que sean asignados para servir en Estados Unidos y Canadá. El concilio de la JNI Global y el personal de la oficina de la JNI trabajarán en cooperación y armonía.

3. El director de la JNI, en consulta con el superintendente general responsable y el concilio de EUA/Canadá designarán al coordinador de JNI de EUA/Canadá. El coordinador de EUA/Canadá trabajará en cooperación con el concilio de EUA/Canadá.

4. Los coordinadores regionales de JNI fuera de los Estados Unidos y Canadá trabajarán en cooperación y armonía con el concilio de la JNI Global, el director de JNI y sus directores regionales.

5. El director de JNI no podrá servir como presidente de la JNI Global.

## Reuniones

### 810.211  Reuniones de la JNI Global

1. Para brindar un ministerio eficaz a los jóvenes, el ministerio de la JNI Global puede involucrar una variedad de reuniones de adoración, enseñanza, capacitación, compañerismo y evangelismo. El liderazgo de la JNI Global trabaja en conjunto con los líderes de la JNI regional, distrital y local para planificar el ministerio global, relacionado con grupos específicos, y dirigido hacia varias regiones, de manera que el ministerio entre los jóvenes en la Iglesia del Nazareno sea más eficaz.

2. Los líderes y el personal de la JNI Global están involucrados activamente con la JNI en cada nivel como recursos para el ministerio eficaz.

### 810.212  Reuniones del Concilio de la JNI Global

1. El concilio de la JNI Global se reúne anualmente para avanzar la misión y visión de la JNI. La fecha de la reunión se fija de acuerdo con la reunión anual de la Junta General.

2. Los oficiales de la JNI Global o el director de la JNI pueden convocar a reuniones especiales según sea necesario, en consulta con el superintendente general en jurisdicción de la JNI.

### 810.213 Convención de la JNI Global

1. La convención de la JNI Global cuatrienal proveerá sesiones y programas de inspiración para el avance del ministerio entre los jóvenes en todo el mundo. En la convención de la JNI Global se recibirán informes, elegirán líderes y tratarán cualquier asunto legislativo relacionado con la obra de la JNI.

2. La Junta de Superintendentes Generales establece la duración de la convención y los horarios en que se convoca, según las recomendaciones del concilio de la JNI Global al comité de programa de la asamblea general. Los oficiales de la JNI Global, el director de la JNI, y el personal y los coordinadores de la JNI supervisarán la convención, con la ayuda del concilio de la JNI Global.

3. Todo delegado de la convención de la JNI Global debe ser miembro de la Iglesia del Nazareno y de la Juventud Nazarena Internacional y debe tener 12 años de edad o más al momento de celebrarse la convención de la JNI Global. Además, cada delegado distrital de la JNI debe ser miembro de y vivir en el distrito que él/ella representa durante la convención.

4. La convención de la JNI Global está formada por los oficiales y los miembros vocales de la JNI Global, el director de la JNI, oficiales regionales ejecutivos debidamente electos (no más de tres), los coordinadores de la JNI de las regiones y de E.U.A./Canadá, los coordinadores de la JNI de área, nacionales y de distrito, y los delegados de la JNI de distrito, de la siguiente manera:

   a. Los distritos con 1,000 o menos miembros de la JNI pueden enviar los siguientes delegados:

      1) El presidente de la JNI de distrito en funciones durante la convención de la JNI Global;

      2) Un delegado ministerial activo en el liderazgo de la JNI quien es presbítero, diácono, o ministro licenciado asignado por el distrito;

      3) Un delegado laico de más de 23 años de edad al momento de celebrarse la convención de la JNI Global y que esté activo en el liderazgo de la JNI; y

      4) Un delegado joven entre 12 y 23 años de edad al momento de celebrarse la convención de la JNI Global y que esté activo en la JNI.

   b. Además, el distrito puede enviar un delegado ministerial, un delegado laico y un delegado joven entre 12 y 23 años de edad adicionales por cada 1,500 miembros adicionales de la JNI y/o la porción final mayor de 1,500 miembros (751-1,499).

c. El tamaño de la delegación del distrito se basa en el in-forme de membresía de la JNI de distrito a la asamblea de distrito en el año fiscal justo antes de la convención de la JNI Global.

d. Todos los delegados de distrito deben ser electos por cédula por voto mayoritario en una sesión de la convención de la JNI de Distrito dentro de los 18 meses antes de la convención de la JNI Global o dentro de 24 meses en áreas donde se necesiten visas o extensos preparativos. Los delegados suplentes pueden ser electos después de los delegados electos en otra cédula, de entre los nominados restantes, por voto de pluralidad, designando al primer suplente, segundo suplente, tercer suplente, etc., según el número de votos que reciban. Los delegados y los delegados suplentes deben ser electos antes del 31 de diciembre del año anterior a la convención de la JNI Global.

e. El presidente del cuerpo estudiantil de cada universidad o escuela teológica nazarena también puede servir como delegado, como representante de la asociación de la JNI con su institución. En caso de que no pueda prestar servicios o asistir, un representante seleccionado por el cuerpo de gobierno estudiantil podrá proveer representación suplente.

5. En el caso de distritos que no tuvieran una JNI organizada (donde no hay convención de la JNI de Distrito), la representación a la convención de la JNI Global puede estar compuesta por un delegado con edad para ser miembro de la JNI, escogido por la asamblea de distrito. En caso de que el delegado renuncie antes de la convención, la Junta Consultora de Distrito puede asignar a un delegado calificado.

6. La barra de elección de la convención de la JNI Global puede establecerse para facilitar que los delegados debidamente electos participen en la votación de la convención de la JNI Global. Esta votación puede realizarse por cualquier medio necesario.

7. Se convoca un comité electoral regional por cada región durante la convención de la JNI Global y está compuesto por el concilio de la JNI regional, el director regional y el coordinador regional de la JNI (si se aplica), y los delegados electos de la JNI de distrito de dicha región. [*]

4-1,750 miembros —3
1,751-3,250 miembros —6
3,251-4,750 miembros —9
4,751-6,250 miembros —12
6,251-7,750 miembros —15

---

[*] El número de delegados electos de una JNI de distrito no incluye delegados ex officio (presidente de la JNI de distrito, presidentes y coordinadores de la JNI regional, oficiales y miembros vocales globales de un distrito, etc.).

7,751-9,250 miembros —18

## Ministerios

### 810.214 Evangelismo

La Juventud Nazarena Internacional a nivel global desarrollará e implementará una variedad de ministerios continuos y eventos especiales para alcanzar a los jóvenes para Cristo.

### 810.215 Discipulado

La Juventud Nazarena Internacional a nivel global desarrollará e implementará una variedad de ministerios continuos y eventos especiales para edificar y desafiar a los jóvenes a crecer como discípulos de Cristo en devoción personal, adoración, compañerismo, ministerio y guiando a otros hacia Cristo.

### 810.216 Desarrollo de liderazgo

La Juventud Nazarena Internacional a nivel global desarrollará e implementará una variedad de ministerios continuos y eventos especiales para guiar y capacitar a los jóvenes a fin de que lleguen a ser líderes para Cristo y su iglesia.

## Revisiones

### 810.217 Provisiones

1. El Estatuto de la Juventud Nazarena Internacional y el Plan de Ministerio Global proveen la estructura para la organización, función y liderazgo de la JNI a nivel global. La convención de la JNI Global puede revisar el Estatuto de la JNI y el Plan de Ministerio Global en respuesta a las necesidades del ministerio entre los jóvenes en todo el mundo por medio de resoluciones presentadas. Toda enmienda al Plan de Ministerio Global debe estar de acuerdo con el Estatuto de la JNI y el Manual de la Iglesia del Nazareno.

2. Cualquier área que no esté cubierta por el Estatuto de la JNI o el Plan de Ministerio Global está bajo la autoridad del concilio de la JNI Global y el director de la JNI.

### 810.218 Proceso

1. El concilio de la JNI Global, en colaboración con el director de la JNI, establecerá y dará a conocer el proceso para enmendar el Plan de Ministerio Global y el Estatuto de la Juventud Nazarena Internacional por medio de resoluciones presentadas.

2. Dichas resoluciones podrán ser presentadas por cualquier concilio de la JNI de distrito, cualquier concilio de la JNI regional, el concilio de la JNI Global, o por lo menos seis delegados ante la convención de la JNI Global que apoyen una resolución. Las resolu-

ciones deberán ser presentadas en la forma adecuada de resoluciones y deberán ser recibidas antes de la fecha establecida.

3. La oficina de la JNI deberá recibir todas las resoluciones por lo menos 30 días antes de la reunión anual del concilio de la JNI Global en el mismo año de la convención de la JNI Global.

4. Las resoluciones deberán ser distribuidas por escrito a los delegados de la convención de la JNI Global antes de dicha convención.

5. Las resoluciones serán primeramente consideradas por el concilio de la JNI Global y por un comité de resoluciones de la convención de la JNI Global, compuesto por un máximo de dos delegados de la JNI asignados de cada región por el concilio de la JNI Regional. Las resoluciones que reciban un voto de mayoría absoluta de cualquiera de los dos cuerpos para recomendar su aprobación serán después consideradas por la convención.

6. Las resoluciones deberán ser aprobadas por un voto de dos terceras partes de todos los delegados presentes y con derecho a voto en la convención de la JNI Global.

7. Todos los cambios aprobados en el Estatuto de la Juventud Nazarena Internacional y el Plan de Ministerio Global entrarán en vigor no más de 90 días después de la convención de la JNI Global. El documento modificado deberá ser distribuido por escrito antes de que entre en vigor.

# CAPÍTULO II

## 811. CONSTITUCIÓN DE MISIONES NAZARENAS INTERNACIONALES

### Artículo I. Nombre

El nombre de esta organización será Misiones Nazarenas Internacionales (MNI) de la Iglesia del Nazareno

### Artículo II. Propósito

El propósito de esta organización será movilizar a la iglesia mediante la oración, el discipulado, la ofrenda y la educación.

### Artículo III. Estructura

**Sección 1. Local**

Misiones Nazarenas Internacionales (MNI) local será una organización de la iglesia local y debe trabajar en cooperación con el pastor y con la junta de la iglesia por medio del concilio local de MNI.

Una MNI local puede escoger tener uno o más grupos para promover el propósito de MNI (por ejemplo: clases de Escuela Dominical/estudios bíblicos/grupos pequeños, iglesia infantil, grupos de jóvenes, células, énfasis misioneros especiales, etc.). Tales grupos y el nombramiento/elección de oficiales deben ser autorizados por el concilio local de MNI con la aprobación del pastor y los líderes respectivos relacionados.

**Sección 2. Distrito**

Misiones Nazarenas Internacionales de distrito (MNI) deberá ser una organización del distrito y trabajar en cooperación con el superintendente de distrito, la Junta Consultora de Distrito, y otros líderes distritales relacionados por medio del concilio de MNI de distrito.

Todas las organizaciones locales de MNI dentro de los límites del distrito deberán constituir la MNI de distrito.

**Sección 3. Global**

Misiones Nazarenas Internacionales a nivel global (MNI) deberá ser una organización de la iglesia del Nazareno y trabajar en cooperación con el Concilio Global de MNI, la oficina de Misión Global, el Comité Global de Servicios de Ministerio de la Junta General y el superintendente general en jurisdicción.

## Artículo IV. Membresía

A. Miembros: cualquier persona que sea miembro de la Iglesia del Nazareno y que apoye el propósito de Misiones Nazarenas Internacionales (MNI) puede ser miembro de MNI en esa iglesia local.
   1. Votar y ocupar cargo se limitará a los miembros que tengan 15 años de edad o más, excepto en los departamentos de niños y jóvenes.
   2. A menos que se indique de otra manera en esta constitución, cuando se haga referencia a "miembros", éstos serán los miembros de MNI que sean miembros de la iglesia.
B. Miembros asociados: cualquier persona que no sea miembro de la Iglesia del Nazareno y que apoye el propósito de MNI puede ser un miembro asociado de MNI.

## Artículo IV. Concilios y oficiales

### Sección 1. Concilio local

A. Propósito: El concilio local debe promover el propósito de Misiones Nazarenas Internacionales (MNI) en la iglesia local.
B. Composición
   1. El concilio debe tener cuatro oficiales: un presidente, un vicepresidente, un secretario y un tesorero.
   2. Los miembros del concilio serán responsables de movilizar a la iglesia mediante la oración, el discipulado, la ofrenda y la educación. Un miembro del concilio puede tener más de un cargo pero sólo tendrá un voto.
   3. El comité ejecutivo deberá formarse por el pastor (ex officio) los oficiales de MNI y otros dos miembros del concilio.
   4. Cualquier miembro del concilio de distrito de MNI será un miembro ex officio de MNI local con la aprobación del concilio local de MNI.
C. Nominaciones, elecciones, nombramientos, y vacantes
   1. Nominaciones: el concilio debe ser nominado por el comité de no menos de tres y no más de siete miembros de MNI. El pastor debe designar al comité nominativo y servir como presidente del comité. Todos los nominados deben ser miembros de MNI de la iglesia local de la Iglesia del Nazareno.
   2. Elecciones: Los oficiales y un mínimo de dos miembros del concilio serán electos en la reunión anual y comenzarán a servir en el primer día del nuevo año eclesiástico después de la elección. Si la iglesia local tiene un único tesorero para todas las cuentas de la iglesia, incluyendo el dinero de MNI, y quien fue electo por la junta de la iglesia, dicha persona será el tesorero de MNI como miembro ex officio del concilio local de

MNI, con todos los derechos y responsabilidades, a menos que el concilio local especifique lo contrario.

a. Presidente

    (1) El comité nominativo sugerirá uno o más nombres para el cargo de presidente, sujeto a la aprobación de la junta local.

    (2) los nominados en funciones pueden ser reelectos por el voto de "sí" o "no" cuando tal elección sea recomendada por el comité nominativo y aprobada por el pastor.

    (3) El presidente será electo por cédula por un voto de mayoría absoluta de los miembros presentes y votantes por el periodo de uno o dos años eclesiásticos. El concilio de MNI y el pastor deben recomendar el periodo de servicio.

b. Cada uno del resto de oficiales serán electos por cédula para el servicio de uno o dos años. La extensión de tiempo de servicio será recomendada por el concilio de MNI y por el pastor, por

    (1) Un voto de mayoría simple; o

    (2) Un voto de "si" o "no", cuando el voto sea recomendado por el comité nominativo y aprobado por el pastor.

c. los miembros adicionales del concilio, cuya extensión de servicio será por un año, pueden ser:

    (1) Electos para responsabilidades específicas, o

    (2) Electos para el concilio general con responsabilidades que serán determinadas posteriormente, o

    (3) Nombramientos del comité ejecutivo.

d. Los delegados y los delegados alternos a la convención de distrito serán electos por cédula en la reunión anual por mayoría simple de votos. Los delegados alternos serán electos en cédula separada o por la recomendación del concilio local en la misma cédula de los delegados. (Vea Artículo VI, Sección 2, A.3 para determinar el número de delegados).

3. Nombramientos: en consulta con el pastor, los miembros adicionales del concilio serán nombrados por el comité ejecutivo por un periodo de servicio de un año eclesiástico y comenzarán a servir el primer día del nuevo año eclesiástico o en cualquier momento después de haber sido nombrado.

4. Vacantes

a. Presidente: el comité ejecutivo sugerirá uno o más nombres con la aprobación de la junta de la iglesia. La elección será por cédula por mayoría absoluta de votos de los miembros de MNI en cualquier reunión o reunión especial.

   b. Otros miembros del comité ejecutivo: El comité ejecutivo sugerirá uno o más nombres. La elección será por cédula por mayoría simple de votos de los miembros de MNI local en cualquier reunión regular o una reunión especial. Si la iglesia local tiene un único tesorero para todas las cuentas de la iglesia, esa vacante será cubierta por la junta de la iglesia.

   c. Otros miembros del concilio: El comité ejecutivo cubrirá cualquier vacante por medio de un nombramiento.

D. Responsabilidades de los miembros del concilio

  1. Presidente

    a. Dirigir la tarea de MNI en la iglesia local.

    b. Presidir todas las reuniones regulares y espaciales de MNI.

    c. Promover o delegar responsabilidades para todos los énfasis no asignados por elección o por acción del concilio.

    d. Preparar un presupuesto anual para la aprobación del concilio local de MNI y de la junta local.

    e. Presentar informes anuales escritos a MNI local, a la reunión anual, al pastor de la iglesia local, y al secretario de distrito de MNI.

    f. Servir como miembro ex officio de la junta local, de la junta de Ministerios Internacionales de Escuela Dominical y Discipulado, de la convención de distrito de MNI y de la asamblea de distrito. En caso de que la esposa del pastor sirva como presidente local, y si ella no desea servir en la junta de la iglesia, el/la vicepresidente está autorizado para servir en la junta de la iglesia en lugar de la presidente.

  2. Vicepresidente

    a. Desarrollar todas las tareas del/la presidente cuando él/la presidente esté ausente.

    b. Servir en otras áreas como sean asignadas por el concilio de MNI.

  3. Secretario

    a. Se encarga de la correspondencia de MNI, guarda los registros de estadísticas y archiva las actas de todas las reuniones de negocios.

    b. Conserva una lista completa de todos los miembros de MNI.

  4. Tesorero

    a. Lleva un control preciso de todos los fondos recibidos y gastados.

    b.   Se asegura que todas las ofrendas sean enviadas a os tesoreros asignados en el tiempo apropiado.

    c.   Le provee al concilio y, en casos en que aplique, al tesorero de la iglesia local con todos los informes.

  5.   Comité ejecutivo

    a.   Nombra a los miembros adicionales del concilio o llena las vacantes del concilio.

    b.   Se encarga de los negocios entre las reuniones de concilio.

    c.   Nomina dos o más personas para presidente si ocurre una vacante entre reuniones anuales.

  6.   Otros miembros del concilio

    a.   Promueven los énfasis y/o responsabilidades que les sean asignados (véase Manual de MNI).

## Sección 2: Concilio de Distrito

A.   Propósito: El concilio de distrito debe promover el propósito de Misiones Nazarenas Internacionales dentro del distrito.

B.   Composición

  1.   El concilio debe tener cuatro oficiales: un presidente, un vicepresidente, un secretario, y un tesorero.

  2.   Los miembros del concilio serán responsables de movilizar a la iglesia mediante la oración, el discipulado, la ofrenda y la educación. Un miembro del concilio puede tener más de un cargo pero tendrá solamente un voto

  3.   El comité ejecutivo estará compuesto por el superintendente de distrito, los oficiales de MNI y tres miembros más del concilio.

C.   Nominaciones, elecciones, nombramientos y vacantes

  1.   Nominaciones: El concilio será nominado por un comité de no menos de cinco (5) miembros de MNI. El superintendente de distrito fungirá como el presidente del comité para la nominación del presidente de distrito. Después de la aprobación del superintendente de distrito, el presidente de MNI servirá de presidente del comité nominativo para las otras nominaciones. Todos los nominados serán miembros de MNI de la Iglesia del Nazareno local en el distrito donde servirán.

  2   Elecciones: El presidente y por lo menos cuatro miembros adicionales del concilio, uno de los cuales será designado como vicepresidente, serán electos por cédula en la convención anual de distrito. (Estos cuatro cargos no incluyen al secretario y tesorero. Vea el Artículo V, Sección 2, C.2.c.) El periodo de servicio será de uno o dos años eclesiásticos. Un año eclesiástico el que transcurre desde la terminación de la convención de

distrito hasta la terminación de la próxima convención de distrito.

a.  Presidente

   (1) El comité nominativo sugerirá por lo menos dos o más nombres para el cargo de presidente excepto cuando se nomine un presidente para ser reelecto para otro término.

   (2) Los nominados en funciones pueden ser reelectos por un voto de "sí" o "no" cuando dicha elección sea recomendada por el concilio de distrito y aprobada por el superintendente de distrito.

   (3) El presidente será electo por el voto favorable de dos terceras partes de los miembros presentes y votantes por un termino de servicio de uno o dos años eclesiásticos o hasta que su sucesor sea electo. El concilio de distrito de MNI y el superintendente de distrito recomendarán la duración del periodo de servicio.

b.  El vicepresidente será electo por cédula por una de las siguientes formas:

   (1) Para la responsabilidad específica con dos nombres presentados para el cargo; o

   (2) Al concilio general con cargos específicos dentro del concilio, mismos que serán determinados por el concilio; o

   (3) Un voto de "sí" o "no" con la recomendación del comité nominativo y la aprobación del superintendente de distrito.

c.  El secretario y el tesorero deben ser electos por cédula por:

   (1) La convención de distrito. Con la recomendación del comité nominativo y la aprobación del superintendente de distrito, la elección podrá ser por un voto de "sí" o "no" por uno o dos años eclesiásticos; o

   (2) El nuevo concilio de distrito electo con la recomendación del comité nominativo y la aprobación del superintendente de distrito. Con la recomendación del comité nominativo y la aprobación del superintendente de distrito, la elección podrá ser por un voto de "sí" o "no" por uno o dos años eclesiásticos.

   (3) Si el distrito tiene un único tesorero responsable de los fondos distritales, incluso el dinero de MNI, esa persona será el tesorero como miembro ex officio del concilio distrital de MNI con todos los derechos y responsabilidades, a menos que se especifique lo contrario por el concilio distrital.

d. Tres miembros del concilio, además de los oficiales, serán electos por voto para una o dos convenciones anuales con sus responsabilidades a ser determinadas por el concilio. El comité nominativo y el superintendente de distrito recomendarán la duración del tiempo de servicio.

e. Los miembros adicionales del concilio, incluyendo los coordinadores de zona o de área de MNI podrán ser:

(1) electos para cumplir con responsabilidades específicas; o

(2) electos para servir en el concilio general con sus responsabilidades a ser determinadas posteriormente por el concilio; o

(3) designados por el comité ejecutivo o por el concilio de distrito, como lo determine el comité ejecutivo.

El tiempo de servicio será de uno o dos años eclesiásticos. El comité nominativo y el superintendente de distrito recomendarán el periodo de servicio.

f. Representantes de Jóvenes

(1) La convención de distrito elegirá por voto a uno y no más de dos miembros jóvenes para el concilio de distrito; o

(2) El nuevo concilio electo de distrito puede elegir a uno y no más de dos jóvenes miembros para el concilio de distrito.

(3) Las nominaciones serán solicitadas al comité ejecutivo de distrito de la Juventud Nazarena Internacional.

(4) El periodo de servicio será por un año eclesiástico.

g. Los tres miembros de comité ejecutivo, además de los oficiales, serán electos por cédula por el concilio de distrito por un término de servicio de un año eclesiástico o hasta que sus sucesores sean electos.

3. Nombramientos: En consulta con el superintendente de distrito, los miembros adicionales del concilio pueden ser nombrados por el comité ejecutivo o por el concilio de distrito, como lo determine el comité ejecutivo.

4. Vacantes

a. Presidente: El comité ejecutivo sugerirá dos nombres. La elección se realizará por cédula por voto de mayoría absoluta del concilio de distrito presente y votante. La persona electa servirá hasta la clausura de la próxima convención de distrito.

b. Otros miembros del concilio: El comité ejecutivo o concilio de distrito llenará cualquier vacante por nombramiento. Los nuevos miembros nombrados al concilio servirán hasta la clausura de la próxima convención de distrito.

    c.   Tesorero unificado: Si el distrito tiene un único tesorero, esa vacante será cubierta por la junta consultora de distrito.

D.  Deberes de los miembros del concilio

    1.   Presidente

        a.   Dirige la tarea de MNI de distrito.

        b.   Preside en todas las reuniones del concilio de distrito, del comité ejecutivo, y la convención de distrito.

        c.   Promueve, o delega responsabilidades para los énfasis no asignados por elección o acción del concilio.

        d.   Prepara un presupuesto anual para ser aprobado por el comité de finanzas de distrito.

        e.   Presenta anualmente un informe escrito a la convención de distrito de MNI y al representante regional ante el concilio General de MNI.

        f.   Sirve como miembro ex officio del comité de distrito que se menciona en el párrafo 207 del Manual.

    2.   Vicepresidente

        a.   Realiza todos los deberes del presidente cuando el presidente esté ausente.

        b.   Sirve en otras áreas según le hayan sido asignadas por el concilio de MNI de distrito.

    3.   Secretario

        a.   Se encarga de la correspondencia de MNI y deja constancia de las actas de todas las sesiones de negocios.

        b.   Envía anualmente los formularios de los informes a los presidentes de MNI locales.

        c.   Recopila las estadísticas y le presenta un informe anual al presidente de distrito, al director global de MNI, al representante del Concilio global y donde sea aplicable al coordinador de programa de MNI en regiones de Misión Mundial.

    4.   Tesorero

        a.   Guarda exacta contabilidad de todos los fondos recibidos y gastados.

        b.   Envía fondos a los tesoreros designados en el tiempo correcto.

        c.   Provee informes regulares detallados al concilio de distrito y prepara un informe anual para la convención de distrito.

        d.   Se encarga junto con el personal de distrito apropiado de la auditoria anual de los libros de tesorería de MNI de distrito.

5. Comité ejecutivo
   a. Nombra a miembros adicionales al concilio de distrito o llena las vacantes en el concilio.
   b. Lleva a cabo los negocios entre las reuniones de concilio.
   c. Nomina a dos personas para presidente si hubiera una vacante entre las convenciones anuales.
6. Otros miembros del concilio
   a. Promueven el énfasis y/o responsabilidades que les fueron asignadas (vea el Manual de MNI).

## Sección 3: Concilio general

A. Propósito: El Concilio Global de MNI promoverá el propósito de Misiones Nazarenas Internacionales.
B. Composición
   1. El concilio de MNI Global estará formado por Director de Misión Global, el director global de MNI, el presidente global de MNI, y un representante de cada región en la Iglesia del Nazareno.
   2. El comité ejecutivo estará formado por el director de Misión Global, el director global de MNI, el presidente global de MNI, el vicepresidente global de MNI, el secretario global de MNI y otro miembro del concilio.
C. Nominaciones, elecciones, y vacantes
   1. Nominación y elección del director global
      a. El director global será nominado por el director de la oficina de Misión Global en consulta con el superintendente general en jurisdicción para la oficina de Misión Global
      b. El concilio global aprobará la nominación del director global por un voto por cédula de mayoría absoluta.
      c. El comité de misión global de la Junta General aprobará la nominación por mayoría absoluta de votos por cédula y recomendará la nominación a la Junta de Superintendentes Generales.
      d. La Junta de Superintendentes Generales elegirá al director global.
   2. Nominación y elección del presidente global
      a. Un comité nominativo compuesto por el director global, tres representantes regionales del concilio global y cinco miembros que no sean del concilio global serán nombrados por el comité ejecutivo. No habrá dos miembros del comité nominativo que sean de la misma región.
      b. El director global fungirá como presidente del comité nominativo.

c.  El comité presentará los nombres de dos y no más de tres personas para presidente general. Los nominados serán aprobados por la Junta de Superintendentes Generales.

d.  De estos nominados, la Convención Global elegirá a un presidente global  por el voto por cédula de las dos terceras partes.

e.  El presidente global servirá por un periodo de cuatro años, desde la clausura de la Convención Global hasta la clausura de la siguiente Convención Global o hasta que su sucesor sea electo y acreditado.

f.  El presidente global estará limitado a servir por dos periodos de servicio completos. Un periodo de servicio es un cuatrienio. Si una persona es electa para llenar una vacante en el cargo, esa persona también es elegible para servir por dos periodos completos.

3.  Nominaciones y elecciones de los miembros del concilio global

a.  Cada concilio de distrito de MNI presentará uno o dos nombres de su región a la Oficina Global de MNI como su representante regional para una cédula nominativa.

(1) Estas personas deben ser miembros y residentes de la región que representarán. (Excepto en el caso en que un miembro del concilio se mude de esa región dentro de los 6 meses anteriores a la próxima convención global).

(2) Esta provisión no se aplica a ninguna persona que viva cerca de los linderos del distrito donde está la iglesia a la que asiste regularmente y cuya residencia está al otro lado de la línea divisoria.

b.  De estos nombres en la cédula nominativa, cada región en sesión de comité electoral durante la convención de MNI global elegirá por cédula a dos nominados. Los dos con el número más alto de votos serán declarados como los nominados; sin embargo, los dos nominados no serán del mismo distrito. Si esto sucede, la persona con la segunda mayor cantidad de votos será reemplazada por la persona con la siguiente mayor cantidad de votos de un distrito diferente.

c.  La región en comité electoral entonces elegirá una persona por mayoría absoluta de votos para representar a la región en el Concilio General.

d.  Los miembros del concilio servirán desde la clausura de la convención global hasta la clausura de la siguiente convención global o hasta que sus sucesores sean electos y acreditados.

e.   El periodo de servicio será limitado a dos términos completos. Un término de servicio será de un cuatrienio. Si una persona es electa para llenar la vacante de un miembro del concilio global, esa persona también es elegible para servir dos periodos completos.

4.   Nominaciones y elecciones del comité ejecutivo

a.   El concilio global en su primera sesión deberá nominar y elegir a un vicepresidente, a un secretario y a un miembro adicional para el comité ejecutivo

b.   La elección será por cédula por mayoría absoluta de votos de los presentes y votantes.

5.   Nominaciones y elecciones de los representantes de MNI ante la Junta General

a.   El concilio global nominará dos miembros del concilio para representar a MNI en la Junta General de la Iglesia del Nazareno.

b.   La asamblea general elegirá el representante de MNI por cédula

6.   Vacantes

a.   Si ocurre una vacante en el cargo de presidente global entre las convenciones globales se elegirá a un nuevo presidente de los nominados seleccionados por el comité ejecutivo, en consulta con el superintendente general en jurisdicción por el voto de las dos terceras partes del concilio global. La persona llevará a cabo los deberes del presidente global hasta la clausura de la próxima convención global. El concilio global en consulta con el superintendente general en jurisdicción decidirá si convoca a elección para llenar la vacante.

b.   Si ocurriera una vacante en el concilio en un periodo entre convenciones globales, a cada comité ejecutivo de distrito en la región concerniente se le requerirá presentar una nominación de la región al comité ejecutivo global. De esos nombres, el comité ejecutivo global presentará dos nombres como nominados. La vacante entonces será cubierta por mayoría absoluta de votos de los presidentes de MNI de distrito en la región. El concilio global en consulta con el superintendente general en jurisdicción decidirá si convoca a elección para llenar la vacante.

c.   Si ocurriera una vacante en el cargo de director global se seguirá el mismo proceso para la nominación y elección del director global (véase Artículo V. Sección 3. C. 1).

    d. Si ocurriera una vacante en el comité ejecutivo en un periodo entre convenciones globales, el concilio global nominará a dos personas. La vacante será cubierta por mayoría absoluta de votos por cédula del concilio global de MNI.

    e. Si ocurriera una vacante entre los representantes de MNI a la Junta General, el comité ejecutivo presentará dos nominaciones luego de consultar con el superintendente general en jurisdicción y con la aprobación de la Junta de Superintendentes Generales. El concilio global de MNI elegirá al representante de la Junta General por mayoría absoluta de votos.

D. Deberes

  1. Miembros del concilio global

    a. Cooperar con el director global de MNI en el desarrollo de políticas y programas de MNI.

    b. Promover el programa total de MNI en las regiones geográficas que representan.

    c. Presentar un informe del trabajo de MNI en la región en cada reunión del concilio global.

    d. Nominar a dos miembros del concilio para que la asamblea general los elija como representantes de MNI en la Junta General.

    e. Actuar en cualquier legislación aprobada por la asamblea general que sea relevante a la representación regional.

    f. Elegir al vicepresidente, al secretario y a otro miembro del concilio al comité ejecutivo.

  2. Director global

    a. Sirve como oficial ejecutivo de MNI.

    b. Lleva adelante los intereses misioneros de MNI en todos los distritos alrededor del mundo en colaboración con el concilio global.

    c. Interpreta el *Manual* y Constitución de MNI.

    d. Dirige al personal y los negocios de la oficina global.

    e. Sirve como editor ejecutivo de todas las publicaciones de MNI.

    f. Dirige la recopilación y buen cuidado de todos los archivos e informes.

    g. Hace un informe anual de finanzas y de estadísticas para el concilio global, el Comité de Global de Servicios de Ministerio, la Junta General.

    h. Prepara un informe condensado de todos los negocios realizados en cada sesión del concilio para la aprobación del Comité Global de Servicios de Ministerio la Junta General.

i.   Dirige la organización y programa de la convención global en colaboración con el concilio global.

j.   Prepara el informe a la convención global, tanto financiero como estadístico, con una versión condensada mediante la oficina de Misión Global para la asamblea general.

k.   Sirve como miembro ex officio de la asamblea general.

3.  Presidente global

a.   Preside en las reuniones del concilio global, del comité ejecutivo, y la de la convención global.

b.   Promueve el propósito y programas de MNI.

4.  Vicepresidente

a.   Realiza las tareas del presidente cuando el presidente está ausente.

5.  Comité ejecutivo

a.   Conduce los negocios entre las reuniones del concilio.

b.   Presenta dos nominaciones para presidente global si ocurre una vacante entre las convenciones globales.

c.   Presenta dos nominados para  llenar las vacantes en el comité ejecutivo.

d.   Designa el comité nominativo para presidente global.

## Artículo VI. Reuniones

### Sección 1. Reuniones locales

A.  Mensual

Mensualmente se celebrarán una o más reuniones para información, inspiración, y oración misionera.

1.   Estas reuniones pueden ser servicios misioneros, oradores misioneros, lecciones misioneras, actividades misioneras y eventos, momentos misioneros, énfasis de MNI, etc.

2.   El presidente de MNI y su concilio trabajarán en cooperación con el pastor en la planeación de la educación misionera e involucrando a la iglesia local.

B.  Anual

1.   La reunión anual se celebrará dentro de los 30 días previos a la convención de Distrito para elegir al comité ejecutivo/concilio para el próximo año y los delegados para la convención de distrito.

2.   La votación y elección del concilio local se limitará a los miembros de MNI que tengan 15 o más años de edad.

C.  Reuniones del Concilio El concilio local se reunirá al menos trimestralmente para reportar, orar, planear, informar, evaluar, inspirar, y llevar a cabo el trabajo de la organización local. El quórum deberá ser el de la mayoría de los miembros del concilio.

## Sección 2. Reuniones distritales

A. Convención
 1. Se celebrará una convención anual de distrito para informar, orar, dar publicidad, inspirar, presentar planes y conducir negocios pertenecientes a la organización.
 2. El concilio de distrito en consulta con el superintendente de distrito decidirá la hora y lugar de la convención anual y se deberá llevar a cabo 30 días antes de la asamblea de distrito.
 3. Membresía
    a   Solamente los miembros del distrito respectivo serán elegibles para servir como delegados ex officio o delegados electos.
    b. Los miembros ex officio de la convención serán del Concilio de MNI; el superintendente de distrito, todos los ministros asignados y los ministros asociados de tiempo completo y con sueldo de las iglesias locales; los miembros laicos de la Junta Consultora de Distrito; los presidentes de MNI locales del año que termina, y los presidentes de MNI recién electos; o vicepresidentes si el presidente recién electo no puede asistir; un miembro del concilio global de MNI, ministros jubilados asignados; misioneros jubilados, y misioneros con asignación en licencia; y candidatos misioneros; y cualquier ex-presidente de distrito que resida en el distrito donde sirvió.
    c. Los delegados electos de cada iglesia local serán miembros de MNI (de 15 años de edad o mayores). El número de delegados electos se basará en la siguiente fórmula: dos delegados (excluyendo miembros asociados) de cada MNI local de 25 miembros o menos y un delegado adicional por cada 25 miembros adicionales o porción mayor en adelante. La membresía deberá basarse en el número reportado en la reunión anual de MNI cuando tengan lugar las elecciones. El comité local de nominación de MNI deberá nominar a todos los delegados.
 4. Los delegados presentes constituirán un quórum.
B. Concilio
 El concilio de distrito se reunirá al menos dos veces al año para realizar negocios en el tiempo que transcurra entre las convenciones anuales distritales. Una mayoría de miembros del concilio constituirá el quórum.

## Sección 3. Reuniones generales

A.  Convención

1.  Se celebrará una convención global de Misiones Nazarenas Internacionales inmediatamente antes de la asamblea general para reportar, orar, dar publicidad, inspirar, presentar planes, y conducir negocios pertinentes a la organización. Una mayoría de delegados registrados constituirá el quórum.

2.  El tiempo y el lugar de la convención será decidido por el concilio global en consulta con el superintendente general en jurisdicción. El concilio global de MNI deberá aprobar los lugares oficiales y deberá asegurar la implementación de los preparativos prácticos.

3.  Membresía

    a.  Los miembros ex officio de la convención global deben ser miembros del concilio global, coordinadores regionales de MNI, los presidentes de MNI de distrito, o en el caso que el presidente no pudiera asistir, se permitirá al vicepresidente representar a ese distrito y el presidente de MNI de cada distrito de Fase 1, o si el presidente no puede asistir, el presidente, con la aprobación del superintendente de distrito puede designar un alterno para ser delegado.

    b.  Los delegados y los sustitutos a la convención global deberán ser electos para la convención de distrito por cédula. Los sustitutos pueden ser electos en una cédula aparte o por la recomendación del concilio de distrito en las mismas cédulas que los delegados. Los delegados y alternos pueden ser electos por cédula por un voto de mayoría simple por cédula con la aprobación de dos terceras partes del voto de la convención de distrito y con la recomendación de la convención de distrito. (Ver el Artículo  VI, Sección 3.A, 3.c. para determinar el número de delegados y el tiempo de la elección).

    c.  Los delegados electos a la Convención General deben basarse en la siguiente formula: dos delegados de cada distrito Fase 3 y Fase 2 de menos de 1,000 miembros de MNI, excluyendo los asociados, y un delegado adicional por cada 700 miembros o fracción final mayor.  La membresía deberá basarse en los números reportados en la convención de distrito cuando tuvieron lugar las elecciones. El comité de nominación de distrito de MNI deberá nominar a los delegados. (Ver el párrafo 200.2 del *Manual* para buscar la definición de fases de distrito).

    d.  Un delegado misionero global por cada región de Misión Global de 50 o más misioneros, o dos delegados misioneros globales por cada región con 51 o más misioneros deben ser electos de entre los misioneros globales asignados sirviendo en esa región y por ellos mismos, por un método aprobado por la oficina del director global de MNI.

e.  Los delegados serán electos por cédula, por la convención de distrito dentro de los 16 meses previos a la convención global o dentro de los 24 meses previos en áreas donde se requieran visas u otros preparativos excepcionales.

f.  Todo delegado electo debe residir al momento de la convención global en el distrito donde él o ella tiene la membresía en el momento de la elección. Si un delegado electo se cambia de distrito pierde el privilegio de representar al distrito del que salió. Esta regla no se aplica a personas que vivan cerca de los linderos del distrito donde está la iglesia en la que tiene su membresía.

g.  En caso de que los delegados electos o los delegados sustitutos debidamente no puedan asistir a la convención global y este hecho sea conocido después de la última convención de distrito y antes de la convención global, entonces el concilio de distrito de MNI deberá nombrar a otros delegados sustitutos.

B.  Reuniones de concilio

1.  El concilio global recién electo en la convención global Puede reunirse antes del cierre de la asamblea general para organizarse y planificar.

2.  El concilio global se reunirá por lo menos tres veces durante el cuatrienio para tramitar negocios relacionados con la organización. La mayoría de los miembros del concilio constituirán el quórum.

### Artículo VII. Fondos

### Sección 1. Recabados por iglesias locales

A.  Fondo Para la Evangelización Mundial

1.  Todos los fondos recaudados para el Fondo para la Evangelización Mundial deberán ser enviados al tesorero general.

2.  El Fondo para la Evangelización Mundial (FEM) se debe recaudar de la siguiente manera:

a.  Ofrendas regulares para el FEM

b.  Ofrendas de Resurrección y Acción de Gracias

c.  La porción del FEM de las Ofrendas de Promesa de Fe

d.  Ofrendas de Oración y Ayuno

B.  Fondos aprobados especiales de misión

1. Se debe dar oportunidad para contribuir con los fondos aprobados especiales de misión más allá de las ofrendas del FEM.

2. Fondos adicionales de aprobados de misión especiales serán aprobados y autorizados por el personal correspondiente del CMG.

3. El concilio global de MNI autorizará todos los aprobados misioneros especiales que son promocionados y recogidos por medio de MNI a nivel global.

C. Fondos exclusivos

1. Ninguna parte del Fondo para la Evangelización Mundial y de los aprobados misioneros especiales se usará para gastos locales o de distrito ni para fines caritativos

D. Gastos locales

1. Los fondos para gastos locales serán provistos por MNI como lo determine el concilio local de MNI y aprobado por la junta local de la iglesia.

2. Una porción de los gastos locales se designarán para los gastos de los delegados a la convención de distrito.

## Sección 2. Recaudados por los Distritos

A. Gastos de distrito

1. Un fondo para gastos distritales será provisto por MNI como lo determine el concilio de MNI de distrito y lo apruebe el comité de finanzas de distrito.

2. Una porción de los fondos para gastos serán designados para pagar los gastos de los delegados distritales a la convención global.

3. El Fondo para la Evangelización Mundial y los aprobados misioneros especiales no deberán usarse para gastos de distrito.

## Sección 3. Remuneración

A. El ministerio de MNI debe ser un servicio de amor a la iglesia. No se debe pagar ningún salario a nivel local, distrital, ni global – con la excepción del director global, quien es empleado por la Junta General.

B. Remuneraciones adecuadas deberán ser provistas para los gastos de los miembros del concilio en todos los niveles –local, distrital y general.

## Artículo VIII. Políticas y procedimientos

El concilio global de MNI debe establecer políticas, y procedimientos adicionales y descripciones de trabajo para MNI, cuyo contenido estará en el *Manual* de MNI junto con la Constitución de MNI.

## Artículo IX. Autoridad Parlamentaria

Las reglas contenidas en la edición actualizada de las Reglas de Orden, de Robert, cuando no estén en conflicto con las leyes aplicables, los Estatutos de la Personería Jurídica de la Iglesia del Nazareno, la Constitución de MNI y cualquier otra regla de orden que MNI pueda adoptar, deben gobernar esta organización.

## Artículo X. Enmiendas

La Constitución de MNI podrá ser enmendada por el voto favorable de dos terceras partes de los miembros presentes y votantes en la convención global de Misiones Nazarenas Internacionales y con la aprobación del Comité Global de Servicios de Ministerio de la Junta General.

# CAPÍTULO III

## 812. REGLAMENTO INTERIOR DE LA ESCUELA DOMINICAL Y DISCIPULADO

### DECLARACIÓN DE MISIÓN

La misión de Ministerios Internacionales de Escuela Dominical y Discipulado (MIEDD) consiste en cumplir la Gran Comisión entre los niños, jóvenes y adultos a fin de prepararlos para una vida de santidad cristiana.

### PROPÓSITO

El propósito de la escuela dominical tiene cuatro fases:

A. Desarrollar intencionalmente relaciones con la gente no alcanzada hasta que lleguen a ser discípulos semejantes a Cristo.

B. Enseñar la palabra de Dios hasta que los niños, jóvenes y adultos sean salvos, santificados por completo y estén madurando en su experiencia cristiana.

C. Ayudar a los cristianos a crecer espiritualmente involucrándolos en el evangelismo, la educación cristiana y el hacer discípulos.

D. Alentar a los niños, jóvenes y adultos a matricularse en estudios bíblicos/ de escuela dominical/grupos pequeños y a asistir fielmente.

### ARTÍCULO I. MEMBRESÍA

**Lista de Responsabilidad**

Cada iglesia local debe asumir la responsabilidad de alcanzar a todas las personas de la comunidad. Cualquier grupo que se reúna semanalmente por al menos media hora para estudiar los principios bíblicos y un currículum aprobado debe estar incluida en la lista de responsabilidad de la Lista de Ministerios de Discipulado para la escuela dominical/responsabilidades de ministerios de extensión/ discipulado/estudios bíblicos para todos los grupos de edades (líneas 20-23 del informe anual del pastor (IAP)).

Cada maestro/líder debe responsabilizarse por el bienestar espiritual de los que estén en su lista de responsabilidad.

**SECCIÓN 1.** Los participantes de los siguientes ministerios deberán ser incluidos en la lista de responsabilidad de acuerdo con las siguientes directrices:

a. Lista de cuna: Los niños de menos de cuatro años de edad quienes, junto con sus padres no asistan a ningún ministerio de MIEDD pueden inscribirse en la lista de responsabilidad con el nombre de lista de cuna.

    1. Se considera a los niños como candidatos para las clases preescolares de escuela dominical y a los padres como candidatos para las correspondientes clases de adultos.

    2. Una vez nombrado el supervisor, el mismo asumirá la responsabilidad de la visitación regular y de los materiales del programa que se les llevará a esas familias.

    3. Cuando comiencen a asistir con cierta regularidad se les deberá transferir a la lista de responsabilidad (matrícula) activa de la clase de escuela dominical correspondiente a su edad.

  b. Departamento de Hogar: Cualquier persona que, por razones físicas o de trabajo, esté incapacitada para asistir a una clase regular de escuela dominical puede ser matriculada en el Departamento de Hogar.

    1. El superintendente de escuela dominical y el director de ministerios internacionales entre los adultos, en consulta con el pastor, nombrarán a un supervisor del departamento de hogar cada año eclesiástico, cuya responsabilidad consistirá en visitar a dichas personas y exponerles la lección de escuela dominical cada semana.

    2. Esas personas a las que se visita y se les expone la lección de escuela dominical cada semana deberán incluirse en la lista de responsabilidad activa (renglones 20-23 IAP,) y ser contadas en la asistencia semanal a la escuela dominical regular.

  c. Casa hogar/centro de convalecencia/centro de cuidados de la salud: Todo residente confinado a uno de estos centros que participe en un estudio semanal de un currículum aprobado y apoyado por la iglesia local puede ser inscrito en la lista de responsabilidad (renglones 20-23 IAP) y contados en el promedio semanal de asistencia (renglones 24 y 24a, IAP).

  d. Misión tipo iglesia: todo grupo patrocinado por la iglesia o distrito que se reúna semanalmente por al menos media hora en otro lugar para estudiar un currículum aprobado de escuela dominical con el objetivo de convertirse en una iglesia organizada de la Iglesia del Nazareno deberá ser añadido a la lista de responsabilidad (renglones 20-23, IAP) y al promedio de asistencia regular de la escuela dominical (renglones 24y 24a) de la iglesia patrocinadora asignándole un nombre/ubicación al nuevo lugar.

    1. Las cifras de asistencia de cualquier misión tipo iglesia serán enlistadas con el informe mensual de asistencia regular de la iglesia patrocinadora al distrito y ser incluidas en los totales mensuales del distrito.

2.  Si un distrito o iglesia local está promoviendo un grupo de situaciones de plantación de iglesias, estas misiones tipo iglesia pueden ser enlistadas por separado con su nombre propio y ubicación, si el distrito así lo desea.

e.  Guarderías/escuelas preescolar-12° nazarenas: Cualquier grupo de alumnos de una guardería/escuela preescolar- nazarena (recién nacido-secundaria) bajo los auspicios de la iglesia local, que actualmente no esté inscrito en un ministerio de MIEDD y que activamente participe en un estudio semanal de un currículum aprobado por al menos media hora deberá incluirse en la lista de responsabilidad (renglones 20 y 23 IAP)

**SECCIÓN 2.** Remoción de nombres

Una vez que se inscriba a una persona en una lista de responsabilidad, la iglesia local debe ministrarla hasta que se incorpore al compañerismo de esa iglesia. Se borrarán nombres, sólo con la aprobación del pastor, cuando la persona:

a.  se mude a otra ciudad
b.  se afilie a otra escuela dominical
c.  solicite específicamente ser borrada de la lista
d.  muera

## ARTÍCULO II. ASISTENCIA

El propósito del cómputo de asistencia a la escuela dominical en la iglesia local es medir la efectividad de esa iglesia en su esfuerzo por alcanzar a las personas con el mensaje bíblico. Todos los esfuerzos del ministerio de la escuela dominical deben tratar de conducir a las personas a convertirse en discípulos de Cristo, miembros de la iglesia y hacedores de discípulos.

Los conteos de asistencia de MIEDD que tengan lugar en otros días de la semana deben ser contados en la asistencia del siguiente domingo.

La asistencia a los ministerios internacionales de escuela dominical se divide en dos categorías: sesiones regulares de escuela dominical (renglón 24a) y grupos de discipulado (grupos pequeños/células) (renglón 24b IAP). Estas categorías serán contadas cada semana por la iglesia local de acuerdo con las guías siguientes y en el Artículo I, Sección 1 anterior.

La oficina global de Ministerios Internacionales de Escuela Dominical y Discipulado necesita informes mensuales de la lista de responsabilidad y el promedio semanal de ministerios de discipulado (escuela dominical y grupos de discipulado- grupos pequeños/células) de cada distrito para poder recopilar un registro del crecimiento de MIEDD dentro de la denominación cada año (renglones 23 and 24, IAP).

**SECCIÓN 1**. Sesión de la escuela dominical regular. Una sesión de la escuela dominical regular se definirá como un grupo organizado de personas que se reúnen cada semana a una hora y en un lugar específico. El propósito de esta reunión consistirá en estudiar la Biblia, al menos por media hora, usando currículo de escuela dominical aprobado por la Junta de Ministerios de Escuela Dominical. Esto constituirá la asistencia semanal a la escuela dominical regular (renglón 24a, IAP).

a. El cómputo de asistencia deberá cerrarse no más tarde de la mitad de la sesión de la escuela dominical regular. Lo mismo se debe aplicar a los servicios unidos o especiales.

b. Un alumno matriculado en una escuela dominical local será considerado como presente en ella cuando asista un domingo a una actividad auspiciada por la iglesia a nivel local, de zona, de distrito, de región o general, tal como un retiro, una asamblea, un culto campestre, etc., siempre y cuando no sea contado en otra escuela dominical a la que esté asistiendo. Tales actividades deberán incluir por lo menos media hora de estudio de principios bíblicos.

c. Deberán usarse todas las sesiones de la escuela dominical regular para determinar el promedio de asistencia del año y ese promedio deberá informarse mensualmente al distrito. En la mayoría de las iglesias, la escuela dominical celebrará 52 sesiones. En algunas regiones, las temperaturas extremas ocasionalmente impedirán que se celebren sesiones de escuela dominical regulares. La Junta de Ministerios Internacionales de Escuela Dominical y Discipulado de distrito, en consulta con el superintendente de distrito, deberá determinar cualquier excepción válida.

d. El recuento de asistencia del departamento de hogar, hogares de ancianos/convalecencia, misiones tipo iglesia, guarderías nazarenas/escuelas (desde el nacimiento hasta el bachillerato) podrá ser incluido en el promedio semanal de asistencia regular a la escuela dominical de acuerdo con lo estipulado en el Artículo I, Sección 1.

**SECCIÓN 2**. Grupos de discipulado (grupos pequeños/ células). La asistencia de todos los grupos de discipulado (grupos pequeños/células) (renglón 24b, APR) se definirá como aquellas personas que participan en un estudio de principios bíblicos de media hora por lo menos, pero que no llena los requisitos como para una sesión de la escuela dominical regular (véase Artículo II, Sección 1).

a. Una iglesia local que lleva a cabo más de un tipo de ministerio de discipulado de grupos deberá combinar las cifras de asistencia semanal e informar un solo promedio mensual.

b. Puesto que los ministerios de discipulado pueden comenzar o terminar en cualquier tiempo durante el año eclesiástico, el promedio anual se determinará dividiendo las cifras acumuladas por el número de semanas en que se realizaron los ministerios.

## ARTÍCULO III. CLASES Y DEPARTAMENTOS

**SECCIÓN 1.** La escuela dominical se dividirá en clases para niños y jóvenes de acuerdo con las edades o los diversos grados escolares. En el caso de los adultos se dividirá de acuerdo con intereses comunes.

**SECCIÓN 2.** Cuando el número de clases aumente en los grupos de niños, jóvenes o adultos se deberá considerar la formación de departamentos con supervisores nombrados por la Junta de MIEDD.

**SECCIÓN 3.** Los deberes del supervisor de departamento serán:

a. coordinar la obra de los maestros dentro del departamento;

b. convocar a reuniones del departamento cuando sea necesario;

c. cerciorarse de que cada maestro/líder de su departamento cuente con el curso de estudios necesario, recursos adicionales y equipo disponible cuando lo necesite;

d. asumir la responsabilidad de solicitar todos los cursos de estudios y los materiales necesarios para el departamento

e. trabajar en conjunto con el director correspondiente de la MIEDD, de acuerdo con los departamentos por edades, para promover la matrícula y la asistencia a la escuela dominical, y realizar campañas especiales;

f. presentar las necesidades de capacitación de los maestros/líderes del departamento al director correspondiente para que las presente a la Junta de MIEDD;

g. conservar archivos precisos de matrícula y asistencia del departamento y organizar la visitación regular de todos los ausentes y candidatos;

h. trabajar con los maestros del departamento para cerciorarse de que toda el área sea atractiva y cuente con un ambiente propicio para el aprendizaje;

i. asumir la responsabilidad de buscar maestros sustitutos para el departamento.

## ARTÍCULO IV. MAESTROS/LÍDERES DE ESCUELA DOMINICAL/GRUPOS PEQUEÑOS

**SECCIÓN 1.** Los supervisores de departamento y los maestros/líderes serán nombrados anualmente de acuerdo con el *Manual*, párrafo 145.8.

**SECCIÓN 2.** Aun cuando lo ideal es que cada maestro/líder sirva por todo un año, bajo ciertas circunstancias será recomendable nombrar a maestros para un período más corto.

**SECCIÓN 3.** Si se comprueba que un oficial o maestro ha enseñado una doctrina falsa, o que ha mostrado una conducta imprudente o negligencia en sus responsabilidades, la Junta de MIEDD tendrá el derecho de declarar vacante dicho puesto de acuerdo con el *Manual*, párrafo 145.8.

**SECCIÓN 4.** Todos los maestros/líderes y sus suplentes de escuela dominical deberán:

a. asistir regularmente a las reuniones para obreros;

b. visitar regularmente a las personas de la lista de responsabilidad

c. aprovechar todas las oportunidades de capacitación disponibles;

d. proveer periódicamente oportunidades de compañerismo para la clase;

e. asumir la responsabilidad de hacer que el área de enseñanza sea atractiva y propicia para el aprendizaje;

f. preparar una lección eficaz cada semana;

g. estar alerta a las oportunidades de presentar el evangelio con una invitación para recibir a Cristo.

## ARTÍCULO V. RESPONSABILIDADES DEL MAESTRO DE ESCUELA DOMINICAL/LÍDER DE GRUPOS PEQUEÑOS

**SECCIÓN 1.** El superintendente de escuela dominical local será elegido cada año de acuerdo al Manual, párrafos 113.9-10 y 127. Los deberes del superintendente de escuela dominical serán:

a. ser superintendente de la escuela dominical bajo la dirección del pastor;

b. representar los ministerios de escuela dominical en la reunión mensual de la junta de la iglesia local;

c. planificar reuniones regulares de maestros y líderes tanto actuales como prospectos,

d. proveer oportunidades de entrenamiento para los maestros/líderes actuales y los prospectos.

e. comunicar a todos los obreros los énfasis de la lista de responsabilidad y crecimiento de asistencia

f. informar cada mes las estadísticas de la escuela dominical al director de zona; distrito o área,

g. impulsar la asistencia a las actividades de Ministerios Internacionales de Escuela Dominical y Discipulado a nivel de zona, distrito, área, regional y global.

**SECCIÓN 2**. Los deberes de los directores de los departamentos por edades se especifican en el *Manual*, párrafos 147.1-9; 148,2.

**SECCIÓN 3**. La Junta de MIEDD elegirá a una persona que se encargará de conservar los archivos de la escuela dominical. Deberá guardar un registro preciso de la lista de responsabilidad, asistencia, visitantes y otras estadísticas que requieran los ministerios de MIEDD.

**SECCIÓN 4**. Cuando sea apropiado la junta de MIEDD elegirá a un tesorero, quien se encargará de conservar un registro preciso de todos los fondos recogidos en MIEDD cada semana y de autorizar su distribución de acuerdo con las instrucciones de la junta. Deberá presentar un informe mensual al superintendente de la escuela dominical.

**SECCIÓN 5**. Cuando sea necesario, la Junta de MIEDD nombrará a una persona que asumirá la responsabilidad de pedir los cursos de estudios de la escuela dominical y otros recursos solicita dos por los directores de departamentos por edades y/o supervisores de departamentos. El nombrado deberá distribuir a los directores de grupos toda la información correspondiente recibida de la Casa Nazarena de Publicaciones y preparar el pedido, previa aprobación del superintendente y del pastor.

## ARTÍCULO VI. ADMINISTRACIÓN Y SUPERVISIÓN DE MIEDD

**SECCIÓN 1**. La escuela dominical está bajo el cuidado del pastor, responde a la junta de la iglesia local, está bajo la supervisión general de la junta de Ministerios Internacionales de Escuela Dominical y Discipulado y bajo la dirección inmediata del superintendente y los directores de departamentos de edades.

**SECCIÓN 2**. Si una iglesia que ha empleado a un director de educación cristiana de tiempo completo desea elegirlo como superintendente de escuela dominical debe observar el siguiente procedimiento:

a. el comité nominativo de la iglesia local recomendará a la reunión anual de la iglesia que no se elija al superintendente para el año siguiente y que el obrero asociado de tiempo completo funja como superintendente;

b. la congregación deberá corroborar la decisión por un voto de mayoría absoluta;

c. el obrero asociado de tiempo completo será el superintendente de MIEDD y asistirá a las reuniones de la junta de la iglesia para tratar los intereses de educación cristiana, pero no tendrá derecho a voto, *Manual* 160.4.

El mismo procedimiento se observará cuando se solicite a otros obreros asociados de tiempo completo que funjan como directores de los ministerios internacionales entre los niños (MIN) o ministerios internacionales entre los adultos (MIA).

Deberá quedar entendido que estos arreglos son temporales, por lo que se deberán hacer todos los esfuerzos posibles para capacitar y ofrecer recursos a líderes laicos para estas posiciones tan pronto como sea posible.

SECCIÓN 3: Cuando un pastor de niños, jóvenes o adultos sea empleado en una iglesia, el pastor, en consulta con la junta de la iglesia, la Junta de MIEDD, o el Concilio de la JNI, asignará la responsabilidad de los niños, jóvenes y adultos a los pastores de esas edades. En ese caso, el pastor de niños, jóvenes o adultos desempeña algunos de los deberes que de otra manera se designan a un director local de MIN, al presidente de la JNI, o al director local de MIA. Sin embargo, la importancia del director local de MIN, el presidente de la JNI, o director local de MIA sigue proveyendo liderazgo laico vital, apoyo y representación de ministerios entre los niños, jóvenes o adultos. El pastor, los pastores de niños, jóvenes y adultos, y la junta de MIEDD o el concilio de la JNI trabajan juntos para definir las funciones y responsabilidades de los tres cargos y la forma en que trabajan juntos para el beneficio de los ministerios por edades de la iglesia.

## ARTÍCULO VII. CONVENCIONES DE MIEDD

SECCIÓN 1. Convención de MIEDD. Es importante que cada distrito planifique una convención de Ministerios Internacionales de Escuela Dominical y Discipulado anualmente con el fin de proveer inspiración, motivación y capacitación para todos los obreros de MIEDD. La promoción de la escuela dominical deberá ser el punto central de cada convención.

a.  Los miembros ex officio de la convención de MIEDD de distrito serán: el superintendente de distrito, todos los pastores, los presbíteros asignados, los ministros licenciados asignados, los ministros jubilados asignados, asociados de tiempo completo, el presidente distrital de MIEDD, los directores distritales de MIN y MIA, el presidente de JNI de distrito, todos los superintendentes locales de MIEDD, los directores locales de MIN y MIA, los presidentes locales de la JNI, los miembros electos de la junta de MIEDD, los miembros laicos de la Junta Consultora de Distrito y todos los maestros nazarenos de educación cristiana, de tiempo completo, con membresía en ese distrito.

b. En la reunión anual de la iglesia, cada escuela dominical local elegirá delegados adicionales a la convención equivalentes al 25 por ciento de los maestros/líderes de la escuela dominical.

c. La Junta de Ministerios Internacionales de Escuela Dominical y Discipulado servirá como comité nominativo para seleccionar el doble del número de candidatos que serán electos por voto de mayoría simple. Estos candidatos deberán ser miembros de la Iglesia del Nazareno, participar activamente en uno de los ministerios de MIEDD y ser seleccionados de entre los departamentos por edades (obreros entre niños, jóvenes y adultos). En caso de que los delegados electos no puedan asistir se designarán delegados suplentes según el orden de votos recibidos.

d. Los delegados a la convención de MIEDD de distrito elegirán al presidente de MIEDD de distrito y a los miembros de la junta de MIEDD de distrito, de acuerdo con el párrafo 238 del *Manual* así como a los delegados a la convención de MIEDD Global cada cuatrienio.

**SECCIÓN 2.** Convención de Ministerios Internacional de Escuela Dominical y Discipulado Global. Juntamente con cada Asamblea General, MIEDD celebrará una Convención Global. Los delegados electos (y visitantes) se reunirán con el propósito de recibir inspiración, motivación y capacitación a fin de equipar y enriquecer la participación al cumplir la misión y el propósito de MIEDD global.

a. Los delegados ex officio a la Convención Global de MIEDD serán: los superintendentes de distrito, los presidentes de MIEDD de distrito, los directores distritales de MIN y MIA, los profesores de educación cristiana en las universidades y seminario nazarenos, los coordinadores regionales de MIEDD y los directores y personal de la oficina global de MIEDD.

b. Cada distrito deberá elegir cuatro delegados adicionales, es decir, el número equivalente al de miembros ex officio del distrito o un número equivalente al diez por ciento de los oficiales de escuela dominical en el distrito, el que sea mayor.

c. Las siguientes directrices deberán observarse en las elecciones de delegados a la convención global de MIEDD:

1. El comité nominativo se compondrá del superintendente de distrito, el presidente de MIEDD de distrito y por lo menos otros tres miembros nombrados por la Junta de MED de Distrito. Ellos deberán nominar al triple del número que se elegirá.

2. La convención de MIEDD de distrito deberá elegir un número igual de delegados y suplentes de todos los Ministerios de escuela dominical (incluyendo maestros/obreros

de escuela dominical para jóvenes). Los electos deberán ser personas que al presente participen activamente en el área respectiva para la que fueron electos. El número de suplentes electos deberá incluir suplentes para los miembros ex officio. No se deberá elegir a personas que servirán como delegados a la Convención Global de Misiones Nazarenas Internacionales o a la Convención Global de la Juventud Nazarena Internacional porque las tres convenciones se celebran simultáneamente.

3. Los delegados serán electos por cédula en la convención de MIEDD de distrito dentro de los 16 meses previos a la reunión de la asamblea general, o dentro de los 24 meses en áreas donde se requieran visas para viajar u otros preparativos excepcionales.

4. Deberá hacerse todo lo posible por elegir igual número de laicos y ministros —es decir, 50 por ciento de laicos y 50 por ciento de ministros activos de tiempo completo, presbíteros o ministros licenciados. Cuando el número total sea impar, el representante adicional deberá ser laico.

5. Los líderes distritales de MIEDD en funciones que hayan sido electos antes de la convención global, y que estén ocupando su cargo al tiempo de ésta, serán los miembros ex officio de la convención.

6. Todos los delegados electos y ex officio presentes en la Convención de MED de Distrito serán elegibles para votar en la elección de delegados a la convención global de MIEDD.

7. Un voto de mayoría simple será suficiente para la elección.

8. En caso de que los delegados electos no puedan asistir se nombrará a delegados suplentes en el orden de los votos que recibieron.

9. Al llevarse a cabo la convención global de MIEDD cada representante deberá residir en el distrito que lo eligió y debe ser miembro de una Iglesia del Nazareno de dicho distrito. (Esta regla no se aplica a personas que vivan cerca de los linderos del distrito donde está la iglesia a la que asisten regularmente, pero cuyas residencias estén al otro lado de la línea limítrofe.)

10. Si un distrito no puede financiar el costo para enviar a todos los delegados a la convención global de MIEDD como se recomienda, la junta de MIEDD de distrito podrá elegir al número de personas cuyos gastos pueda costear.

11. Los delegados que asistan a la convención deberán recibir del distrito una ayuda financiera equivalente a los gastos

provistos por el distrito para los delegados a las convenciones globales de la Juventud Nazarena Internacional y Misiones Nazarenas Internacionales.

12. Si no se lleva a cabo una elección de delegados a la convención global de MIEDD durante la convención de MIEDD de distrito, los delegados serán electos en la asamblea de distrito.

## ARTÍCULO VIII. ENMIENDAS

Este reglamento podrá ser enmendado por un voto de mayoría absoluta de los miembros presentes y votantes de la Junta General.

PARTE X

# Formularios

LA IGLESIA LOCAL

LA ASAMBLEA DE DISTRITO

CÉDULAS DE ACUSACIONES

# CAPÍTULO I

# 813. LA IGLESIA LOCAL

## 813.1. Licencia de ministro local

LA PRESENTE CERTIFICA que a \_\_\_\_\_ se le ha extendido licencia de ministro local en la Iglesia del Nazareno por un año, siempre y cuando su espíritu y conducta estén de acuerdo con el evangelio de Cristo y que sus enseñanzas concuerden con las doctrinas establecidas de las Sagradas Escrituras y sostenidas por dicha iglesia.

Por orden de la junta local de la Iglesia del Nazareno de \_\_\_\_\_.
Expedida en \_\_\_\_\_, el día \_\_\_\_ del mes de\_\_\_\_\_ de 20\_\_\_\_(año).
\_\_\_\_\_Presidente \_\_\_\_\_Secretario(a)

NOTA: Disponible por internet en el Centro de Ministerio Global de la Iglesia del Nazareno a través de la oficina de Desarrollo Ministerial. Obtener el formulario correcto es de suma importancia para establecer y mantener el historial de ministerio del candidato.

## 813.2. Recomendación a la asamblea de distrito[*]

(para ser completada anualmente para certificar a los ministros licenciados del distrito)

*(Indique la junta que corresponda)*
☐ La Junta de la Iglesia de \_\_\_\_\_
☐ La Junta Consultora del Distrito (*Manual*, 222.10) \_\_\_\_\_
recomienda a \_\_\_\_\_ ante la (Junta de Credenciales Ministeriales) Asamblea de Distrito para recibir:
    ☐ La credencial de ministro licenciado de distrito
    ☐ Renovación de credencial de ministro licenciado de distrito
    ☐ Renovación de la licencia de diaconisa
    ☐ Renovación de la licencia de director de educación cristiana

*Certificación de funciones de ministerio (Manual, 402-423)*
    ☐ CED — **Ministro de educación cristiana** (ministros empleados por la escuela de una iglesia local)
    ☐ EDU — **Educador** (empleado que sirve en la administración o en la facultad de una de las instituciones educativas de la Iglesia del Nazareno).
    ☐ EVR — **Evangelista registrado** (es el que se dedica a viajar predicando el evangelio como su ministerio principal, promo-

---

[*] Este formulario puede usarse para diferentes recomendaciones. Por favor, marque el título correspondiente, y también señale la certificación de la función de ministerio que solicita)

viendo campañas y extendiendo el evangelio por toda la tierra).

☐ MIS — **Misionero** (es el designado por la Junta General para ministrar en la iglesia a través del Comité de Misión Global).

☐ **PAS –Pastor**

☐ **PSV-TC o PSV-TP — Servicio pastoral de tiempo completo o tiempo parcial** (incluye al pastor asociado o pastor asistente que desempeña servicio pastoral en conexión con una iglesia, en áreas especializadas de ministerio reconocidas y aprobadas por las agencias apropiadas de gobierno, para otorgar licencias y brindar apoyo).

☐ SER — **Evangelista de canto registrado** (es el que dedica la mayor parte de su tiempo al ministerio evangelístico a través de la música como su asignación principal).

☐ SPC — **Servicio especial/interdenominacional** (es el que está en servicio activo en una forma para la que no se ha hecho provisión, la cual deberá ser aprobada por la asamblea de distrito, siendo recomendada por la Junta Consultora de Distrito y/o la Junta de Credenciales Ministeriales).

☐ **STU — Estudiante**

☐ **U — Sin asignación**

Revise los requisitos mínimos para la ordenación (Manual, 430.3; 431.3), y también los procedimientos para la formalización de relación, ya sea asalariada o no (Manual, 160-160.3). Esto es importante para establecer y mantener el historial del ministerio del candidato.

Si se indica arriba una designación que no sea "STU" o "U", describa la relación formal que existe con el candidato, según fue aprobada por la junta de la iglesia y el superintendente de distrito.

_____

_____

_____

Certificamos que _____ ha cumplido todos los requisitos para dicha petición.

Por voto de la Junta en el día _____(fecha), y después de recibir la carta de autorización del Superintendente de Distrito, en el día _____ (fecha).

_____, Presidente

_____, Secretario(a)

Referido _____ Informado _____ Disposición _____

### 813.3. Certificado de recomendación

El presente certifica que _____ es miembro de la Iglesia del Nazareno de _____ y lo recomendamos a la confianza cristiana de los que vieren esta constancia.

_____, Pastor

Fecha: _____ de _____ de 20___ (año).

NOTA: Cuando una persona ha recibido un certificado de recomendación, su membresía termina inmediatamente en la iglesia local que le extendió el certificado. (111.1)

### 813.4. Carta de descargo

La presente certifica que _____ hasta esta fecha ha sido miembro de la Iglesia del Nazareno de _____ y a petición del interesado, le hemos extendido esta carta de descargo.

_____, Pastor

Fecha: _____ de _____ de 20___ (año).

NOTA: La membresía del interesado terminará inmediatamente después que se le extienda esta carta. (112.2)

### 813.5. Traslado de miembros

El presente certifica que _____ es miembro de la Iglesia del Nazareno de _____. Y a petición suya ha sido trasladad___ a la Iglesia del Nazareno de _____ en el Distrito _____.

Una vez que hayamos recibido el correspondiente Reconocimiento de Traslado de la iglesia local que reciba al interesado, su membresía en esta iglesia local quedará terminada.

_____, Pastor

_____, Dirección

Fecha: _____ de _____ de 20___ (año).

NOTA: Este traslado es válido sólo por tres meses. (111)

### 813.6. Reconocimiento de traslado

El presente certifica que _____ ha sido recibido en la membresía de la Iglesia del Nazareno de _____ en este día _____ de _____ de 20_____ (año).

_____, Pastor

_____, Dirección

NOTA: Los formularios 813.3, 813.4, 813.5, y 813.6, se pueden escribir en papel con el membrete de la iglesia local cuando sea necesario.

# CAPÍTULO II

## 814. LA ASAMBLEA DE DISTRITO

Los formularios oficiales para el uso del distrito se pueden obtener solicitándolos por correo al Secretario General, 17001 Prairie Star Parkway, Lenexa, KS 66220, U.S.A.

# CAPÍTULO III

## 815. CÉDULAS DE ACUSACIONES

### Sección 1. En el juicio de un miembro de la Iglesia

### Sección 2. En el juicio de un ministro ordenado

### Sección 3. En el juicio de un ministro licenciado

Las cédulas de acusaciones se pueden obtener solicitándolas por correo al Secretario General, 17001 Prairie Star Parkway, Lenexa, KS 66220, U.S.A.

PARTE X

# Apéndice

**OFICIALES GENERALES**

**JUNTAS ADMINISTRATIVAS, CONCILIOS E INSTITUCIONES EDUCATIVAS**

**REGLAMENTOS ADMINISTRATIVOS**

**ASUNTOS MORALES Y SOCIALES CONTEMPORÁNEOS**

# CAPÍTULO I

## 900. OFICIALES GENERALES

### 900.1. Superintendentes Generales

Jerry D. Porter      Eugenio R. Duarte

Jesse C. Middendorf      David W. Graves

J. K. Warrick      Stan A. Toler

## Superintendentes Generales Eméritos y Jubilados

William M. Greathouse, Emérito

Eugene L. Stowe, Emérito

Jerald D. Johnson, Emérito

Donald D. Owens, Emérito

William J. Prince, Emérito

Jim L. Bond, Emérito

W. Talmadge Johnson, Emérito

James H. Diehl, Emérito

Paul G. Cunningham, Emérito

Nina G. Gunter, Emérita

### 900.2. Secretario General

David P. Wilson

### 900.3. Tesorera General

Marilyn J. McCool

IGLESIA DEL NAZARENO
CENTRO DE MINISTERIO GLOBAL
17001 PRAIRIE STAR PARKWAY
LENEXA, KS 66220, U.S.A.

# CAPÍTULO II

# 901. JUNTAS ADMINISTRATIVAS, CONCILIOS E INSTITUCIONES EDUCATIVAS

## 901.1. Junta General

### MIEMBROS POR REGIÓN

| Ministro | Laico |
|---|---|
| *Región África* | |
| Emanuel David Simas Araujo | Ronald Khumalo |
| Dance G. Mathebula | Rose Hlanlissele Mahlalela |
| Arlindo Diamante Mondlane | John M. Ngombe |
| *Región Asia-Pacífico* | |
| Yong-Hwa Im | Shionel Blas A. Gesite |
| *Región Canadá* | |
| D. Ian Fitzpatrick | Hugh Hawthorne |
| *Región Caribe* | |
| Olga Y. Robles Montanez | Rebeca Alvarado-Ortiz |
| Walliere Pierre | Carmen Luisa Checo de Acosta |
| *Región Central E.U.A.* | |
| David G. Roland | John Q. Dickey Sr. |
| *Región East Central E.U.A.* | |
| David E. Downs | Daniel J. Martin |
| *Región Eastern E.U.A.* | |
| Kerry W. Willis | Jan G. Lanham |
| *Región Eurasia* | |
| Sukamal Biswas | Robert Kegel |
| Hans-Gunter Mohn | Paul D. Tarrant |
| *Región México-América Central* | |
| Ely Camas Perez | Elimelec Juanta Castro |
| Samuel Cadena Meza | Felipe Luis Morales |
| *Región North Central E.U.A.* | |
| James M. Kraemer | Larry McIntire |
| *Región Northwest E.U.A.* | |
| Randall J. Craker | Joel K. Pearsall |
| *Región Sudamérica* | |
| Jesus Bernat Pintos | Gerson Rueda |
| Amadeu Aparecido Teixeira | Jose Roberto Santos |
| *Región South Central E.U.A.* | |
| David A. Busic | Keith A. Pardue |
| *Región Southeast E.U.A.* | |
| Larry D. Dennis | Charles A. Davis Jr. |

| Dwight M. Gunter II | Dennis L. Moore |
|---|---|

*Región Southwest E.U.A.*

| John H. Calhoun | Daniel W. Spaite |
|---|---|

*Educación*

| Dan L. Boone | Bob Brower |
|---|---|

*Misiones Nazarenas Internacionales*
Jennifer E. Brown
*Juventud Nazarena Internacional*
Mark E. Holcomb

## 901.2. Corte General de Apelaciones

| Mary R. Paul, presidente | John H. Calhoun, Secretario- |
|---|---|
| Dan L. Boone | Duane E. Srader |
| Ted R. Lee | |

## 901.3. Concilio de la Juventud Nazarena Internacional

### Concilio de la JNI Global

Gary Hartke, Director de Juventud Nazarena Internacional
Mark Holcomb, Presidente (Central U.S.A.)
David González, Vicepresidente (México y Centroamérica)
Kenneth Phiri, África (Presidente regional)
Acy Lodja, Asia-Pacífico (Presidente regional)
Rudolph Prescod, Caribe (Presidente regional)
Milton Madhu, Eurasia (Presidente regional)
Ana Celia Martinez, México-América Central (Presidenteregional)
Jean David Larochelle, Sudamérica (Presidente regional)
Charles Brodhead, E.U.A./Canadá (Representante regional)
Danny Dyer, E.U.A./Canadá (Representante regional)
Brian Woolery, Asia-Pacífico (Coordinador regional)
Monte Cyr, Caribe (Coordinador regional)
Sabine Wielk, Eurasia (Coordinador regional)
Benjamin Soria, México-América Central (Coordinador regional)
Zeida Lynch, Sudamérica (Coordinador regional)
Erika Diones, Vocal de adolescentes
Jennifer Rae, Vocal de jóvenes
Young-Min Park, Vocal de jóvenes adultos
*Concilio de EUA/Canadá* El Superintendente General en Jurisdicción
Asignado (Consejero)

## 901.4. Concilio Global de Misiones Nazarenas Internacionales

Dr. Daniel D. Ketchum, Director global

Rev. Jennifer Brown, Presidente
Rev. Ezekiel Mnisi, Región África
Mrs. Kim Ran, Región Asia-Pacífico
Rev. Tonya Kucey, Región Canadá
Mrs. Donnamie Ali, Región Caribe
Mrs. Martha Bean, Región Central E.U.A.
Mrs. Lola Brickey, East Central E.U.A.
Rev. Sandra Sisler, Región Eastern E.U.A.
Mr. Rob Kegel, Región Eurasia
Mr. Cesar Oswaldo Alonzo, Región México-América Central
Rev. Eunice Brubaker, Región North Central E.U.A.
Mrs. Carolita Fraley, Región Northwest E.U.A.
Dr. Haroldo Millet Neves, Región Sudamérica
Mrs. Cheryl Adams, Región South Central E.U.A.
Mrs. Tawanda Mills, Región Southeast E.U.A.
Mr. Gerald Myers, Región Southwest E.U.A.
Dr. Louie E. Bustle, Director de la Oficina de Misión Global
El Superintendente General en jurisdicción asignado (consejero)

## 901.5. Instituciones Nazarenas de Educación Superior

CONCILIO INTERNACIONAL DE EDUCACIÓN SUPERIOR
*Región África*

Africa Nazarene University
    Nairobi, Kenia
Nazarene Bible College, East Africa
    Nairobi, Kenia
Nazarene College of Education
    Manzini, Suazilandia
Nazarene College of Nursing
    Manzini, Suazilandia
Nazarene College of Theology
    Siteki, Suazilandia
Nazarene Theological College
    Honeydew, República de Sudáfrica
Nazarene Theological College of Central Africa
    Lilongwe, Malawi, África Central
Nazarene Theological Institute, ITN/NTI
    Cotonou, República de Benin
Seminário Nazareno em Cabo Verde
    Cabo Verde
Seminário Nazareno em Mozambique
    Maputo, Mozambique

*Región Asia Pacífico*

Asia-Pacific Nazarene Theological Seminary
    Manila, Filipinas
Indonesia Nazarene Theological College
    Yogyakarta, Indonesia
Japan Nazarene Theological Seminary
    Tokyo, Japón
Korea Nazarene University
    Cheonan City, Choong Nam, Corea
Luzon Nazarene Bible College
    Baguio City, Filipinas
Melanesia Nazarene Bible College
    Mount Hagen, Papúa Nueva Guinea
Nazarene College of Nursing
    Mount Hagen, Papúa Nueva Guinea
Nazarene Theological College
    Thornlands, Queensland, Australia
South Pacific Nazarene Theological College
    Suva, Islas Fiji
Southeast Asia Nazarene Bible College
    Mae Taeng, Chiang Mai, Tailandia
Taiwan Nazarene Theological College
    Peitou, Taiwan
Visayan Nazarene Bible College
    Cebu City, Filipinas

*Región Caribe*

Caribbean Nazarene College
    Santa Cruz, Trinidad
Séminaire Théologique Nazaréen D'Haiti
    Petion-Ville, Haití
Seminario Nazareno Dominicano
    Santo Domingo, República Dominicana
Seminario Teológico Nazareno Cubano
    Ciudad Habana, Cuba

*Región Eurasia*

Eastern Mediterranean Nazarene Bible College
    Área Eastern Mediterranean
European Nazarene College
    Busingen, Suiza
Nazarene Nurses Training College
    Washim, Maharashtra, India
Nazarene Theological College-Manchester
    Manchester, Inglaterra

South Asia Nazarene Bible College
    Bangalore, Karnataka, India
                *Región México-América Central*
Instituto Biblico Nazareno
    Cobán, Guatemala
Seminario Nazareno de las Américas
    San José, Costa Rica
Seminario Nazareno Mexicano, A.C.
    México D.F., México
Seminario Teológico Nazareno de Guatemala
    Guatemala, Guatemala
                *Región Sudamérica*
Brazil Nazarene College
    Campinas, Brasil
Instituto Biblico Nazareno
    Bagua Chica, Amazonas, Perú
Seminario Biblico Nazareno
    Santiago, Chile
Seminario Nazareno del Área Central
    La Paz, Bolivia
Seminário Teológico do Brasil
    Campinas, Brasil
Seminario Teológico Nazareno
    Chiclayo, Perú
Seminario Teológico Nazareno Del Cono Sur
    Buenos Aires, Argentina
Seminario Teológico Nazareno Sudamericano
    Quito, Ecuador
                *Concilio de Educación de E.U.A./Canadá*
Ambrose University College
    Calgary, Alberta, Canadá
Eastern Nazarene College
    Quincy, Massachusetts, U.S.A.
MidAmerica Nazarene University
    Olathe, Kansas, E.U.A.
Mount Vernon Nazarene University
    Mount Vernon, Ohio, E.U.A.
Nazarene Bible College
    Colorado Springs, Colorado,E.U.A.
Nazarene Theological Seminary
    Kansas City, Missouri, E.U.A.
Northwest Nazarene University
    Nampa, Idaho, E.U.A.

Olivet Nazarene University
    Bourbonnais, Illinois, E.U.A.
Point Loma Nazarene University
    San Diego, California, E.U.A.
Southern Nazarene University
    Bethany, Oklahoma, E.U.A.
Trevecca Nazarene University
    Nashville, Tennessee, E.U.A.

# CAPÍTULO III

## 902. REGLAMENTOS ADMINISTRATIVOS

### 902.1. Anualidades

Se le prohíbe a la Junta General y a las instituciones de la iglesia que usen donativos de anualidades, sino hasta que éstos lleguen a ser propiedad válida de la iglesia por el fallecimiento del donante. Tales donativos han de ser cuidadosamente invertidos en fondos que generalmente serían reconocidos por los tribunales como fondos de inversión. (2005)

### 902.2. Deuda

Ninguna institución puede contraer deuda alguna confiando en promesas. Las promesas no han de contarse como haberes. (2005)

### 902.3. Sociedades Bíblicas

*(1) Sociedades Bíblicas aprobadas*

La Iglesia del Nazareno realza la Biblia como la revelación escrita de Dios; los nazarenos creemos que es la agencia primaria y eficaz para ganar nuevos adeptos a Jesucristo y puesto que existe la creciente necesidad de que haya más ejemplares de las Escrituras; por tanto, *Se Resuelve,*

Primero, que la Asamblea General exprese su aprobación sincera y su interés decidido en el trabajo de las Sociedades Bíblicas Unidas alrededor del mundo.

Segundo, que aceptemos la celebración del Domingo Universal de la Biblia, dirigiendo ese día nuestra atención al lugar esencial que las Escrituras deben ocupar en la vida de los cristianos.

*(2) Ofrenda para las Sociedad Bíblicas*

*Se Resuelve,* que la Iglesia del Nazareno designe el segundo domingo de diciembre, de cada año, como una ocasión especial para presentar este importante asunto y para recoger una ofrenda para las respectivas Sociedades Bíblicas en cada país. La Sociedad Bíblica que se escoja deberá ser miembro (pleno o asociado) de la afiliación mundial de las Sociedades Bíblicas Unidas o, en caso de que no exista una Sociedad Bíblica afiliada, el distrito designará otra Sociedad Bíblica; también, que se haga un esfuerzo especial para que todas nuestras iglesias participen en tal ofrenda. (2009)

NOTA: Se entiende que nuestras iglesias en Escocia envían sus contribuciones a la Sociedad Bíblica de Escocia; las de Inglaterra, a la Sociedad Bíblica Británica y Extranjera; y las de Canadá, a la Sociedad Bíblica Canadiense, etc. Las iglesias de los Estados Unidos deberán enviar sus contribuciones al Centro de Ministerio Global,17001 Prairie Star Parkway, Lenexa, KS 66220, USA, para el sostenimiento de la Sociedad Bíblica Americana.

## 902.4. Resolución sobre la redacción del *Manual*

*Se resuelve,* que los miembros del Comité de Redacción del Manual designados por la Junta de Superintendentes Generales sean y, por este medio, queden constituidos como el Comité de Redacción del *Manual*; y además,

*Se Resuelve,* que el Comité de Redacción del *Manual* sea y, de aquí en adelante, esté autorizado para armonizar declaraciones contradictorias que pudieran aparecer en el registro de las decisiones de la XXVII Asamblea General en relación con cambios en el *Manual*; y para hacer tales cambios editoriales en el texto del presente *Manual*, que corrijan el lenguaje sin alterar el significado; así como para hacer los cambios editoriales en el manuscrito de asuntos nuevos adoptados que corrijan el lenguaje, sin alterar el significado.

El Comité de Redacción del *Manual* queda, por el presente, autorizado para sustituir palabras o expresiones confusas con palabras sencillas y comprensibles, revisar la numeración de capítulos, párrafos, secciones y otras divisiones del *Manual*, de acuerdo con las decisiones de la XXVII Asamblea General, así como preparar el índice en armonía con las decisiones adoptadas por la XXVII Asamblea General.

Se resuelve además, que la supervisión de todas las traducciones del Manual será deber del Comité de Redacción del *Manual*. (2009)

## 902.5. Revisión del Apéndice del *Manual*

Cualquier asunto que permanezca en los capítulos III y IV del Apéndice (párrafos 902-903) por tres cuatrienios sin ser reconsiderado, será remitido por el Comité de Referencias al comité correspondiente de la Asamblea General para que se considere como resolución ante la Asamblea General. (2001)

## 902.6. Vigencia de comités

Cualquier comité especial creado para algún propósito, a menos que se especifique de otra manera, dejará de existir en la siguiente Asamblea General. (2005)

## 902.7. Negocios de la Asamblea General
(Del *Manual para Dele*gados, 2009)

**RESOLUCIONES Y PETICIONES Regla 26**. Presentación. Las asambleas de distrito, un comité autorizado por la asamblea de distrito, los concilios regionales, la Junta General o cualquiera de sus departamentos reconocidos, las juntas o comisiones oficiales de la iglesia general, la Convención Global de Misiones Nazarenas Internacionales, la Convención Global de la Juventud Nazarena Internacional, o cinco o más miembros de la Asamblea General pueden presentar resoluciones y peticiones para que las considere la Asamblea General, de acuerdo con las siguientes reglas:

   a. Las resoluciones y peticiones se presentarán por duplicado y escritas a máquina, en la forma oficial proporcionada por el secretario general.

   b. Cada resolución o petición presentada incluirá el tema y el nombre de los delegados o grupo que la presenta.

   c. Todas las resoluciones que llamen a una acción la cual requiera gasto debe incluír un estimado de costo para completar la acción.

   d. Las proposiciones de cambios en el *Manual* de la iglesia deberán ser presentadas por escrito y mencionar el párrafo y la sección del *Manual* que resultarían afectadas, así como el texto del cambio propuesto, en caso de que se apruebe.

   e. Serán presentadas al secretario general **no más tarde del 1 de diciembre** anterior a la apertura de la asamblea, para que sean numeradas y enviadas al Comité de Referencias, de acuerdo con la Regla 38 y el párrafo 305.1 del *Manual*, y para que se impriman en el *Manual para Delegados*.

   **Regla 27. Referencia Tardía de Resoluciones y Peticiones.** Con el consentimiento de la asamblea se le pueden presentar al secretario general resoluciones, peticiones y otros asuntos para ser considerados por la asamblea para que él los refiera a un comité legislativo no más tarde del 1 de junio anterior a la apertura de la asamblea, con la excepción de las convenciones globales que se reúnen inmediatamente antes de la Asamblea General.

   **Regla 28. Cambios del *Manual*.** Las resoluciones aprobadas por la Asamblea General serán presentadas al Comité de Redacción del *Manual*, para que las redacten de acuerdo con las otras provisiones del *Manual*.

## 902.8. Restricciones sobre membresía en juntas de la iglesia general

Ninguna persona servirá en más de una de las siguientes juntas: Junta General, Junta de Regentes del Seminario Teológico Nazareno (E.U.A.), Junta de Regentes del Colegio Bíblico Nazareno (E.U.A.). (2001)

## 902.9. Sitios y monumentos históricos

Las asambleas de distrito y regionales pueden designar lugares de significado histórico dentro de sus linderos como sitios históricos. Después que un lugar obtiene significado histórico, por lo menos 50 años deberán transcurrir antes que un lugar pueda ser reconocido como sitio histórico. No es necesario que un sitio histórico tenga edificios o estructuras originales para que obtenga esa designación. El secretario de la asamblea debe informar la designación de nuevos sitios históricos al secretario general, informando sobre la acción tomada, la información respecto al sitio y el significado del mismo.

Las asambleas de distrito y regionales pueden solicitar a la Asamblea General que designe lugares de relevante significado para la denominación como monumentos históricos. Las nominaciones se restringen a sitios históricos previamente designados. Los superintendentes generales o un comité designado para el propósito de examinar nominaciones deben convenir sobre una nominación antes de que ésta reciba la consideración de la Asamblea General.

**El secretario general debe mantener un registro de sitios y monumentos históricos y publicarlos apropiadamente. (Párrafo 327.2) (2009)**

# CAPÍTULO IV

# 903. ASUNTOS MORALES Y SOCIALES CONTEMPORÁNEOS

## 903.1 Donación de órganos humanos

La Iglesia del Nazareno anima a los miembros que personalmente no tengan objeciones a que apoyen los donativos de órganos humanos para trasplantes, indicando su deseo mediante testamentos y fideicomisos. Además, abogamos por una distribución de órganos moral y éticamente justa a los calificados para recibirlos. (2001)

## 903.2. Discriminación

La Iglesia del Nazareno reitera su posición histórica de compasión cristiana hacia personas de todas las razas. Creemos que Dios es el Creador de todas las personas y que de una sola sangre son todos creados. Creemos que cada individuo, cualquiera que sea su raza, color, sexo o credo, debe gozar de igualdad ante la ley, incluyendo el derecho de votar, el acceso a oportunidades educativas, el acceso a todos los sitios públicos, e igual oportunidad, de acuerdo con su propia capacidad, de ganar su sustento libre de toda discriminación laboral o económica. Exhortamos a nuestras iglesias en todas partes a continuar y reforzar programas de educación que cultiven la comprensión y la armonía raciales. También creemos que la admonición bíblica de Hebreos 12:14 debería guiar las acciones de nuestros feligreses. Exhortamos a cada miembro de la Iglesia del Nazareno a que examine humildemente sus actitudes y acciones personales hacia otros, como el primer paso para lograr la meta cristiana de que todos participen en la vida de la iglesia y de toda la comunidad. Recalcamos otra vez nuestra creencia de que la santidad de corazón y vida es la base para vivir correctamente. Creemos que la caridad cristiana entre los grupos raciales y sexos vendrá cuando los corazones de las personas hayan sido transformados mediante la sumisión total a Jesucristo y que la esencia del verdadero cristianismo consiste en amar a Dios con todo el corazón, alma, mente y fuerzas y al prójimo como a uno mismo. (2005)

## 903.3. Maltrato a los indefensos

La Iglesia del Nazareno aborrece el maltrato de toda persona, de cualquier edad o sexo y hace un llamado a que se aumente la conciencia pública sobre el mismo a través de sus publicaciones y proveyendo información educativa apropiada. La Iglesia del Nazareno reafirma su posición histórica de que a aquellos que actúan bajo la autoridad de la iglesia se les prohíbe incurrir en actos de inmoralidad sexual y en otras formas de maltrato a los indefensos. Cuando se coloque a personas en posiciones de confianza o autoridad, la Iglesia del Nazareno dará por sentado que la conducta pasada es generalmente un indicador confiable de un probable comportamiento en el futuro. La iglesia rehusará dar posiciones de autoridad a personas que previamente han usado una posición de confianza o autoridad para incurrir en actos de inmoralidad sexual o maltrato a los indefensos, a menos que se den pasos apropiados para prevenir en el futuro la reincidencia de tales comportamientos. Las expresiones de remordimiento de parte de quien fuere declarado culpable de dichos actos no deben ser consideradas como suficiente prueba para eliminar la presunción de que en el futuro podría volver a cometerlos, a menos que las expresiones de remordimiento sean acompañadas de un evidente cambio de conducta por un tiempo suficientemente prudente como para indicar que la reincidencia es improbable (2009).

## 903.4. Responsabilidad hacia los pobres

La Iglesia del Nazareno cree que Jesús mandó a sus discípulos que establecieran una relación especial con los pobres de este mundo; que la iglesia de Cristo debe, en primer lugar, mantenerse sencilla y libre de toda inclinación hacia la riqueza y la extravagancia y, en segundo lugar, dedicarse a cuidar, alimentar, vestir y dar refugio a los pobres. En toda la Biblia y en la vida y ejemplo de Jesús, Dios ayuda y se identifica con los pobres, los oprimidos y los indefensos en la sociedad. De la misma manera, nosotros también hemos sido llamados a identificarnos y a solidarizarnos con los pobres y no simplemente a ofrecer caridad desde posiciones de comodidad. Sostenemos que el ministerio de compasión entre los pobres incluye actos de caridad, y a la vez, la lucha por proveerles oportunidad, igualdad y justicia. Creemos, además, que la responsabilidad cristiana hacia los pobres constituye un aspecto esencial de la vida de todo creyente que procura tener la fe que obra mediante el amor. Finalmente, comprendemos que la santidad cristiana es inseparable del ministerio entre los pobres, ya que impulsa al creyente más allá de su propia perfección individual, hacia la creación de una sociedad y de un mundo más justos y equitativos. La santidad, lejos de separar a los creyentes de las necesidades económicas desesperantes de la gente en nuestro mundo, nos motiva a poner nuestros medios en servicio para aliviar tales necesidades y ajustar nuestros deseos de acuerdo con las necesidades de los demás. (2001) (Éxodo 23:11; Deuteronomio 15:7; Salmos 41:1; 82:3; Proverbios 19:17; 21:13; 22:9; Jeremías 22:16; Mateo 19:21; Lucas 12:33; Hechos 20:35; 2 Corintios 9:6; Gálatas 2:10)

## 903.5. Mujeres en el ministerio

La Iglesia del Nazareno apoya el derecho de la mujer para usar sus dones especiales dados por Dios dentro de la iglesia. Afirmamos el derecho histórico de las mujeres a ser electas y designadas a lugares de liderazgo dentro de la Iglesia del Nazareno, incluyendo los oficios de presbítero y diácono. El propósito de la obra redentora de Cristo es librar a la creación de Dios de la maldición de la caída. Aquellos que están "en Cristo" son nuevas criaturas (2 Corintios 5:17). En esta comunidad redentora, a ningún ser humano se le debe considerar inferior por razón de condición social, raza o sexo (Gálatas 3:26-28).Tomando en cuenta la aparente paradoja creada por la instrucción de Pablo a Timoteo (1 Timoteo 2:11-12) y a la iglesia de Corinto (1 Corintios 14:33-34) creemos que interpretar estos pasajes como si limitaran el papel de la mujer en el ministerio presenta serios conflictos con pasajes bíblicos específicos que alaban la participación femenina en papeles de liderazgo cristiano (Joel 2:28-29; Hechos 2:17-18; 21:8-9; Romanos 16:1, 3, 7; Filipenses 4:2-3), y viola el espíritu y la práctica de la tradición wesleyana de santidad. Finalmente, es incompatible con el carácter de Dios que se presenta en toda la Escritura, en especial tal como se revela en la persona de Jesucristo. (2001)

## 903.6. Lenguaje inclusivo de género

La Iglesia del Nazareno afirma y promueve el uso de lenguaje inclusivo de género en referencia a las personas. Las publicaciones, incluyendo el *Manual,* y el lenguaje público deberán reflejar este compromiso con la igualdad de género tal como se expresa en el párrafo 903.5. Los cambios en el lenguaje no se aplicarán a ninguna cita bíblica o referencias a Dios. (2009)

## 903.7 La iglesia y la libertad humana

Preocupados porque nuestra gran herencia cristiana sea comprendida y salvaguardada, le recordamos a nuestra feligresía que tanto la libertad política como la religiosa descansan sobre los conceptos bíblicos de la dignidad del hombre como creación de Dios y lo sagrado de su conciencia individual. Instamos a nuestra feligresía a participar en la actividad política en apoyo de estos conceptos bíblicos y a estar vigilantes contra cualquier amenaza a nuestra libertad preciada. Estas libertades están en peligro constante, por tanto instamos a que elijan para los oficios públicos, en todos los niveles gubernamentales, a personas que crean en estos principios y que sepan responder ante Dios y los que los eligieron al desempeñar sus puestos. Además, resistimos cualquier invasión de estos principios por grupos religiosos en busca de favores especiales. Creemos que el papel de la iglesia debe ser pro-

fético y que debe recordar constantemente a las personas que "la justicia engrandece a la nación" (Proverbios 14:34). (2005)

## 903.8. La guerra y el servicio militar

La Iglesia del Nazareno cree que la condición ideal del mundo es
la paz y que es obligación total de la iglesia cristiana usar su influencia
para buscar los medios que hagan posible que las naciones vivan en
paz, y dedicar todas sus agencias a la propagación del mensaje de paz.
Sin embargo, comprendemos que vivimos en un mundo en el que las
filosofías y fuerzas del mal se enfrentan en conflicto activo contra
estos ideales cristianos y que pudieran resultar emergencias internacionales que requieran que la nación recurra a la guerra en defensa de
sus ideales, su libertad y su supervivencia. Aun cuando estamos dedi-
cados a la causa de la paz, la Iglesia del Nazareno reconoce que el
cristiano debe su lealtad suprema a Dios y, por tanto, no intenta
comprometer la conciencia de sus feligreses en lo relacionado con la
participación en el servicio militar en caso de guerra, aunque sí cree
que el individuo cristiano, como ciudadano, está obligado a servir a su
nación en toda forma compatible con la fe cristiana y con el estilo de
vida cristiana. Reconocemos también que como resultado de la enseñanza cristiana y el deseo cristiano de que haya paz en la tierra, hay
personas en nuestra feligresía que tienen objeción de conciencia respecto a ciertas formas de servicio militar. Por tanto, la Iglesia del Nazareno reclama para los objetores de conciencia dentro de su feligresía
las mismas exenciones y consideraciones respecto al servicio militar
que se conceden a miembros de reconocidas organizaciones religiosas
que no combaten. La Iglesia del Nazareno, por conducto de su secretario general, arreglará una lista en la que todos aquellos que provean
evidencia de membresía en la Iglesia del Nazareno puedan registrar
sus convicciones como objetores de conciencia. (2005)

## 903.9. La creación

La Iglesia del Nazareno cree en el relato bíblico de la creación
("En el principio creó Dios los cielos y la tierra..."-Génesis 1:1). Nos
oponemos a cualquier interpretación impía del origen del universo y
de la humanidad (Hebreos 11:3). (1, 5.1, 7) (2009)

## 903.10. Cuidado de la creación

Creemos, con profundo aprecio por la creación de Dios, que debemos esforzarnos por demostrar cualidades de mayordomía que ayuden a preservar la obra de Dios. Reconocemos que somos copartícipes
en el sostenimiento de la integridad de nuestro entorno, aceptamos

esta responsabilidad individual y colectivamente. (2009) (Génesis 2:15, Salmos 8:3-9; 19:1-4; 148).

## 903.11. Evidencia del bautismo con el Espíritu Santo

La Iglesia del Nazareno cree que el Espíritu Santo da testimonio del nuevo nacimiento y de la obra subsecuente de limpieza del corazón o entera santificación, al ser llenos de Él. Afirmamos que la única evidencia bíblica de la entera santificación, o del ser llenos del Espíritu Santo, es la limpieza de corazón del pecado original, por la fe, como se declara en Hechos 15:8-9: "Y Dios, que conoce los corazones, les dio testimonio, dándoles el Espíritu Santo lo mismo que a nosotros; y ninguna diferencia hizo entre nosotros y ellos, purificando por la fe sus corazones". Esta limpieza se manifiesta por el fruto del Espíritu en una vida santa. "Pero el fruto del Espíritu es amor, gozo, paz, paciencia, benignidad, bondad, fe, mansedumbre, templanza; contra tales cosas no hay ley. Pero los que son de Cristo han crucificado la carne con sus pasiones y deseos" (Gálatas 5:22-24). Afirmar que una evidencia especial o supuestamente física, o un "lenguaje de oración" constituye evidencia del bautismo con el Espíritu Santo es contrario a la posición bíblica e histórica de la iglesia (2009).

## 903.12. Pornografía

La pornografía es un mal que está minando la moral de la sociedad. Los materiales impresos y visuales que degradan la dignidad de la humanidad, y que son contrarios al punto de vista bíblico de la santidad del matrimonio y lo saludable del sexo, deben ser rechazados. Creemos que somos creados a la imagen de Dios y que la pornografía degrada, explota y abusa de hombres, mujeres y niños. La industria de la pornografía está motivada por la codicia; es enemiga de la vida familiar; ha conducido a crímenes violentos; envenena la mente y profana el cuerpo. A fin de honrar a Dios como Creador y Redentor exhortamos a una activa oposición a la pornografía por todos los medios legítimos y a hacer todos los esfuerzos posibles por alcanzar para Cristo a quienes están envueltos en este mal. (2009)

## 903.13. Modestia cristiana en el vestir

Reconociendo la creciente tendencia hacia la falta de modestia en el vestir en lugares públicos le recordamos a nuestro pueblo el concepto cristiano de modestia como expresión de la santidad y exhortamos a que tal modestia cristiana se ejerza en público en todo tiempo (2005).

## 903.14. Bienestar

La Escritura llama a todos los creyentes a tener un equilibrio en el bienestar integral por medio del poder transformador del Espíritu Santo. La gula es la práctica del consumo excesivo de alimentos en detrimento del cuerpo, de la vida espiritual y de la comunidad. Aunque la obesidad pudiera darse por razones hereditarias, limitaciones culturales, o limitaciones físicas; la gula, por el contrario, refleja una forma de vida que abusa de la buena creación de Dios; es decir, alimentos, recursos y relaciones que dañan a las personas y la comunidad. La mayordomía cristiana nos insta a cuidar la salud y el estado físico del cuerpo como templo del Espíritu Santo y vivir disciplinadamente en el uso de todos los recursos y relaciones provistas por Dios. (2009) (Proverbios 23:19-21; Mateo 11:19; 23:25, 1 Corintios 9:27, Gálatas 5:23, Filipenses 3:19, Tito 1:8; 2:12; Hebreos 12:16, 2 Pedro 1:6)

## 903.15. Abuso de sustancias químicas

La Iglesia del Nazareno sigue oponiéndose fuertemente al abuso de sustancias químicas como mal social. Animamos a los miembros de la iglesia a tomar parte activa y sumamente visible en la educación relacionada con el abuso de sustancias químicas y la incompatibilidad de su uso con la experiencia cristiana y la vida santa. (2001).

## 903.16. Uso social de bebidas alcohólicas

La Iglesia del Nazareno se opone públicamente al uso social de bebidas alcohólicas. Animamos a las agencias y organizaciones cívicas, laborales, comerciales, profesionales, sociales, voluntarias y privadas a ayudar en campañas contra el uso social de bebidas alcohólicas para contrarrestar la publicidad y la promoción por medios masivos de comunicación de tales bebidas como socialmente aceptables.(2001)

## 903.17. El tabaco, su uso y publicidad

La Iglesia del Nazareno exhorta a su feligresía a hacer pública su oposición al uso del tabaco por el peligro que representa para la salud y por ser un mal social. Nuestra posición histórica se basa en la Palabra de Dios, en donde se nos amonesta a mantener nuestro cuerpo como templo del Espíritu Santo (1 Corintios 3:16-17; 6:19-20). Nuestra oposición al uso del tabaco en todas sus formas es apoyada fuertemente por evidencia médica, documentada por numerosas organizaciones sociales, gubernamentales y médicas en diversas partes del mundo. Éstas han probado que es una amenaza a la salud y han demostrado concluyentemente que su uso puede producir cambios en la fisiología normal del cuerpo, que son al mismo tiempo serios y permanentes. Reconocemos que nuestros jóvenes reciben una fuerte influencia por los millones de dólares que se gastan en la publicidad del tabaco y su mal gemelo, las bebidas alcohólicas. Apoyamos la prohibición de toda publicidad sobre el tabaco y las bebidas alcohólicas en revistas, anuncios callejeros, radio y televisión. (2001)

## 903.18. VIH/SIDA
## (Virus de Inmunodeficiencia Humana/
## Síndrome de Inmunodeficiencia Adquirida)

Desde 1981, el mundo se ha enfrentado a una enfermedad sumamente devastadora conocida como VIH/SIDA. En vista de la profunda necesidad de los que sufren de tal enfermedad, la compasión cristiana nos motiva a obtener información precisa acerca del VIH/SIDA. Cristo desearía que halláramos la forma de comunicar su amor y preocupación por estas personas sufrientes en todos los países del mundo. (2001)

## 903.19. El valor de la niñez y la juventud

La Biblia manda a cada cristiano, "levanta la voz por aquellos que no pueden hablar por sí mismos, por los derechos de todos los desvalidos" (Proverbios 31:8). El *shemá* (Deuteronomio 6:4-7; 11:19) nos amonesta a comunicar la gracia de Dios a nuestros hijos. Salmo 78:4 declara: "Vamos a decir a la próxima generación de las hazañas loables del Señor, su poder, y las maravillas que ha hecho". Lucas 18:16 Jesús afirma: "Dejad que los niños vengan a mí, y no se lo impidáis, porque el reino de Dios es de quienes son como ellos". La Iglesia del Nazareno responde a esta instrucción bíblica y reconoce que los niños son importantes y prioritarios en el reino de Dios. Creemos que Dios nos dirige a cuidar a todos los niños, amarlos, protegerlos, apoyarlos, guiarlos y a interceder por ellos. El plan de Dios es que guiemos a los niños a la salvación y al crecimiento en la gracia. La salvación, la santidad, y el discipulado son imperativos y posibles en la vida de los niños. Reconocemos que los niños no son un medio para un fin, sino participantes con pleno derecho en el Cuerpo de Cristo. Los niños ya son discípulos en formación. Por lo tanto es una prioridad desarrollar un ministerio integral y de transformación para los niños y sus familias en todas las iglesias locales, mediante:

• Proveer ministerios eficaces que ayuden al niño integralmente: física, mental, emocional, social y espiritualmente;

• Articular posturas cristianas sobre asuntos actuales acerca de la justicia social referente a los niños;

• Guiar a los niños al propósito central de la misión y al ministerio de la comunidad de fe;

• Discipular a los niños y capacitarlos para que, a su vez, ellos discipulen a otros,

• Equipar a los padres para fomentar la formación espiritual de sus hijos. Puesto que las instituciones educativas de la iglesia (escuelas bíblicas, universidades y seminarios) forman estudiantes para el liderazgo, éstas desempeñan una función crucial en cumplir la visión y la misión de comunicar el valor de los niños. Éstas se asocian con las iglesias locales y sus familias para compartir la responsabilidad de preparar ministros y laicos que formen la próxima generación de niños y jóvenes bíblica y teológicamente capacitados y así enfrentar los desafíos de la evangelización, el discipulado y la transformación de la sociedad. La Iglesia del Nazareno prevé una comunidad de fe multigeneracional donde niños y jóvenes son amados, valorados y ministrados. A través de una amplia variedad de recursos y métodos se unen a la familia de la iglesia, donde niños y jóvenes reciben la oportunidad de ministrar a los demás según su edad, desarrollo, habilidades y dones espirituales. (2009)

# ÍNDICE ESPECIAL REVISADO

Los cambios autorizados por la Asamblea General de 2009 se incluyen en este índice. Estos cambios aparecen en orden numérico.

# ÍNDICE DE PÁRRAFOS VACANTES

# ÍNDICE DEL MANUAL

## (Los números se refieren a los párrafos)

Breinigsville, PA USA
18 June 2010
240177BV00001B/1/P